삶이 더 가벼워지기를 바라는 이들을 위한 안내서

에고로부터의 자유

TAKE ME TO TRUTH—UNDOING THE EGO
by Nouk Sanchez and Tomas Vieira
Copyright ⓒ 2007 by Nouk Sanchez and Tomas Vieira
Originaly published in the UK by O Books
Published in 2011 under licence from O Books

에고로부터의 자유
삶이 더 가벼워지기를 바라는 이들을 위한 안내서

2011년 4월 10일 초판 1쇄 발행. 2022년 11월 25일 초판 5쇄 발행. 누크 산체스와 토머스 비에
라가 짓고 황근하가 옮겼으며, 도서출판 샨티에서 이홍용과 박정은이 기획하여 펴냅니다. 천소
회가 편집을 하고, 김재은이 표지 디자인을 하였습니다. 제작 진행은 굿에그커뮤케이션에서 맡
아 하였습니다. 출판사 등록일 및 등록번호는 2003. 2. 11. 제2017-000092호이고, 주소는 서울시
은평구 은평로3길 34-2, 전화는 (02) 3143-6360, 팩스는 (02) 6455-6367, 이메일은 shantibooks@
naver.com입니다. 이 책의 ISBN은 978-89-91075-68-9 03200이고, 정가는 16,000원입니다.

이 도서의 국립중앙도서관 출판시도서목록(CIP)은 e-CIP홈페이지(http://www.nl.go.kr/ecip)와 국가자료공
동목록시스템(http://www.nl.go.kr/kolisnet)에서 이용하실 수 있습니다.(CIP제어번호: CIP2011001380)

삶이 더 가벼워지기를 바라는 이들을 위한 안내서

에고로부터의 자유

누크 산체스·토머스 비에라 지음 | 황근하 옮김

【샨티】

차례

··· 추천사

《에고로부터의 자유》는 단순한 책 이상이다. 이것은 놀라운 발견이 담긴 계시이다. 이 책의 추천사를 써달라는 부탁을 받고 나는 쾌히 수락했다. 저자 중 한 사람인 누크 산체스와 연락을 주고받으면서 나는 그녀가 제대로 된 지식을 갖추었을 뿐 아니라 그 지식을 탁월하게 전달하는 방법까지 아는 타고난 영적 교사라고 느꼈기 때문이다. 훌륭한 영적 교사들과의 만남은 늘 반갑지만, 이 책을 읽고 났을 때는 반가움을 넘어 커다란 기쁨을 느꼈다. 이들의 글은 확고하고 흥미로우며, 거기에 일관성까지 갖추고 있었다.

일관성이 그다지 중요하지 않다고 생각하는 독자가 있다면, 이렇게 한번 물어보면 좋을 것이다. "세상이 얼마나 일관적인가?" 답은 분명 "별로 그렇지 않다"일 것이다. 이 세상에 나와 있는 대다수의 영적 가르침도 이 점에서는 마찬가지이다. 주의 깊게 읽어보면 많은 영적 가르침들이 일관성이 부족하다는 것을 알 수 있는데, 그것은 그들이 '오직 더 높은 근원 higher Source에서만 나오는 사고 체계'에 접근할 만큼 명료한 채널을 갖고 있지 못하기 때문이다.

그런 것을 어떻게 아느냐고? 그것은 오직 관찰과 직관, 그리고 더욱 중요하게는 영적 경험을 통해서만 알 수 있다. 저자들은 영적 가르침의 고전이 된 책《기적 수업 A Course in Miracles》에 담긴 성령 the Holy Spirit의 가르침을 이 책 속에서 명료하게 풀어냈다. 《기적 수업》은, 우리는 보통 삶에서 수많은 결정을 내려야 한다고 생각하지만 기실 우리가 매순간 내려야 할 결정은 '하나'뿐이요, 우리에게 가능한 선택은 '둘'뿐이며, 그 중 오직 하나만이 참이라는 것을 알려주는 책이다. 너무 단순하게 들릴지 모르겠지만, 사실이 그렇다. 그러나 막상 참인 그 하나를 선택하기는 쉽지 않다. 아니 이는 상당히 어렵다. 하나의 의미 있는 선택을 해나가기 위해서는 오로지 연습과 훈련을 통하는 수밖에 없다. 누크와 토머스 같은 탁월한 영적 교사의 가르침을 더 많이 읽고 이해할수록 진리를 선택하기가 더 쉬워질 것이다.

이 책에서 다루는 내용이 얼핏 보면 최근 내 저작들과 관점이 다른 것처럼 보일 수 있겠는데, 내 생각에는 그렇지 않다. 성령은 우리 각자가 받아들이고 이해할 수 있는 방식으로 말씀하면서 우리 모두를 이끌어준다. 따라서 매력적이기는 하지만 확실한 진리일지 의심되는 정보들이 이 여정에서 나타나더라도, 이는 세상에 눈에 보이는 것 이상이 존재한다는 것을 깨닫도록 우리를 도우려는 방편임을 기억하자. 셰익스피어가 《햄릿》에서 "이 천지간에는 자네 지혜로 상상할 수 있는 것보다 훨씬 많은 것들이 있다네"라는 대사에서 전하려던 바 역시 이것이 아닐까 한다.

이 책에도 그런 좋은 예가 있다. 바로 에니어그램enneagram이다. 에니어그램은 자신에 대해 알 수 있는 매우 흥미로운 도구인데, 저자들은 이 책에서 에니어그램에 대해 매우 설득력 있게 설명해 놓았다. 에니어그램이라는 참된 도구가 사람들에게 매우 유용하게 쓰이는 때가 올 것이다. 이 매력적인 주제는 이 여정에서 우리를 도와줄 참으로 값진 자원이다.

이 놀라운 책에는 이 밖에도 많은 것이 들어 있다. 도우려는 마음으로 충만한 두 저자는 열정적인 목소리로 위대한 영적 진리의 지혜를 전해

준다. 한 단계씩 과정을 밟아나갈 때마다 우리 안에 있는 진리가 들추어내
질 것이다. 한 권의 책에서 이보다 더 큰 것을 바랄 수 있을까?

　　내 삶은 이 책을 읽고서 훨씬 좋아졌다. 이 책을 읽는 다른 이들도 모
두 나와 같은 경험을 하기를 염원한다.

게리 레너드Gary Renard*

* 현대의 대표적인 영성가 중 한 사람으로 '국제 기적수업 회의'의 기조 연설
　가로 활동했고, 베스트셀러 작가이기도 하다. 저작에《우주가 사라지다*The*
　Disappearance of the Universe: Straight Talk about Illusions, Past Lives,
　Religion, Sex, Politics, and the Miracles of Forgiveness》(Carlsbad, Calif: Hay
　House, 2004),《당신의 불멸하는 실재*Your Immortal Reality: How to Break the*
　Cycle of Birth and Death》(Carlsbad, Calif: Hay House, 2006),《사랑은 그 누
　구도 잊지 않았다*Love Has Forgotten No One: The Answer to Life*》(Carlsbad,
　Calif: Hay House, 2009)가 있다.

· · · 들어가며

     깨달음에 이르기 위해 꼭 에고를 완전히 없애야 하는 것은 아니다. 우리가 아직 몸 안에 있다고 믿는 한, 삶이라는 이 '현실reality' 속에서 살아가기 위해서는 얼마간의 남아 있는 에고가 필요하다. 하지만 이렇게 최소한의 잔여물로 남은 에고는 이전의 에고와는 전적으로 다른 차이를 가지니, 바로 보편적 영감the Universal Inspiration 앞에 완전히 항복한다는 것이다. 이 에고 안에서는 의지의 어떤 부분도 주어진 모든 순간의 현실과 갈등하지 않는다. 어떤 경우에도 늘 지혜가 존재한다는 절대적 신뢰가 있기 때문이다.

     본질적으로 에고란 오래된 감정적 집착들이 뒤엉킨 쓰레기더미이다. 깊이 생각해 보면, 고통이나 상실감은 관계나 직업, 가치관, 의견, 대상 등에 대한 일종의 감정적 집착이나 투자에서 나온다는 것을 인정하게 될 것이다. 이러한 집착의 대상이 위협받을 때는 늘 경미한 불쾌함에서부터 완전한 파국에 이르기까지 다양한 종류의 감정적 고통이 따른다. 욕망 역시 이러한 역기능적 토대에서 태어난다. 다시 말해 우리가 원하는 것 혹은 필요하다고 생각하는 것은 망상에서 생겨난다. 에고는 진실로 우리가 '나 자신myself'이라고 부르면서 '나I'라고 착각하는 감정적인 중심핵이다. 만일 모든 감정적 집착을 놓아버린다면 우리는 무엇 혹은 누구일까? 우리가 가진 신념을 기꺼이 내려놓고, 우리 자신을 '원상회복하기the Undoing'라는 과정 속으로 믿고 내맡겨본다면 어떻게 될까? 그 결과는 어떠할까?

우리는 우리가 얼마나 심각하게 감정적 집착을 만들어내고 있는지 알지 못한다. 그러한 집착의 예를 하나 들자면, 바로 우리 자신에게 가장 큰 유익이 무엇인지 우리가 알고 있다고 생각하는 것이다. 더 높은 관점에서 볼 때 이는 전혀 이치에 닿지 않는다. 우리가 우리의 정체성으로 받아들인 '내'가 순전히 감정적 집착들로 만들어진 것이라면 그 '내'가 바라거나 피하는 것은 모두 이러한 집착에 의해 좌우될 것이기 때문이다. 이때 이 '나'라는 정체성 안에는 보편적 영감이 기적을 행할 수 있는 여지도 없고, 깨어 있는 사랑conscious love을 주고받을 만한 신뢰도 없으며, 보편적 영감이 주는 선물을 받아들일 은총 또한 자리 잡을 수 없다. '나'라는 감정적 집착들의 집합은 늘 제 식으로 최선을 다한다. 즉 무슨 수를 써서라도, 심지어 물리적 죽음을 불사하고라도 강박적으로 제 위상을 지켜내려 하는 것이다. '나'는 애타게 사랑을 필요로 하면서도, '근원으로부터의 분리'에 대한 욕구와 믿음이라는 하나의 근본적인 비밀의 씨앗을 키워 제 생명을 유지한다. 그러나 이런 상태에서 사랑은 불가능하다.

에고는 살아남으려면 자신이 분리된 상태에 있다는 믿음을 유지해야만 한다. 그러나 사실 에고가 진정한 당신이 '아니'라는 것을 (감사하게도) 알아차리고 에고의 이 기괴한 짓을 바로 본다면, 당신은 당신 중심에 있는 기적과도 같은 상태를 발견하게 될 것이다. 우리가 착각하는 이 정체성은 어떤 식으로 존재하는가? 우리가 '나'라고 부르는 이 감정적 집착의 덩어리는 자기가 자기 힘으로 존재한다고 믿는다. 그렇기 때문에 그리도 많은 것을 '필요로' 하고 또 '두려워'한다. 에고는 제 비밀스런 중심에서 자신이 하느님God과 '다르다'는 것을, 그래서 살아남으려면 우리에게는 아무런 문제가 없다고 우리를 속이면서 그 거룩한 탐지기에 들키지 않도록 잘 숨어 있어야만 한다는 것을 아주 잘 알고 있다.

만일 에고에게 "어떻게 그처럼 사랑이신 하느님이 이처럼 사랑 없는 세상을 만들 수 있는가?"라고 물으면, 다음과 같은 대답이 돌아올 것이다. "세상은 혼란스럽고 제멋대로이며 무자비하고 불공평하다. 그러나 그런 세상을 하느님이 만들었다. 그러니 우리가 할 수 있는 것은 오직 우리 자신과 사랑하는 이들을 보호하는 것, 삶에 대한 통제력을 꽉 쥐고 놓지 않는 것, 고통은 피하면서 행복과 기쁨을 추구하는 것, 최대한 병과 죽음을 피하려 노력하는 것, 그리고 가장 좋은 것을 희망하는 것이다."

에고를 원상태로 되돌리는 과정에서 내면의 쓰레기를 하나씩 치워나가다 보면 우리는 대단한 부조리를 발견하게 된다. '나'라고 하는 에고가 감정적 집착들의 덩어리라면, 그것은 어떻게 일견 우연한 혼란으로 보이는 이 세상을 성공적으로 이끌어나가는 것일까? 만일 우리가 보호하고 통제하려 안간힘을 쓰고, 고통을 피하고 죽음을 지연시키는 한편 행복은 성취하려 애쓰면서 일생을 다 보낸다면, 이때 하느님이 할 일은 무엇이 남는가? 우리가 계속 이런 방식으로 사는 데 열중할 때 우리에게 하느님이 있어야 할 이유가 무엇인가?

당신은 우리가 개인으로서 또 집단으로서 이 지구에 존재하는 목적이 무엇일지 생각해 본 적이 있는가? 우리는 우리가 자신이라 착각하는 그 역할을 연기하며 삶을 거듭하려고 이 세상에 태어나 존재하는 것이 '아니다.' 몸이 죽으면 그 다음에는 어떤 일이 일어나는가? 이 삶의 수레바퀴에서 벗어나 일시적인 지복의 상태로 돌아갔다가, 결국 언뜻 우발적인 것으로 보이는 이 삶이라는 연극에 다시 한 번 출연하는 게 고작일까?

아무런 의문도 없이 지금까지 믿어온 바를 고수하면서 계속 에고에 붙들려 있다면 우리가 '삶'이라 부르는 것은 그 의미가 언제까지나 미스터리로 남을 수밖에 없을 것이다. 하느님―혹은 이 보편적 현존Universal Presence을 다른 어떤 이름으로 부르든―은 우리 바깥에 없다! 우리는 하느님의 일부분이며, 하느님은 우리를 한 번도 떠난 적이 없다. 물론 때로 하느님이 없는 것 같다고 느끼기도 하지만, 그것은 하느님으로부터 '분리' 되기로 '선택'한 우리가 우리 '안'의 하느님의 현존을 미처 알아차리지 못했기 때문일 뿐이다. 그것이 무엇인지 알려고 해본 적이 없는 두려움과 집착을 한가득 짊어진 에고의 모습으로 살아가는 한, 우리는 날마다 통제해야 할 문제에 정신을 빼앗겨 자신이 진정 누구인지, 삶의 의미가 무엇인지 물음을 던져볼 수조차 없을 것이다.

우리는 이런 의문을 품기도 한다. 만일 하느님이 전적인 사랑이라면, 어떻게 우리는 이토록 사랑이 '없을' 수 있는가? 답은 이러하다. 하느님은 우리가 세상이라 부르는 이 '현실'을 만들지 않았다. 그것을 만든 것은 '우리'이다. 모든 것이 그렇게 만들어졌다! 우리는 모든 것을 포괄하는 조건 없는 사랑이라는 그 본연의 상태에서, 즉 고통도 상실도 두려움도 분리도 존재하지 않는 곳에서 왔다. 우리는 '하나'였고, 우리 각자가 선택한 환영과도 같은 이 삶들 너머에서는 지금도 하나이다. 실제로 우리에게는 시간도 공간도 물질도 필요 없었다. 이런 것들은 모두 분리의 발현물일 뿐이다. 우리는 그 하나됨 안에서 지복의 만족 상태에 있었지만, 하나됨의 완전한 상태 너머에서 다른 무엇인가를 찾아보기로 결심했다. 그렇게 우리 스스로 분리되기를 선택함으로써 현재 우리가 경험하는 '이원성'이 생겨났다. 우리는 이 상태로부터 좋음과 나쁨, 위와 아래 같은 대립의 세계를 인식하게 되었다. '나'는 스스로를 모두와 그리고 모든 것과 분리되어 있다고 인식한다. 이러한 에고 상태에서 우리는 필요한 것이 충족되지 않을지 모르며 충족되더라도 쉬 잃어버릴지 모른다고 굳게 믿는다.

이러한 믿음에서 여러 가지 어리석은 생각이 나온다. 사랑이 미움으로 변할 수 있다는 착각도 그런 어리석은 생각 가운데 하나이다. 관계 속에서 실제로 이러한 일이 일어난 적이 있다고 생각되거든 스스로에게 물어보라. 그 경험을 한 것이 '누구'였는가? 사랑이 산산조각이 나서 미움으로 변했다고 인식한 '당신'은 누구였는가? 그런 경험을 해보았다면, 우리는 미움으로 변해버린 사랑이 실제로는 전혀 사랑이 아니었음을 확연히 알았을 것이다. 이를 아는 순간이 '에고 내려놓기' 과정을 시작할 바로 그 순간이라고 할 수 있다. 오직 에고만이 사랑이 사라지거나 미움으로 변할 수 있다고 믿는다. 기실 우리 자체인 사랑을 에고는 결코 알 수 없다.

사랑은 어느 날 우연히 닥친 어떤 일로부터 생겨나는 감정도 아니고, 우리 바깥의 '저쪽'에 있는 누구 혹은 무엇 속에서 찾아지는 것도 아니다. 자기가 '생각하는' 그 사람이 자기 자신이라고 계속 믿으면서 사랑이 무엇인지 알려고 한다면, 이는 마치 자기가 날 수 있다고 믿으면서 60층 건물에서 뛰어내리는 행위와 비슷하다. 에고의 인식을 내려놓는 여정을 시작하기 전까지, 우리는 우리가 '진정' 누구인지, 이 삶의 진짜 목적이 무엇인지 결코 알 수 없다.

이 책은 종교적인 책도 아니고, 해방으로 이끄는 수단으로서 어떤 특정 종교를 거론하지도 않는다. 따라서 이 책의 가르침은 어떤 종교에도 귀속되지 않는다. 우리는 이 책에 담긴 진리를 독자 스스로가 판단해서 받아들이기를 바란다. 진리는 당신 안에서 공명할 것이다. 그 과정이 반드시 평화로만 드러나지는 않을 것이다. 때로는 저항의 형태(예를 들어 공격, 방어, 부정, 격분, 화)로도 나타날 것이다. 또한 시련으로 다가오거나, 심지어 자신에게는 불가능한 일처럼 느껴지기도 하겠지만(에고는 우리가 그렇게 믿게 만든다), 마음 깊은 곳에는 옳다는 느낌이 있을 것이다. 우리는 모두 진리를 알고 있다. 우리는 각자 마음 깊은 곳에서 진리를 느낀다. 깊은 중심에서는 우리가 바로 진리요 사랑, 평화, 기쁨이기 때문이다.

진리는 모든 언어와 신념 체계를 뛰어넘는다. 진리는 시간과 공간, 물질의 제약을 넘어 영원 안에 존재한다. 진리는 지성으로는 닿을 수 없는 환희를 퍼뜨리며, 우리가 사랑의 현존을 알아보거나 그 안에 살지 못하게끔 오랫동안 우리를 막아온 낡은 장애물들을 부드럽게 치워준다.

이 책은 에고의 제한된 자아상 너머에 있는 '진정한' 우리 자신을 불러 깨우는 단순한 책이다. 이 책을 통해 두려움과 한계에서 놓여나고, 공동 창조자Co-creators라는 우리의 정당한 유산을 다시 기억해 내기를 바란다. 이 책은 당신에게 지성적 차원에서 해석하던 버릇을 넘어서라고 요청한다. 그것은 쉬울—또한 자연스러울—뿐더러 실제로 당신의 생각에서 뭔가를 바꾸라고 요구하는 것도 없다. 우리는 철저히 에고의 복잡한 방식들로 교육을 받고 또 길들여져 왔다. 이 책은 그런 방식들보다는 그 복잡한 원리들을, 매일매일의 삶에서 의식적으로 또 성실하게 적용하는 경험적인 방식으로 바꿔서 해석해 보라고 요청한다.

이 책은 사랑에 대한 에고의 갈구에서 벗어나 이제 '진정하고' 영원한 사랑과 평화, 기쁨을 찾고 싶어 하는 사람들을 돕고자 하는 연민과 사랑의 마음으로 쓴 것이다.

책을 읽어나가다 보면 여기에 언급되는 많은 원리들이 《기적 수업 *A Course in Miracles*》[1]에서 나왔음을 알게 될 것이다. 그러나 《기적 수업》에 대한 의견은 저자들의 개인적인 해석과 이해이며, 《기적 수업》의 의견과 반드시 일치하지 않을 수도 있다는 점을 밝혀둔다.

I · 무한한 시작

　　우리가 늘 찾아 헤매지만 아무리 해도 손에 잡히지 않는 미묘한 '그것'은 무엇일까? 행복일까? 글쎄, 꼭 그렇다고 할 수도 없다. 잘 생각해 보면, 전에 우리에게 행복을 가져다주었던 것들은 대부분 사라지거나 변화되었고, 그러면서 우리에게 고통을 안겨주기도 했다. 대체 무엇이 우리를 행복하게 해줄 수 있을까? 영원토록 말이다.

　　상실되거나 파괴되거나 변화되어 고통과 괴로움을 불러일으키는 일 없이, 영원한 행복을 가져다줄 것은 과연 무엇일까? 돈일까? 재물일까? 인간 관계와 사랑? 아이들? 가족? 친구? 직업? 지위? 명분? 가치관? 신념? 남들에게 받는 인정? 좋은 평가? 칭찬? 명성? 명예?

　　이 모든 것은 고통과 괴로움 역시 안겨줄 수 있다. 그런데도 우리는 맹목적으로 또 광적으로 영원한 행복을 찾아 떠돈다. 진실은 이렇다. 우리에게 행복을 가져다주는 것은 무엇이든 머잖아 고통 또한 가져다준다는 것이다. 이것이 삶의 보편적 사실이다.

　　행복이 이처럼 고통과 같은 원천에서 오는 것임을 알고, 또 그것이 얼마나 불안정하고 부서지기 쉬운지 깨달았다면, 우리는 이렇게 물어볼 수 있다. 우리는 왜 존재하는가? 우리가 이토록 절실하게 찾아 헤매는, 그러나 결코 찾을 수 없는 이 '무엇'은 대체 무엇인가? 목표를 이룬 뒤에도 여전히 느껴지는 공허감은 무엇인가? 어떻게 해도 떨쳐지지 않는 이 불완전하다는 느낌은 우리에게 무엇을 말하려는 것인가?

뭔가가 빠진 듯한 괴로운 이 느낌은 우리 모두에게 늘 있다. 다만 삶의 요구들로 머릿속이 꽉 차고 정신이 혼란스러워, 그 깊은 불만족감에 용감하게 귀 기울이거나 그 부름을 진지하게 듣지 않을 뿐이다. 이 느낌은 대개 삶의 어려운 순간에 제 모습을 드러낸다. 그러면서 우리 자신에 대해, 가치관과 삶의 의미에 대해 질문을 던져보라고 말을 건넨다. 안타깝게도 우리는 극한의 고통이나 괴로움에 직면하지 않으면 대개 이러한 질문을 마주대하지 않는다. 삶의 위기는 우리로 하여금 멈추어 서서 삶과 그 의미에 대해 질문을 던져보게 만드는 계기가 된다.

질문은 이것이다. "우리가 마음속 깊이 갈망하는 것은 무엇인가?" 이때 대답은, 우리가 예상한 형태는 아닐 테지만, 이것이다. "우리가 그토록 깊이 갈망하는 것은 사랑 그 자체와의 무한하고 절대적인 친교이다." 우리가 찾고 있는 경험, 마침내 우리의 모든 육체적·감정적·정신적·영적 굶주림을 영원히 채워줄 그 경험은 바로 우리 자신이 온전하고 통합된 무한의 존재임을 깨닫는 것이다. 우리는 혼돈과 두려움, 불안과 혼란으로부터 자유로워지기를 바란다. 우리는 결핍과 한계, 평범함으로부터 해방되기를 원한다. 그러나 온전함으로 가는 이 여정을 받아들이고 기꺼이 그 첫걸음을 내딛기까지는, 지금껏 그래왔듯 결코 진정한 안전과 평화, 안심과 사랑, 기쁨을 경험하지 못할 것이다. 이 모든 고통과 괴로움의 유일한 원인—근원으로부터의 분리—이 무엇인지 알 때까지 우리는 결코 혼돈에서 벗어나지도, 사랑 자체와 오롯이 하나가 되지도 못할 것이다.

모든 혼돈의 중심에는 분리된 거짓 자아가 있다. 그것이 세상 안에서 우리가 인식하는 '모든' 개인적·집단적 고통의 원인이다. 예외는 없다. 본래의 무한 상태에서 우리는 옹근 전체이며, 우리의 창조주, 하느님God,

혹은 우리가 이 책에서 부르는 이름인 '근원The Source'과 연결되어 있다. 비록 우리가 알아차리지 못하는 때가 더 많더라도, 이것이 근원과의 영원한 소통 안에 있는 참자아, 바로 통합된 자아의 본성이다.

우리는 인간 진화의 단계에서, 내면의 진리에 깨어나라고 요청받는 지점에 와 있다. 이는 자신이 진정 누구인지 이제 용기를 내어 물을 필요가 있음을 뜻한다. 그러려면 우리의 에고가 받아들인 조건과 신념, 가치를 비롯해 에고의 전모를 남김없이 파헤쳐봐야 한다. 재클린 스몰Jacqueline Small은《인간 삶의 신성한 목적The Sacred Purpose of Being Human》에서 이렇게 말한다.

연구에 따르면 현재 미국에서 5천만 명 정도의 사람들이 새로운 하위 문화를 만들어가고 있다고 한다. 그들은 경험을 통해서 개인적으로 성장하고 변화하는 데, 그리고 창의적인 방식으로 더 나은 세상을 만드는 데 관심이 있는 사람들이다. 그들은 '뉴에이지'도 사회 이탈자도 아니다. 그들은 과학자, 건축가, 대학 교수, 소설가, 예술가, 주부, 의사, 그 밖에 여러 여론 주도층으로 이루어져 있다. 연구자들은 이러한 창의적 문화인들이 더 광범위한 문화의 장까지 바꿔놓을 수 있다고 내다본다. 내가 보기에 이들은 낡고 파편화된 삶의 방식에서 벗어나 진정한 자기를 찾아가는 사람들이다.

우리는 지금 에고 중심의 분리된 삶의 방식으로 살 수 있는 마지막 지점까지 왔다. 여러분도 알다시피 우리는 부지불식간에 자신의 삶의 질은 물론 이 지구마저 파괴시키고 있다. 우리의 진정한 본성인 참자아는 우리에게 그만 깨어나 건강하고 온전한 인간이 될 때가 되었다고 말하고 있다. 우리는 다음 단계의 더 큰 존재로 진화해 가고 있다.[1]

우리는 우주의 유일한 압제자, 곧 에고의 정체와 본성에 대해 알아야 한다. 에고를 깨닫고 원상회복의 길로 나아가다 보면 통합되는 자아 의식을 경험하기 시작할 것이다. 이것이 앞서 언급했듯이, 우리가 깊이 갈망해 온 광대하고 무한한 사랑과 평화, 기쁨을 가져다주는 통합된 자아이다.

우리는 무한한 주도권Infinite Initiative을 가지고 이제 이 원상회복 작업에 임할 때가 되었다. 우리는 무지로 인한 괴로움을 더는 감당할 수 없는 지점에 이르렀다. 에고는 이제 더 이상 우리와 이 지구를 부양하지 못한다. 원상회복이란 우리 안의 "사랑의 현존을 알아차리지 못하게 막는 장애물들"[2]을 제거하는 과정이다. 간단히 말해서 원상회복은 지금껏 익혀온 것들을 잊어버린다는 뜻이다. 우리의 인식을 왜곡시키고 마음속에서 사랑의 현존을 차단해 온 모든 조건과 신념, 가치를 잊어버리는 것이다. 이는 신뢰 발달의 더 높은 단계로 우리를 이끌어줄 것이기에 그 어떤 여행보다도 위대하고 고귀한 여행이다.(신뢰 발달에 대해서는 5장과 6장에서 자세하게 살펴보겠다.)

이제 우리의 목적은 이 지구 위의 삶을 통합된 정체성에 일치시키는 것이다. 이것이 바로 고대 여러 지혜 전통의 목표였던 "세상에 있되 세상에 속하지 않는다"(be in the world but not of it)는 말의 의미이다. 에고를 소멸시키는 과정에서 우리는 아무것도 잃지 않는다. 아니, 모든 것을 얻는다. 통합된 의지가 무엇인지 알고 그것에 더 이상 저항하지 않을 때, 우리는 통합된 의지가 우리에게 주려는 것이 다름 아니라 우리가 늘 찾아 헤맸지만—지금까지는—결코 찾지 못했던 바로 '그것'임을 알게 될 것이다.

우리는 지금 더없이 좋은 때에 살고 있다. 더 높은 단계의 의식을 예고하는 극적이고도 중대한 의식 전환이 최근 일어나고 있다. 그리스도 의식Christ Consciousness[3]이라는 더 높은 단계로의 복귀를 많은 이들은 '재림

second coming'으로 여기고 있다. 한때는 무한한 지혜란 한 존재One Being에게만 국한된다고 여겨졌다. 그러나 이제 우리는 무한한 지혜가 모두에게 열려 있으며, 그 부름에 공명하는 이라면 누구나 그 부름을 듣는다는 것을 알고 있다. 특별한 이가 따로 있지 않다! 이 발전 단계에 대해서는 이어지는 '왜 지금인가?' 부분에서 자세히 설명할 것이다.

이 새로운 의식은 진리의 발견과 관련이 있다. 그 진리에 따르면 우리는 모두 영겁 전에 폭발한 우주 거울cosmic mirror의 무한한 조각들이다. 우리는 조그만 오류 하나로 우리가 진정 누구이며, 존재 이유가 무엇인지를 잊어버렸다. 이제 우리의 임무는 그 신성한 거울의 파편들인 우리 본래의 청정한 본질을 개인적으로 또 집단적으로 기억해 내는 것이다.

에고를 소멸시키려면, 혼돈과 고통, 황폐함, 불확실성, 불신, 한계, 평범함의 세계에 우리를 출구도 없이 가두어놓은 모든 망상을 부수어버리는 데 뛰어들어야 한다. 신뢰는 우리를 에고의 손아귀에서 벗어나게 해주는 필수 조건이다. 우리는 우리가 알지 못하는 것the unknown을 받아들임으로써 측량할 수 없는 평온함을 알게 된다. 여기서 얼마만큼의 자유와 기쁨을 경험하는지는, 신비롭고 강력한 에고 소멸 과정을 얼마나 기꺼이 믿고 따르는가에 달려 있다.

왜 지금인가?

오늘날 깨달음의 개념은 예수 그리스도 및 붓다가 육화했던 시대와는 사뭇 다른 의미로 받아들여진다. 우리 의식은 지난 2,500년 동안 점점 더 빠르게 진화해 왔다.

앞서 말했듯이 과거에는 깨달음이 당대의 영적 스승들에게만 해당되는 것이라는 인식이 널리 퍼져 있었다. 신비가들만이 깨달음을 얻을 수 있고 물질 세계를 초월할 수 있다는 것이 일반적인 믿음이었다. 동양의 경우 깨달음의 목적은 윤회의 수레바퀴에서 벗어나는 것으로서, 지구 위에서 더 이상 인간으로 살 필요가 없어지는 것이 궁극의 목표였다. 그리스도교의 경우에는 한 생애 안에 천국으로의 영원한 입성을 이루어내는 것이 그 목표였다. 인간의 몸을 입고 물질과 시간으로 이루어진 세계 안에서 사는 것을, 종착점, 즉 열반이나 천국이라는 일종의 피안으로 가는 수단일 뿐이라고 본다는 점에서, 두 종교는 서로 배타적인 것으로 보였다. 지금 우리는 고양된 의식 덕분에 우리 선조들이 생각했던 것보다 훨씬 더 넓은 관점에서 깨달음을 이야기할 수 있는 시대에 살고 있다.

새로운 각성이 일어나고 있다. 바로 지금, 바로 여기에서 이원성의 치유─즉 분리 개념이 사라지고, 우리의 하나됨을 깨닫고 받아들이는 것─가 점점 더 크게 일어나고 있다. 점점 더 많은 이들이 내면의 분리나 분열이 파괴적임을 깨닫고, 삶 안에서 사랑과 조화를 되살려낼 방법을 자발적으로 그리고 절실하게 찾고 있다. 그들은 진리를 찾으라는 마음 깊은 곳의 부름에 응답하고 있는 것이다. 재클린 스몰의《인간 삶의 신성한 목적》을 다시 인용해 보자.

우리 인간은 영과 물질로 이루어진 혼성 종이다. 모든 시대의 신비가들은 늘 이 사실을 알고 있었다. 오늘날은 과학자들이 그 뒤를 따르고 있다. 당신이 인간이면서 동시에 신성한 존재임을 깨닫는 것은 자기 기억 행위이며, 이 자기 기억은 당신이 하고자 또 되고자 열망하는 모든 것의 근본 원리가 되어줄 것이다. 이 새로운 진화적 충동이 지금 자신을 알아줄 것을 요구하며 우리 영혼 안에서 깨어나고 있다. 우리는 더 이상 우리 자신을 손볼 필요가 있는 에고로만 보지 않는다. 우리는 우리가 인간이면서 동시에 신성한 존재라는 것을 깨달음으로써(또한 실현함으로써) 우리 존재에 대한 더 깊은 진리를 발견하고 있다. 이제 우리 본성의 두 측면이 모두 적법하게 인정되어야 한다. 그렇지 않는 한 우리는 결코 온전해질 수 없을 것이다. (중략) 깨어남의 여정을 가는 동안 우리는 결국 '오직 인간인' 것만으로는 우리 영혼을 다 채울 수 없음을 알게 된다. 또한 '오로지 영적으로만' 되어 인간적 문제들을 뛰어넘고 싶은 강렬한 유혹이 들 수도 있지만, 그것 역시 답이 아니다. 인격적 삶 속에서 치유되고 통합되지 않은 그 어떤 것도 우리는 초월할 수 없다.[4]

근원 혹은 창조주란 '저기 바깥' 어딘가에 있는 존재가 아니다. 이는 매우 중요한 것으로, 근원에 대해서 어떤 식으로든 우리를 판단하는 분리된 실체라고 표현해서는 절대 안 된다. 누구든지 사랑의 현존을 깨닫고자한다면, 먼저 하느님을 우리와 분리되어 있으며 우리를 판단하고 보복하며 징벌하는 존재라고 보는 모든 관념을 지금부터 영원히 버려야 한다. 근원이 우리 바깥이나 우리 위에 있다고 믿을 때 우리는 어떤 변덕스러운 존재에게 완전히 내맡겨진 무력하고 나약한 존재가 되고 만다. 근원이 우리와 분리되어 있다는 관념은 우리한테서 힘을 빼앗고, 공동 창조자라는 우리의 정당한 유산을 부정한다.

진정으로 해방되기 위해서, 또 개인으로나 세계적으로 평화로워지기 위해서는 우리의 무의식을 의식해 가야 한다. 그래야만 우리 안에 쌓인 두려움과 한계를 없앨 수 있다. 에는 듯한 고통, 뭔지 모를 긴박감, 해소되지 않는 갈증, 이 모든 것은 더 깊은 데로 우리를 부르는 내면의 신호들이다. 무지에서 오는 고통, 정작 알아야 할 것을 오랫동안 외면해 온 데서 오는 그 고통은 이제 견디기 힘들 정도가 되었다. 우리가 누구인지, 근원이 무엇인지, 그리고 우리가 창조된 목적이 무엇인지에 대한 구시대의 제한된 관념을 놓아버릴 때에야 비로소 우리는 고통과 혼돈의 끝을 보게 될 것이다.

영성의 진화: 우리는 어떻게 시작되었는가?

우리는 어떻게 시작됐는가? 우리는 어디서 왔는가? 우리는 어디를 향해 가고 있는가? 원래 우리는 완벽한 하나됨Oneness 안에 존재했다. 그 말은 그 어떤 것도 우리 바깥에 있거나 우리와 따로 떨어져 있지 않았다는 뜻이다. 우리는 모든 것이었고, 모든 것을 가지고 있었다. 모든 곳이 우리 안에 존재하기에 우리는 어디에든 있었다. 우리는 사랑으로 모두를 포괄하는 근원의 '무한 상태'에 속해 있었기에, 분리된 개개인도 없었고 인식해야 할 대상도 존재하지 않았다. 그러다가 하나됨 안에서 분리라는 한 생각이 일어났다. 이 조그마한 생각은 비록 눈 깜짝할 사이에(《기적 수업》이 말하듯 "짧은 순간 시간tiny tick of time"에 [5]) 생겨났지만, 그럼에도 그것은 한순간에 이원성을 확연히 드러냈다. 우리에게는 수십억 년 전이 될 어느 순간에 갑자기 시간과 공간, 물질이라는 것이 나타났고, 하나됨과 온전함 이외의 것을 경험하려는 욕구가 우리에게 생겨났다.

《기적 수업》에서는 분리라는 개념—우리가 근원으로부터 떨어질 수 있으며, 스스로 존재할 수 있다는 생각—을 "하찮고 말도 안 되는 생각"[6]이라고 말한다. 그러나 감사하게도, 분리란 비록 진실처럼 보일지라도 실은 한갓 망상일 뿐이다. 우리는 무한한 하나됨이 아닌 다른 것을 경험해보기로 집단적으로 결정을 내렸다. 그러나 근원은 망상을 만들어내지도 않았고 그것이 무엇인지 알 수도 없다. 망상은 '우리'가 만든 것이다. 분리된 상태라는 '꿈' 속으로 들어와 시간과 공간, 물질, 분리된 실체들을 외견상의 실재로 만듦으로써 그렇게 한 것이다.

우리의 더 높은 마음은 근원과 영원히 하나이다. 그러나 에고는 이세상이 실재이고, 우리는 어떤 상황에 처할지 모를 혼돈random chaos에 내맡겨져 있는, 각자 분리된 육체라는 투사된 관념을 굳게 믿는다. 하지만 아무리 우리가 '삶'이라고 부르는 꿈 경험을 하면서 여기에 존재하는 것처럼 보여도, 우리의 통합된 자아는 그것에 조금도 영향을 받지 않으며 실재 안에서 무한한 사랑을 기쁘게 확장하고 있다. 꿈 상태에 있는 우리가 이 실재를 알아차리지 못할 뿐이다.

우리는 모두 잠들어 있는 동안 꿈을 꾼다. 우리는 그러한 꿈을 실재처럼 경험한다. 그러나 잠에서 깨어나면 우리가 실재처럼 경험한 것이 전혀 실재가 아님을 즉시 깨닫는다. 그것은 그저 꿈일 뿐인 것이다. 더욱이 악몽을 꾸기라도 했다면 깨어난 뒤 얼마나 마음이 놓이는가! 여기 이 세상에서의 에고 경험은 우리가 자는 동안 꾸는 꿈에 비유할 수 있다. 분리라는 에고의 꿈에서 마침내 '깨어날' 때 우리는 진실로 넘치는 기쁨을 느낄 것이다. 단지 일시적으로만이 아니라 영원토록 말이다.《기적 수업》은 이렇게 말한다.

성서는 아담이 깊은 잠에 빠졌다고 말했지만, 그가 깨어났다는 언급은 어디에도 없다. 세계는 아직 포괄적인 깨어남과 재탄생을 경험한 적이 없다.[7]

비유적으로 볼 때 이 문장은 분리 상태로의 집단 하강을 상징하는 아담이 무의식 상태가 되었음을 이야기한다. 그 시점부터 쭉 인류의 꿈 상태가 지속되어 왔고, 이 에고 꿈ego-dream으로부터의 주목할 만한 집단적 깨어남은 지금까지 일어나지 않았다. 우리는 마치 아담처럼 무의식 속으로의 거대한 여행을 하고 있는 것이다. 그러나 지금 꾸고 있는 이 꿈에서 깨어나기만 한다면 우리는 마침내 이 환상의 세계라는 꿈에서도 깨어날 것이며, 우리의 신성과 그에 따른 무한한 축복 모두를 되찾게 될 것이다.

인간의 에고가 진화하고 분리 상태에 대한 믿음을 강화하면서 상대

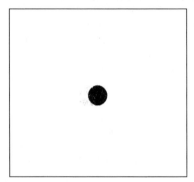

1. 분리에 대한 최초의 생각. 이원성이 생기고, 시간과 공간, 물질이 나타난다.

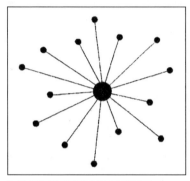

2. 분리 개념이 더 커지고, 에고가 강해진다.

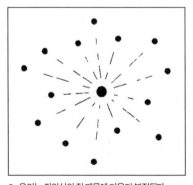

3. 우리는 죄의식의 짐 때문에 더욱더 분절된다.

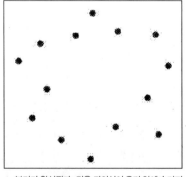

4. 분리가 완성된다. 깊은 죄의식이 우리 안에 숨겨지고, 에고를 통해 투사된다.

그림 1-1 분리가 일어난 순서

적 지식을 습득하는 에고의 능력 역시 그만큼 늘어났다. 다시 말해 우리 뇌는 끊임없이 외부의 정보를 찾으면서 발달해 왔다. 강박적 사고가 생겨났고, 지적인 자산은 에고가 가장 얻고 싶어 하는 것이 되었다.─이는 지금 세상에서도 대단한 것으로 평가받고 큰 보상이 뒤따른다고 여겨진다.

우리는 우리 안에 빛이 존재한다는 사실, 그리고 영적으로 가치 있는 삶, 충만한 삶을 살아가는 데 필요한 단 하나의 근원이 바로 그 빛이라는 사실을 잊어버렸다. 지혜는 지적 능력과 물질적 축적에 밀려 잊혀졌다. 생각하고 행동하는 삶의 방식은 추앙받는 반면, 고요하고 사색적으로 살면서 깨달음을 추구하는 삶의 방식은 사람들의 관심 밖으로 밀려났다. 고요하고 사색적인 삶의 방식은《기적 수업》의 표현대로 에고의 "소란스런 비명들"[8]에 파묻히고 말았다.

에고가 근원으로부터 떨어져 점점 더 독자성을 띠어가는 것처럼 보일수록 근원에 대한 에고의 두려움도 그만큼 커졌다. '하느님에 대한 두려움'이라는 말은 수치심, 죄의식, 무력함, 약함과 같은 의미로 해석될 수 있다. 하느님에 대한 두려움이 표현되는 가장 흔한 예는, 화가 나거나 언짢을 때 누군가 탓할 대상을 찾는 그 고질적이고도 신속한 충동, '뭔가가 잘못되었다'는 떨쳐지지 않는 느낌, 그리고 온갖 형태의 두려움(이 중에서 가장 큰 것은 아마 피해망상증일 것이다)일 것이다. 근원에 대한 두려움은 이렇게 온갖 모습 속에 감추어져 있지만 그것은 단지 사랑이 늘 자신과 함께하고 있다는 믿음이 부족한 것 말고 다른 것이 아니다.

진화의 관점에서 지금은 '전환'의 때이다. 우리는 원래 의도에서 너무 멀리 너무 오래 떨어져 방황했다. 이제는 우리의 진짜 본성으로 돌아오라는 부름에 귀 기울일 때이다.

우리는 지금 여기에서 우리의 현실을 창조하는 자는 오직 우리 자신뿐임을 깨닫기 시작했다. 우리는 진화를 거듭해 오면서 이제 더 높은 의식을 가진, 모두를 포괄하는 영원한 생명이라는 개념을 시간과 물질의 세계 안에서 이해할 수 있는 지점에까지 도달했다. 우리가 세상을 고칠 수 없기 때문에 그렇게 할 수 있을 때까지 기다릴 필요도 없고, 통합된 공동 창조자라는 우리의 정당한 자리를 되찾기 위해 반드시 몸의 죽음이나 커다란 위기를 겪을 필요도 없다는 것을 이해할 정도로 의식이 깨어난 사람들도 있다.

우리는 자신의 분열된 마음을 치유하기로 결심하고 노력을 다함으로써 마음속의 깊은 갈망들을 채울 수 있다. 인간의 의식이 마침내 깨어날 것이며, 따라서 지금은 지상에서 천국을 경험할 가능성이 어느 때보다도 더 커졌다. 가능성이 아니라, 그렇게 될 수밖에 없다! 우리는 분리라는 꿈에서 깨어나기에 앞서, 《기적 수업》에서 말한 "행복한 꿈"[9]을 경험하게 될 것이다. 즉 에고가 소멸하고, 분리와 고통이라는 환상의 관념이 "그것이 애초에 기원했던 무無"[10] 속으로 사라지는 경험을 하게 될 것이다.

원상회복은 거룩한 기억의 과정이다. 그것은 마음이 분열되기 전에 우리에게 있었던 절대적 신뢰와 확신을 회복하는 혹은 상기해 내는 과정이다. 이 과정을 이끄는 것은 보편적 영감Universal Inspiration 혹은 성령 Holy Spirit(하느님이라는 말이 더 편하다면 하느님)이며, 성공 여부는 전적으로 당신의 정직성과 용기, 의지와 자발성, 그리고 헌신에 달려 있다.

2 · 에고
: 투사를 통해 만들어지는 것

　　다음과 같은 질문으로 이 장을 시작해 보자. "나는 누구인가?" "나는 나를 어떻게 정의하는가?" 우리는 우리가 누구인지를 어떻게 정의하는가? 부모, CEO, 영적 교사, 예술가, 학생과 같이 주된 역할로 규정하는가? 가치관, 성취, 신념, 성격, 과거 경험, 어린 시절, 몸(나이, 성별, 체형, 피부색, 건강 상태), 국적으로 규정하는가? 아니면 각자 가진 희망과 꿈, 실수, 후회, 슬픔, 두려움으로?

　　우리 대부분은 위에서 말한 것 중 하나나 그 이상이 곧 우리의 의미요 정체성이라고 착각한다. 우리는 두 가지 생각에 사로잡혀 있다. 하나는 우리가 원하거나 필요하다고 생각하지만 갖고 있지 않은 것(예를 들어 물질적 재산, 인간 관계, 사람, 돈, 행복)을 '갖겠다'는 생각이다. 다른 하나는 되고 싶지만 아직 되지 못한 무엇(예를 들어 행복해지거나, 평화로워지거나, 사랑스러워지거나, 건강해지거나, 부유해지거나, 유명해지거나, 좋은 직장이나 사회적 지위를 얻어 성공하거나, 좋은 부모가 되는 것)이 '되어야' 한다는 생각이다. 진실은 이렇다. 이 중 어느 하나도 지금 우리가 '누구'인지를 규정하지 못하며, 앞으로 우리가 '누가' 되어 있을지도 규정할 수 없다는 것이다.

　　이번 생에서 진정으로 행복해질 수 있다고 생각하기에 앞서, 우리는 자신이 누가 '아닌지'부터 발견해야 한다. 우리 자신을 바라보는 방식에 늘 오류가 있었다는 걸 깨닫는 순간 우리는 진정으로 자신이 '누구'인지 알게 되며, 이 앎이 가져다주는 무한한 선물을 받게 된다.

우리는 자신이 분리되어 있는 독립적인 인간이라고 믿도록 배웠다. 그러나 우리의 정체성을 규정한다고 믿는 이름표 중 한 가지라도 사실로 받아들인다면, 우리는 결국 거기에 종속이 되어 갇히고 만다. 이 모든 규정은 우리의 한계를 강화할 뿐이다. 자아 의식을 갖기 위해 그런 것들에 그토록 크게 의존한다는 것은 우리가 자기도 의식하지 못하는 가운데 외부 조건에 의존해서 자신의 정체성을 만들기도 하고 부수기도 한다는 사실을 드러내줄 뿐이다.

이는 우리가 자신이 진정 '누구'인지를 모른다는 것을 뜻한다. 우리는 우리의 진정한 목적을 모른다. 무엇이 우리를 진정으로 행복하게 해주는지를 모른다. 그러니 어떻게 삶의 괴로움에서 벗어나 기쁨을 경험할 수 있을까?

많은 사람들이 진실이라고 믿고 따르는 두 가지 위험한 생각이 있다. 첫째는 행복은 외부 조건에 달려 있다는 것이다. 둘째는 우리 자신에 대해 또 우리가 만들어가는 삶에 대해 우리가 모든 책임을 져야 하는 것은 아니라는 것이다. 이 두 가지 생각은 우리가 무력한 희생양이라는 믿음, 즉 다음 순간 어떻게 될지 알 수 없는 혼돈과 다른 이들의 뜻에 의해 좌우되는 존재라는 믿음으로 이어진다. 이 두 믿음이 재고되고 변화되기 전에는, 우리는 자신이 진정으로 '누구'인지 알 수 없고, 목적과 의미로 충만한 새 삶을 시작할 수 없다. 우리의 정체성과 의미를 어디에 잘못 두어왔는지 아는 순간, 우리가 무엇에 신뢰를 두어왔는지도 바로 드러난다. 우리가 정신적으로나 감정적으로 가치를 두는 모든 것은 삶에서 우리의 신뢰를 두는 곳이기도 하다. 우리 대부분은 그 신뢰를 마땅히 두어야 할 곳을 뺀 모든 곳에 두고 살아왔다. 즉 애초에 창조된 그대로의 자아인 '통합된 자아'만 빼고 말이다.

통합된 자아를 알기 위해서는 먼저 세상 속의 모든 고통과 괴로움, 환멸과 실망의 원인인, 왜곡되고 오도된 사고 체계의 뿌리를 파악해야 한다. 그런 다음 한 발 뒤로 물러나, 그것의 목적과 '작동 방식'을 객관적으로 철저하게 조사해야 한다.

에고란 무엇인가?

앞서 언급했듯이 에고란 우리가 영겁 이전에 결심한 분리의 순간에 만들어졌다. 처음에는 단 하나의 의지만이 존재했으며, 이 의지는 근원이 자신을 혹은 무한한 사랑을 영원히 내어준다는 표현이었다. 마음이 분열하면서 에고가 생겨나자 우리는 통합된 본성을 잊고 우리가 만들어낸 가짜 상象을 받아들였다. 그 가짜 상은 우리가 근원으로부터 분리되어 있다는 믿음에 근거한 것이었다. 그 결과 우리는 현재 우리가 처해 있는 두려움과 혼돈의 상태에 빠지게 되었다.

에고를 잊고 혹은 원상태로 되돌리고, 신뢰를 다시 얻어 온전해지기 위해서, 무엇이 에고라는 실체를 만들어내며 무엇이 에고의 신념 체계를 추동시키는지 살펴보자. 에고란, 근원으로부터의 외견상의 분리로 생겨난 거대한 죄의식에서 나온 신념 체계이다.

에고란 무의식적으로, 통합된 자아와는 정반대 방향으로 향한다. 그것은 자기가 근원으로부터 분리되었다고 '알고 있으며'(물론 근원으로부터의 분리란 사실 불가능하다), 순전히 공포에서 기인했을 뿐인 그와 같은 생각을 숨긴 채 자기가 근원을 배신했다는 사실을 격렬히 부정하는 데 전 존재를 다 쏟는다. 여기서 바로 이원성이 탄생했다. 이 이원성의 상태 속에서 우리는 '선 대 악'과 같은 대립항들을 인식하게 되고(에고는 여기에 의도적으로 관심을 집중한다), 어떻게든 고통을 피하고 기쁨을 끊임없이 추구하게 된다. 에고는 우리가 판단과 욕망에 사로잡혀 있을 때 제 모습을 가장 잘 드러낸다. 전부는 아닐지라도 우리가 겪는 거의 모든 괴로움은 바로 이 두 가지 어리석음에서 나오며 우리는 이를 고통스러운 감정을 통해 경험한다. 그러나 우리는 이 역기능적인 과정, 즉 에고가 우리 존재, 그러니까 생각과 행동의 모든 면을 추동한다는 것을 인식하지 못한다. 기실 세상 전체가 에고의 신념 체계 위에서 돌아가고 있다.

사랑이나 기쁨을 추구하는 것을 비롯해 모든 감정적 욕구의 한가운데에는 버려진 기분, 끊임없이 위협받는 느낌, 적절치 못하다는 느낌이 깊숙이 자리하고 있다. 불행하게도 이는 에고의 유산이며, 에고는 늘 주의를 다른 데로 돌림으로써 이 뿌리 깊은 느낌들을 지워버리려고 한다.

에고의 속임수에서 가장 슬프고 안쓰럽고 안타까운 것은, 에고가 우리를 결코 만족시키지 못할 줄을 알면서도 우리의 모든 생각과 욕망, 느낌, 또 그에 따른 행동을 추동시킨다는 점이다. 《기적 수업》에서 말하듯이, 실제로 에고의 법칙은 "구하라, 그러면 찾지 못할 것이다"[1] 이다. 우리가 고통을 부정하려고 하면 할수록, 고통에 저항하거나 맞서 싸우려고 하면 할수록, 고통을 없애려고 하면 할수록, 고통은 더욱 강해질 것이다! 에고는 우리의 모든 실망과 괴로움의 뿌리를 '결코' 찾아내지 못할 것이다. 왜 그런가? 에고가 바로 문제이기 때문이다. 이 진리(에고가 바로 문제라는—옮긴이)를 온 천하에 드러낼 때 에고는 영원한 폐물이 되고 만다. 그러니 에고가 당신에게 발견되어 그 거짓 인식들이 더 이상 힘을 쓸 수 없게 될까봐 두려워하는 것은 당연하지 않은가?

우리는 앞서 "나는 누구인가?"라고 물었다. 만일 자기 정체성을 역할, 인간 관계, 직업, 성취, 과거 등 외부적인 것과 혼동하지 않는다면, 우리가 가진 생각이나 느낌, 감정으로 자신을 규정할 수 있을까? 아니면 우리가 처한 조건, 신념, 가치관으로 규정할 수 있을까?

대답은 이렇다. 당신은 이런 것들로 자신을 아주 잘 규정할 수 있을 것이다. 그러나 그렇게 할 때 당신은 당신 에고의 이미지를 기술하는 것일 뿐이다. 허구적인 것들로는 "나는 누구인가?"라는 물음에 결코 대답할 수 없다.

생각과 투사

생각은 에고의 의지가 사용하는 독자적인 에너지이다. 부정적인 생각과 긍정적인 생각은 우리의 인식 안에서만 존재한다. 인식할 뇌가 없는 우리 바깥에서 생각은 아무런 영향력도 갖지 못한다. 생각은 그 자체로는 아무런 의미도 갖고 있지 않다. 삶의 매순간 그것에 의미를 부여하는 것은 사실 우리 자신이다. 중립적인 생각이란 존재하지 않는다. 왜 그런가?《기적 수업》은 이렇게 말한다. "모든 생각은 힘을 가지고 있으므로, 중립적인 생각이란 있을 수 없다."[2] 즉 모든 생각은 결과를 갖는다는 말이다. 그리고 생각은 모두 어떤 결과의 원인이다. 그 어떤 일도, 그것을 야기한 생각이 먼저 존재하지 않는 이상 일어날 수 없다. 따라서 우리는 생각의 내용을 늘 알아차려야 한다. 영혼이 갈망하는 깊고도 변치 않는 행복을 만들어내는 데는 의미 있는 생각이 꼭 필요하다.

생각은 믿음을 만들어내는데, 그 믿음은 외부로 투사되고, 그 믿음이 외부로 표현된 바가 그것을 투사한 마음으로 다시 되비춰짐으로써 원래의 믿음이 더욱 강화된다. 믿음은 이렇게 투사를 통해 만들어지는 것이므로 결코 그것을 실재로 여겨 신뢰해서는 안 된다. 믿음이란 그런 식으로 우리에게 되비춰지는 것이므로, 결국 모든 믿음은 우리가 실재라고 받아들이는 투사에 지나지 않는다. 우리가 생각하는 것이 우리가 인식하는 바가 되며, 우리가 인식하는 것이 우리가 믿는 바가 된다.《기적 수업》전체에서 말하듯이, "투사는 인식을 만든다."[3]

그렇다면 삶에서 일어나는 일에 대한 책임은 누구에게 있는가? 생각이 현실을 만든다면, 우리는 그 현실에 모두 개인적인 책임을 져야 한다. 그 현실은 오직 우리 자신이 무의식중에 만들어내는 것이겠기에 말이다. 사실 생각과 믿음, 가치관의 대부분은 우리의 의식적인 자아에게는 숨겨져 있을지라도 그것들이야말로 우리가 하는 경험에 책임이 있다. 그렇다면 우리가 책임을 떠안아야 하는 이른바 '현실'이라는 것이 얼마나 방대할지 상상할 수 있겠는가? 우리 삶에 영향을 미치는 사람과 장소, 사건과 환경은 모두 어떤 점에서는 우리 개인에 의해(대개는 무의식적으로) 혹은 전 세계인의 집단적 의식이나 무의식적 믿음이 합쳐져서 만들어진다. 다시 한 번 말하지만, 생각에 우리와 연관된 모든 의미를 부여하는 것은 우리 자신이다. 우리에게 고통을 주는 것은 오직 우리의 생각이다. 우리 마음 외부의 그 무엇도 우리를 다치게 하지 않는다. 우리의 잘못된 생각 이외에는 다른 어떤 강제적 원인도 없다. 우리 자신의 인식 외에는 무엇도 우리에게 영향을 주지 않는다.

우리가 보는 세상은 그 스스로는 아무것도 하지 않는다. 세상은 그저 우리 생각을 나타내고 그 생각을 우리 마음에 되비춰줄 뿐 아무런 영향력도 행사하지 않는다. 우리가 눈과 귀로 인식하는 모든 것은 우리 생각의 상징이다. 우리는 세상에 대한 우리의 생각을 바꿈으로써 세상에 대한 우리의 인식이나 해석을 바꿀 수 있다. 생각이 원인이고 그 결과가 우리의 과거라면, 우리는 그것을 다르게 해석함으로써 과거를 바꿀 수 있다. 이것이 '놓아버림letting go'의 의미이다. 에고는 우리로 하여금 어떤 종류의 공격이든 모두 실재한다고 확신하게 만드는 위험한 습관을 갖고 있다. 우리는 우리를 향한 어떤 불유쾌한 말에도 즉시 방어 자세를 취하는 경향이 있다.《기적 수업》은 "그대가 투사한 것을 그대는 믿는다"라고 말하는데, 이는 "그대가 다른 이들에게 투사한 것에서 그대가 무엇인지를 배우며, 따라서 그들이 그대 자신인 것으로 믿는다"[4]라는 뜻이다.

진실은 이렇다. 우리가 세상을 적대적인 곳으로 겪는 경향이 있다면 그것은 우리가 의식하든 그렇지 않든, 바로 그 적의를 우리 안에 숨겨두고 있기 때문이다. 우리가 다른 이들에게서 추한 모습을 잘 찾아낸다면, 그것은 그 추한 모습을 우리 안에 비밀스레 담고 있기 때문이다. 다른 이들에게서 무엇을 인식하든 우리는 그것을 우리 안에서 더욱 공고히 한다. 그래서 지혜는 에고가 숨기고 있는 것들을 깨닫고 싶다면 나에게는 없고 다른 이들에게 있다고 더없이 확신하는 것을 더욱 잘 살펴보라고 말하는 것이다. 반대로, 우리가 만나는 사람들에게서 내면의 아름다운 모습을 더 잘 보는 경향이 있다면, 그것은 틀림없이 자신의 반영물을 보고 있는 것이다. 우리가 다른 이들에게서 무엇을 인지하든 그것은 우리 안의 것을 인지하는 것이며, 무엇이든 우리가 서로 공유하는 것을 우리는 더욱 강화시킨다. 그러니 이 진리를 깨달은 우리는 지금 이 순간부터 우리가 마주치는 한 사람 한 사람을 더욱 깨어서 바라볼 수 있을 것이다.《기적 수업》은 이 진리를 다음 문장으로 요약한다.

그대가 그를 볼 때, 그대는 자기 자신을 보게 될 것이다.[5]

우리는 각자 자기 현실을 만들어내며, 다른 이와 공유하면서 그 현실을 늘려나간다. 집단 의식화된 믿음은 여러 마음들이 함께 투사하는 것인

만큼 힘과 가속이 붙는다. 그러기에 지금껏 물음을 던져본 적이 없는 믿음일수록 더욱 잘 살펴보고 숨김없이 조사해 볼 필요가 있는 것이다.

양자물리학에서 이른바 '관찰자 효과observer effect'라는 현상이 발견되었다. 관찰자 효과는 우리가 실제로 자신의 현실을 만들어낸다는 이론을 뒷받침한다. 관찰자 효과 이론은 관찰자가 그것을 관찰하지 않는 한 혹은 관찰할 때까지는 그 어떤 실재도 존재하지 않는다고 주장한다. 나아가 우리가 관찰하는 모든 것은 실제로 그에 대한 우리의 인식에 의해서 영향을 받는다. 웨인 다이어Wayne Dyer가 즐겨 말하듯이, 대상을 보는 방식을 바꾼다면 당신이 바라보는 대상이 바뀐다. 이는 우리가 생각과 감정에 주의를 기울임으로써 우리 삶을 더 낫게 변화시킬 수 있다는 뜻이다.

우리가 살고 있는 양자역학 세계에서 우리는 관찰자로서 우주를 혹은 우주 안의 무엇인가를 관찰할 때마다 궁극적으로 그리고 근본적으로 우주에 영향을 미친다. 따라서 세상은 결코 보이는 대로가 아니다. 세상은 분명 우리와 별개로, 우리의 선택과 무관하게 '저기 밖에' 존재하는 것처럼 보인다. 그러나 양자물리학은 이 생각을 깨뜨린다. '저기 밖에' 무엇이 존재하는가는 우리가 무엇을 찾기로 선택하는가에 달려 있다.[6]

예컨대 다음 그림을 보자. 무엇이 보이는가? 다시 한 번 바라보라. 이번에는 무엇이 보이는가? 우리는 흰색 술잔을 볼 수도 있고, 서로 마주보고 있는 두 사람의 옆얼굴 실루엣을 볼 수도 있다. 우리는 머리로는 두 가지 해석 모두가 동시에 존재한다는 것을 안다. 그러나 그 둘을 동시에 인식할 수는 없다. 두 사람의 옆얼굴을 볼 때 우리는 두 사람의 옆얼굴을

'만들어낸다.' 그 순간에 우리가 인식하기로 선택한 것이기 때문이다. 다음 순간 우리는 다르게 보기로, 즉 이번에는 술잔을 보기로 '선택'할 수 있으며, 그러면 그것은 우리 인식 속에서 술잔이 된다.

그림 2-1 인식의 선택

이 그림 자체는 그저 흑백의 두 형태를 조합해 놓은 것일 뿐이며, 우리의 인식에 따라 그것은 우리가 원하는 현실이 된다. 마찬가지로 이 세상도 우리가 물질, 시간, 공간이라고 부르는, 진동하는 에너지 덩어리에 지나지 않는다. 현실 속의 모든 것은 우리가 인식하는 방식, 즉 우리가 그 순간 무엇을 보고 어디에 초점을 맞추느냐에 따라서 영향을 받는다.

우리는 세상 사람들이 모두 그렇듯이 지금까지 모든 현실이 마음 외부로부터, 마음과 독립적으로 나타난다는 '객관주의'를 택해 왔다. 그러나 진실은 우리가 생각과 믿음을 통해서 개인적으로 또는 집단적으로 늘 현실을 창조해 왔고, 지금도 계속해서 만들어내고 있다는 것이다. 어떤 현실도 마음 바깥으로부터 또는 마음과 독립적으로 존재하지 않는다. 즉 우리가 현실을 만든다. 현실이 우리를 만드는 것이 아니다.

세계는 우리의 신념 체계를 치유함으로써 기적적으로 변형될 수 있고 또 변형될 것이다. 이러한 생각의 전환이 실제로 우리의 인식을 바꾸며, 우리의 삶은 우리 자신이자 우리의 진정한 본성인 아름다움과 기쁨, 사랑의 장엄한 반영이 된다.

에고 인식은 투사에 근거해 세워진다.
이 그림에서 우리는 에고가 어떻게 인식을 하는지 볼 수 있다. 눈에 보이는 현실은 무의식중에 외부로 투사되는 우리의 개인적·집단적 믿음으로부터 시작된다. 세계는 우리가 투사한 바를 되비춰주는 화면이며, 우리는 우리가 저기 밖에서 보고 있다고 상상하는 그것에 따라 반응한다.

1. 우리는 우리 현실을 투사한다.
2. 그것은 우리에게 '사실'로 되비쳐진다.
3. 그러면 우리는 그것에 반응한다.

그림 2-2 우리는 어떻게 현실을 창조하는가 : 투사

우리가 눈으로 보고 귀로 듣는 것은 대개 우리 바깥에 있는 것처럼, 우리와 독립적으로 존재하는 것처럼 가장하고 있지만, 우리가 외부로 투사하는 생각과 믿음, 행동, 태도는 모두 우리에게 되비쳐진다. (그림 2-2) 투사라는 심리적 동력을 알지 못할 때, 우리는 외부적인 듯 보이는 어떤 사람이나 장소, 사건, 환경에 대해서도, 마치 그것들이 자신과 직접 관계가 없이 동떨어진 것인 양 반응하게 된다. 우리는 삶의 희생양이 된다. 그러나 투사와 그것의 원리를 잘 알면, 우리는 우리가 인식하는 바에 책임을 갖게 되며, 그로써 훨씬 더 의미 있는 삶을 만들어갈 힘을 얻는다.

우리는 깨달아서 알고 있든 아니든 대부분 에고의 사고 체계 안에서 살아간다. 하지만 이러한 사실을 알아차리고 받아들이면 우리는 선택을 할 수 있으며, 앞서 말했듯이 완전히 다른 방식으로 인식하게 되고, 그로써 우리 삶을 만드는 것은 진실로 우리 자신임을 확신할 수 있게 된다.

우리가 생각을 선택하는 것이라면, 슬픔이나 화, 우울, 좌절감, 증오, 분노와 같은 감정은 어떨까? 생각은 감정의 최초 원인이므로, 생각을 해석할 뇌가 없다면 우리는 감정도 경험하지 않을 것이다. 모든 감정은 e-모션e-motion, 즉 상당 부분 생각에 그 뿌리를 두고 있는 '활동중인 에너지energy in motion'이다. 절망스럽게도 우리는 대개 그 사실을 알아차리지 못하지만 말이다. 그래서 우리는 심각한 우울이나 불안, 공포가 일어날 때 우리 마음속에 증상을 일으킨 잘못된 믿음을 캐내겠다는 희망으로 대개 심리학 이론과 치료 방법, 또는 정신분석학을 찾는다.

그러나 우리는 감정을 의식적으로 선택하지는 않는다. 우리가 느끼는 모든 감정은 감정적으로 반응하게끔 우리를 길들여온 뿌리 깊은 경험과 사고방식, 믿음에서 나온다. 감정은 부정적인 것이든 긍정적인 것이든 우리의 주의를 잡아끌기 위한 마음의 방법이다. 감정은 그만한 이유가 있어 생겨나는 것이지만, 만일 제대로 이해하거나 이끌어주지 않으면 자주 우리에게 반항한다. 어떻게 그렇게 할까? 부정적인 방식으로 감정을 표현할 때 우리는 물리적으로(폭력) 또는 심리적으로(언어적 학대나 감정적 학대) 다른 이들을 공격한다. 그에 반해 부정적인 감정을 억누르면 남이 아닌 자기를 공격하게 되며, 그 결과는 다양한 방식으로(병, 사고, 죽음 등) 몸 전체에 나타나거나 자기 파괴적인 행동(예를 들어 자해)으로 나타난다. 부정적인 감정이 의식에 떠오르면 위험 신호임을 깨닫고 그것이 우리에게 어떤 말을 하려고 하는지 주의 깊게 살펴야 한다. 우리가 감정을 어떻게 다루며 어느 방향으로 이끌어가는지에 따라서 감정이 우리를 파괴할 수도 있고 우리에게 힘을 실어줄 수도 있다.

부정적인 것이든 긍정적인 것이든 감정은 생각과 똑같이 그 자체로는 좋지도 나쁘지도 않다. 우리는 우리의 생각도 아니요 감정도 아니다. 생각이나 감정은 '우리 자신'이 아니다. 주어진 상황에서 우리가 보이는 다른 모든 반응에 대해서도 이와 똑같이 말할 수 있다. 즉 우리가 어떻게 반응하는지가 곧 우리가 누구인지를 결정하지는 않는다.

그렇다면 우리 몸은 어떠한가? 우리가 곧 몸이라고 생각할 수 있는가? 만일 그렇게 생각한다면 사고나 병, 노화, 죽음 등으로 몸이 바뀔 때 우리의 정체성은 안 좋은 쪽으로 망가지거나 최소한 어느 정도는 달라질 게 분명하다. 마찬가지로 우리는 성형 수술을 하고, 몸무게를 줄이고, 머리 모양을 바꾸고, 새 옷을 사 입고, 병을 치유하거나 하는 식으로 변화를 꾀할 수 있겠지만, 그렇게 만들어진 새 정체성은 오래 지속되지 않으며, 따라서 결코 우리에게 행복을 가져다줄 수 없다. 우리는 우리의 몸이 아니라는 것을 기억해 두는 것이 중요하다.

자유 의지

근원은, 시공간 내 우리의 일시적 분리 상태로부터 전혀 영향을 받지 않는, 영원한 무한 상태(천국 혹은 열반)를 창조하였다. "우리는 분리될 때 잠에 빠졌고 꿈을 꾸기 시작했다." 비록 우리의 세상적 진화earthly evolution는 '꿈 경험'에 지나지 않지만, 우리의 통합된 자아는 무한 상태의 일부였고, 지금도 그 일부이며, 앞으로도 늘 그 일부일 것이다. 우리가 보는 세상은 우리 마음 바깥에 독립적으로 존재하는 것처럼 보인다. 분노나 공격, 결핍, 불안 등 모든 종류의 두려움은 모두 꿈의 투사된 파편이며, 따라서 '깨어남'을 통해 치유될 수 있다. 그러나 우리가 이 꿈이 실재라고 믿는 한, 에고(꿈꾸는 자)는 세상이라는 무대 위에서 벌어지는 이 모든 가상 연극의 연출자가 되어 꿈꾸는 자의 마음속에 등장하는 인물들의 온갖 특징을 만들어낸다.

분리의 순간 우리의 마음이 분열될 때 우리는 사랑의 무한한 표현과는 반대 방향으로 향하는 의지 혹은 의도를 만들어냈다. 이것이 바로 소아小我 혹은 에고의 의지이다.

왜 에고의 의지가 근원의 의지에 정반대가 되었는지 이해하기에 앞서 에고의 핵심 믿음을 잘 살펴볼 필요가 있다. 에고는 자기가 스스로를 만들었다고 믿는다. 하지만 에고의 마음 이면의 어딘가에서는 제 바깥에 만물을 창조한 광대한 근원이 존재함을 '안다.'(아니 '두려워한다.') 에고는 이 권능에 겁을 내고 온 힘을 다해 그로부터 달아나고 숨으려고 한다. 에고는 자신이 근원을 버렸고 지금도 계속해서 근원을 외면하고 있다는 걸 '알기' 때문이다. 바닥 모를 죄의식의 구렁은 자신의 통제권을 놓지 않으려는 에고의 욕구를 부추긴다. 에고는 발견되어 보복을 당할지 모른다는 공포를 느끼면서, 그 두려움에 찬 생각을 투사해 근원이란 자신과 분리되어 있으며 판단하고 보복하며 징벌하는 존재일 것이라는 관념을 만들어낸다. 이것은 완벽한 허구이다. 그런데도 에고는 스스로 만들어낸 '근원의 처벌'이라는 관념에 겁에 질려 자기 '스스로' 판단과 징벌을 낳는다. 에고는 병과 사고, 상실, 파멸, 희생자 의식, 죄의식 등으로 제 주인을 판단하고 벌을 줌으로써, 자신이 근원의 무서운 진노에서 빠져나갈 수 있기를 간절하게 바란다. 다시 말해 에고가 어떤 방식으로든 스스로를 벌주는 것은, 근원으로부터 나올 — 물론 이는 에고의 상상이지만 — 훨씬 더 무서운 반응을 피하려는 저만의 방법인 것이다.

에고의 자유 의지의 중심에는 분리와 '죄'(근원을 배신하고 버렸다는 우리의 상상), 판단, 그리고 징벌에 대한 믿음이 있다. 우리 개개인의 에고가 믿는 것이 이것이다. 놀라운 것은 바로 우리 세계 대부분이 '아무런 이의 없이' 이와 동일한 가치 체계를 따른다는 점이다. 정치와 법에서 기업과 교육 체계에 이르기까지 모든 제도는 무의식중에 두려움을 가르치고 또 배운다. 개인이든 집단이든 그것이 곧 에고 본성의 핵심이요 토대이기 때문이다. 우리의 온 세상에서 작용하는 자유 의지가 현재 하고 있거나 앞으로 하려는 모든 일의 숨은 동기 부여자는 사랑이 아닌 두려움이다.

어떤 고통이나 괴로움, 사고나 재난도 진노에 차 징벌하는 창조주가 주는 것은 없다. 우리를 창조한 근원은 우리가 그 자신의 확장이 되도록 했을 뿐만 아니라, 시간과 공간이라는 꿈 차원으로 들어가는 선택도 자유로이 할 수 있도록 했다. 우리의 마음은 분열되었고, 우리는 자유 의지라는 관념과 함께 '분리된 육체'라는 망상을 만들어냈다. 우리의 원래 모습이 사랑과 기쁨이었음을 일시적으로 잊음으로써 우리는 에고와 그 특유의 두려움에 기반한 인식이 우리의 의지를 주도하도록 만들었다.

이 진실을 깨달을 때 우리는 세상에 보편적으로 옳은 질서가 '있다'는 사실을 이해할 수 있다. 세상은 혼돈에 의해 통치되는 것도 아니고, 외부의 어떤 악한 세력에 의해 좌우되는 것도 아니다. 이 세상에는 두 가지 '의지'(의도)가 있는데, 그 중 하나는 진실하지 않고, 다른 하나는 진실한 것이다. 이 두 가지 의지란 무엇인지 살펴보자. 먼저, 우리가 애지중지 감싸며 그토록 높은 가치를 두는, 자신만의 개인적 의지부터 보자.

(1) 에고의 의지ego-self will이다. 이는 '투사'를 통해 활동하는 주관적인 의도이다. 그것은 죄의식, 두려움, 판단, 집착, 통제, 생각, 감정, 무엇인가를 갖는 것, 무엇인가가 되는 것으로 나타난다. 에고의 의지는 분리에서 태어났고, 그 핵심에는 죄와 죄의식에 대한 믿음이 있어 이것이 두려움, 통제 욕구, 혼돈, 결핍, 애씀을 낳는다. 시공간의 에고 현실 안에서 활동하는 이 에고의 의지는 객관적이기보다는 주관적이다. 그것은 본성상 수축하고(이는 '사랑'이 확장 또는 확대하는 쪽으로 기능하는 것과 정반대이다), 분리하며, 투사하는 쪽으로 기능한다.

에고의 의지는 매우 개인적이고, 조건적이며, 판단하고, 배타적이고, 제한적인데다 편견에 근거해 있다. 그것은 생각, 시간, 감정을 통해 경험된다. 에고의 의지가 살아남기 위해서는 우리가 시종일관 자신의 목적과 기능에 따라 움직이도록 해야 하므로, 제 속성을 교묘히 활용해 우리가 고통은 피하고 쾌락은 추구하는 무력한 순환 안에 묶여 있다고 믿게 만든다. 바로 우리의 소중한 개별성을 지키기 위해서 말이다! 이러한 사고 체계는 공격과 방어가 실재요, 주는 것은 희생이나 상실이라는 생각에 그 토대를 두고 있다. 우리의 개인적 의지(에고)는 사랑이나 평화, 기쁨 같은 가치들이 사람들 사이에서 나누어질 때 오히려 더 커진다는 사실을 이해하지 못한다. 에고는 조건적으로, 다시 말해 보상으로 무엇인가를 받을 수 있을 때만 준다. 에고는 무엇인가를 줄 때 그 주는 양에는 한계가 있다고 여기며, 주고 나서 받지 못할 때는 분노한다. 그리고 주는 것은 오직 희생이나 상실을 의미할 뿐이라고 굳게 믿는다. 현실이 제 기대와 다를 때는 현실에 완강하게 저항한다. 이러한 에고의 의지는 '늘' 고통으로 이어지게 되어 있다. 다행스러운 것은, 그것이 실재가 아니라는 것이다. 그것은 현실 속에 존재하지 않는다.

(2) 통합된 자아의 의지Unified-Self Will이다. 이는 확장, 즉 사랑,
평화, 기쁨, 나눔, 그리고 창조적 영감creative inspiration을 통해 활동하는
객관적 의도이다. 통합된 자아의 의지는 모든 공격이나 판단이 실은 사랑
을 구하는 위장된 요청이며, "주는 것이 곧 받는 것"임을 잘 안다.[7] 통합
된 자아의 의지는 '모든' 행동을 사랑에 대한 요청으로, 아니면 그 표현으
로 인식한다. 두 경우 모두에 대한 반응은 같다. 바로 사랑이다. 오직 하나
됨만을 인식하는 통합된 자아의 의지는 둘 사이를 구분하지 못한다. 통합
된 자아의 의지는 무한한 사랑과 기쁨에 의해 힘을 얻는다. 그것은 제 자
신을 끝없이 확장할 수밖에 없다. 그것은 주관적이기보다 객관적이고, 자
신이 전체이며 모든 것을 포괄함을 알고 있으며, 마음, 즉 외부의 시공간
과는 무관하게 존재한다.

그것은 때로 직관적 인도와 창조적 영감을 통해서, 또한 세상 차원에
서는 용서의 수단들 혹은 지금 순간의 알아차림을 통하여 경험된다. '지금
있는 그대로what is'를 사랑하는 이 통합된 자아의 의지는 현실을 저항 없
이 받아들인다. 존재하고, 허용하고, 받아들이고, 통합하고, 포괄하고, 조
건 없고, 비개인적이고, 편견 없고, 제한 없고, 불변하고, 시간을 초월하고,
영원한 것, 이런 것들이 통합된 자아의 의지의 속성이다. '지금 있는 그대
로를 사랑하는 것'에 대해서는 3장에서 더 자세히 이야기하겠다.

"하느님께 거스르기를 뜻하는 것은 기대할 수 있는 생각이긴 해도,
참으로 뜻하는 것은 아니다."[8] 그렇다면 우리가 겪는 모든 갈등은 에고의
헛된 바람과 우리 모두가 갖고 있는 근원의 의지 사이에서 일어나는 것이
다. 에고가 가장 원하지 않는 것은 우리가 저를 두려워한다는 사실을 우리
가 알게 되는 것이다. 실제로 우리가 겪는 모든 두려움을 에고가 만들어내
고, 그 두려움이 말 그대로 우리를 부추겨 내적으로나 외적으로 갈등을 일

으킨다는 사실을 깨닫는다면 우리는 에고를 꺼려하게 될 것이다. 에고는 우리가 느끼는 모든 실망과 괴로움, 고통의 원인이다. 우리를 어떤 생각에 빠뜨린 뒤 그 생각의 포로로 만들어버리는 우리 안의 깊은 두려움을 우리가 결코 깨닫지 못할 것이라고 에고는 제멋대로 믿어버린다. 에고는 겉으로는 우리가 받고 싶어 하는 칭찬을 해주기도 하고 호의적인 태도를 보이기도 하지만, 속으로는 우리를 피상적이고, 의심 많고, 냉소적이고, 비관적이며, 쌀쌀맞고, 냉정하며, 무감각한 존재로 여긴다. 분노나 위협에 대한 반응, 두려움이나 좌절, 외로움, 우울 따위의 생각과 감정은 모두 에고의 토대인 분리, 즉 죄의식의 표현이다.

에고는 모든 사람과 장소, 사건, 환경(우리는 이 환경에 반응하고, 그에 대한 불평을 정당화한다)이 우리 바깥에서 오는 것처럼 교묘하게 위장하며, 우리가 어떤 상황에 처할지 모를 혼돈의 희생양이라고 믿기를 바란다. 그렇게 하여 에고에 의존하고 에고에 충성을 다하도록 우리를 더욱 부추기는 것이다. 다시 말해 우연히 벌어진 일처럼 보이는 어떤 것에 '반응'할 때 우리는 에고의 의지에 힘을 실어주는 것이다.

우리의 해방은 에고 의지의 지배를 끊고 에고의 의지를 '내려놓는' 법을 배워서 우리의 본래 유산인 통합된 의지를 자각할 수 있느냐에 달려 있다. 어쩌면 근원으로부터 분리되어 완전한 자율성을 유지한다는 그 '한 가지 목표 외에는 절대 한눈을 팔지 않는 헌신성'만큼 인상 깊은 에고의 모습도 없을 것이다. 실제로 에고는 놀라운 능력으로 그렇게 한다. 혼돈이 더 커 보일수록 에고는 더 힘을 얻는다. 에고로서는 얼마나 큰 이득인가! 그에 반해 우리는 에고처럼 단 하나의 집중적인 비전vision이나 목표를 갖고 있지 않다. 그러기는커녕 끊임없이 망설이고, 원하는 일이나 목표에 아무 확신도 없다. 바로 그래서 혼란과 모순, 의심, 갈등을 겪는다. 혼란스러워하는 까닭은 우리가 분리 말고도 다른 선택권을 갖고 있다는 사실을 알지 못하도록 에고가 간여하기 때문이다. 그러나 지금 우리는 우리에게 선택권이 '있음'을 깨달았다. 그렇다면 이제 우리는 에고로부터 배울 수 있다. 에고의 전략을 면밀히 살펴서 우리에게 유리하게 활용할 수 있고, 에고와 똑같이 목표를 향해 초지일관 흔들림 없이 나아갈 수 있는 것이다. 바로 통합된 자아 상태의 회복이라는 목표를 향해서 말이다. 역설적이게도 우리의 힘은 우리가 근원에 완전히 '의존'할 때 나오는 것처럼 보인다.

어떤 형태가 되었든 고통이나 괴로움, 죽음, 혼돈을 만들어내는 것은 통합된 의지가 아니다. 무한한 사랑이 어떻게 평화와 기쁨 그 자체나 확장 외의 다른 무엇이 되거나 되도록 할 수 있겠는가? "우리의 목적은 우리의 진정한 의지, 곧 보편적 영감의 의지를 기억해 내고 회복하는 것이다." 우리는 잘못된 인식들을 고쳐나감으로써 이 목표에 더 가까워진다.

통합된 의지가 우리에게 재해석해 줄 수 없거나 치유할 수 없는 혼돈이란 존재하지 않는다. 우리가 저지른 모든 실수는 우리 자신이 행복하지 못함을 가슴 깊이 인정하고 진심으로 도움을 요청할 때 바뀔 수 있으며 또 바뀌게 될 것이다. 두려움이라는 렌즈를 제거하기만 하면, 우리는 삶에서 일어나는 모든 것이 의미 있으며 임의로 일어나는 일은 없다는 것을 분명히 볼 수 있다. 이는《기적 수업》에 이렇게 잘 설명되어 있다. "일어나고 있는 모든 일, 모든 사건, 과거, 현재, 미래가 오직 그대의 유익만을 목적으로 하시는 그분에 의해 잘 계획되고 있음을 알기만 한다면, 받아들이지 못할 것이 무엇이겠어요?"[9]

두려움과 지금

《기적 수업》은 오직 두 가지 상태 혹은 감정만이 존재한다고 말한다.

바로 사랑과 두려움이다.[10] 사랑은 우리의 자연스러운, 본래적인 상태이며, 우리와 하나인 통합된 자아에 속한 것이다. 그리고 두려움은 우리 마음이 만들어낸 어떤 것이다.

사랑은 두려움이 없을 때에만 번성할 수 있다. 두려움은 우리의 인식을 왜곡시키고 혼란의 구름으로 우리의 눈을 뒤덮기 때문이다. 두려움의 반대인 사랑은 저 자신을 확장시키는(혹은 나누어주는) 법밖에 모르며, 그렇게 함으로써 주는 이나 받는 이 모두에게서 더 커지는 끝없는 에너지이다. 우리 대부분은 사랑보다는 두려움을 알도록 길들여져 왔다. 이 세상의 문화가 투자하는 것이 바로 두려움이기 때문이다.

두려움은 혼란과 불안, 공포의 상태로 우리를 유인한다. 우리는 이 책에서 두려움이 어떻게 속임수를 쓰는지 폭로하고 그 위장을 벗겨내려 한다. 그런 뒤 그 기만적인 의도를 대신할 강력한 대안을 제시할 것이다.

우리가 경험하는 거의 모든 두려움은 우리의 힘을 앗아가는 불필요한 것이다. 우리가 이 세상에서 귀 기울일 만한 유일한 두려움이 있다면 그것은 눈앞에 닥친 신체적 위협이다. 이는 본능적인 것으로, 생각할 시간 여유가 없는 두려움이다. 이런 유형의 두려움 앞에서 우리는 선조들이 굶주린 맹수와 갑작스레 맞닥뜨렸을 때 그랬듯이 '맞서 싸우거나 도망가는 fight or flight' 수밖에 없다. 이런 종류의 '긴급 상황'에서 나오는 두려움은 생존을 위해 우리 안에 내재되어 있는 반응이다.

오늘날 이런 종류의 위협은 자연에 의한 것보다는 사람에 의한 것이 더 많다. 예를 들어 우리는 돌진해 오는 차를 가까스로 피하기도 하고, 테러리스트의 공격 현장에서 도망쳐 나오기도 한다. 그러나 우리의 현재 진화 단계에서 더 문제가 되는 유형의 두려움은 심리적인 성질의 것이다. '모든' 형태의 두려움은 과거와 미래에 대한 생각에서 비롯된다는 진실을 우리는 이제 알고 있다. 이런 유형의 두려움은 '지금 있는 그대로'에 대한 온갖 형태의 '저항'—에고는 이를 우리가 알아차리지 못하도록 교묘하게 숨겨놓는다—을 포함하고 있다. 두려움은 우리가 과거나 미래에 대한 생각에 빠져 있을 때만 존재할 수 있다. 우리가 지금 순간의 알아차림에 계속 초점을 맞추고 있다면 모든 두려움은 사라진다.

이 세상 차원에서 대부분의 두려움은 무의식 속에서 어린 시절이나 과거에 뿌리를 내리고 있다. 두려움에 기반한 문화에 길들여지면서 우리는 그것을 아무런 의문도 없이 우리의 신념 체계로 발전시켰다. 이 두려움의 벽은 우리를 우리가 맺고 있는 관계 이상으로 나아가지 못하도록 할 뿐 아니라, 풍부함을 끌어들이는 능력, 건강할 수 있는 능력까지도 제한한다. 두려움은 우리가 능력을 온전히 발휘하는 것을 허락하려 하지 않는다.

우리 어린 시절의 양육 환경은 대부분 '불가능하다' '어렵다' '해야만 한다' '할 수 없다' '하라/하지 마라' '안 된다/절대 안 된다' '나쁘다' '의심스럽다'와 같은 낱말에서 비롯된 믿음들로 가득 차 있었다. 제한하기, 의심하기 같은 씨앗 수백만 개가 우리의 어리고 여린 마음에 심어졌다.

이와 같은 우리의 마음은 수많은 영화들의 저장고와도 같다. 우리는 기억 속에서 어떤 영화를 불러내 거기에 맞춰 연기를 하며 살아간다. 우리는 실제로 매 순간 순간을 과거의 제한이라는 뿌연 렌즈를 통해 바라본다. 즉 현실에 관계하고 있지 않은 것이다. 현실이란 과거 우리 마음을 길들이던 것들로부터 완전히 자유로운 지금 순간을 말한다. 그러나 우리는 너무도 강력히 길들여져 있는 탓에 ① 과거라는 얼룩진 렌즈를 통해서, 혹은 ② 미래의 순간을 공상함에 의해서 매순간을 인식한다. 그 결과 우리는 거의 언제나 지금 순간의 바깥에 존재한다. 우리가 지금 여기here and now에 있지 않다는 말이다. 그리고 이런 이유로 우리는 그 어떤 것도 진실로 들거나 보지 못한다. 우리가 실제로 보거나 경험하는 모든 것은 지금 순간을 우리 삶에서 지워버리는 옛 영화의 왜곡된 장면들일 뿐이다.

지금 순간은 실재 속에 존재하는 유일한 '시간'이다. 물론 그 시간이란 '무시간적인timeless' 경험을 말한다. 《기적 수업》에서는 이것을 '거룩한 순간'[11]이라고 불렀다. 우리가 경험해 온 것들은 무수히 많은 지금 순간들뿐이지만, 문제는 우리가 그것들을 위해 거기 있지 않았다는 것이다. 우리는 무용한 과거나 상상된 미래 속에 빠져 있느라 실재 안에서 온전히 살지 못한다. 그런 삶은 진실로 여기에 있지 않는 삶, 아니 어디에도 실재하지 않는 삶이다. 말하자면 온전치 않은 삶의 방식이다. 지금 순간을 피하는 것은 에고가 정신적으로, 영적으로, 감정적으로, 육체적으로 우리를 계속 붙잡아두는 방식이다. 지금 순간에 어떻게 접근하는지, 해방으로 나아가는 길에서 그것이 얼마나 중요한지는 이 책의 뒷부분에서 자세히 살펴볼 것이다.

판단

판단은 우리 대부분이 오해하고 있는 주제이다. 판단은 그 토대 전체가 망상에 근거해 있는 것으로, 에고가 애지중지하는 속성이다. 에고가 내리는 모든 판단은 고통은 피하려 하고 쾌락은 끊임없이 추구하는 왜곡된 자아상에서 온다. 에고는 스스로 자기를 만들었으며 자신이 근원으로부터 분리되어 있다고 믿는다. 에고가 내리는 판단은 모두 이 분리를 유지하려는 장치들이다. 에고는 어떻게 해야 올바르게 판단할 수 있을까? 그러려면 에고는 끝없이 지식을 쌓아야만 하고, 과거와 현재, 미래를 두루 꿰고 있어야만 한다. 모든 사람, 모든 것에 대해 자신이 내린 모든 판단의 결과를 가능한 모든 방식으로 미리 알아야만 한다. 언제 어떤 상황에서든지 모든 사람의 가장 내밀한 의도를 완전히 파악하고 있어야만 한다.

에고는 수많은 사망자가 발생한 재난을 두고 '나쁘다' 혹은 비극적이라고 판단할 것이다. 그러나 에고는 죄와 죄의식, 분리와 혼돈에 대한 믿음 위에 서 있기 때문에 자신의 인식을 고칠 능력도 없고,《기적 수업》에서 정의한 대로 '기적'이 행하는 바를 행할 능력도 없다.《기적 수업》에서는 이렇게 말했다. "그것(기적)은 다만 황폐한 상태를 바라보고, 마음에게 그것이 보고 있는 것이 거짓임을 상기시켜 줍니다."¹² 에고는 바로 우리 자신이 투사라는 심리적 기제를 통해(반복하건대 투사가 인식을 만든다) 비극적 재난 등의 현실을 창조한다는 진실을 이해하려고 '시작'조차 하지 못한다. 에고는 현실을 창조하는 데 자신은 아무런 책임이 없다고 주장할 것이다. 그리하여 늘 자기 바깥, 즉 다른 사람, 장소, 환경, 사건, 심지어 근원 그 자체에게로 비난과 죄의식을 투사할 것이다.

누군가 '좋다'고 판단하는 것에 대해 다른 사람은 '나쁘다'고 판단할 수 있다. 그리고 한때 '좋다'(옳다)고 판단되었던 것이 시간이 지나면 '나쁘다'(그르다)고 판단될 수 있다. 이렇게 에고의 판단은 변덕스럽고 전혀 신뢰할 만하지 않으며, 따라서 위험하다.

삶에서 바른 마음으로 판단할 때와 그릇된 마음으로 판단할 때가 어떻게 다른지 살펴보자. 우리는 일상에서 결정을 내리기 위해 판단 혹은 '분별' '평가' '비교' '선택' 등을 날마다 해야만 한다. 예를 들어 두 곳에서 일자리 제안이 들어왔을 때 우리는 업무의 장단점, 보수 등을 따져본다. 하지만 에고가 하는 판단은 '비난'이다. 이는 늘 에고가 자기 바깥에 자신과 동떨어져 있다고 생각하는 다른 사람들에게 죄의식을 헛되이 투사한 결과이다.—그리고 그 투사의 대상은 나쁜 사람이 되어버린다. 우리가 이 동력에 대해 더 알면 알수록 다른 이들에 대해 성급히 결론을 내리는 일은 훨씬 줄 것이다. 앞서 말했듯이 우리가 타인에게서 보는 것은 곧 우리 자신 안에서 보는 것의 반영일 뿐이기 때문이다.

우리는 스스로를 온전한 존재로 보지 않기 때문에 상대방 역시 온전하다고 보지 않는다. 우리는 상대의 단편만을 보며, 우리의 에고는 그 단편이 그릇되었다고 인식하면서 우리가 하나라는 사실을 간과하는 실수를 저지른다. 에고는 우리가 만나는 사람들에게 들어맞을 수도 있고 들어맞지 않을 수도 있는 성질들을 투사하며, 그럼으로써 현실을 왜곡한다. 우리는 아주 어린 시절부터 상대에게서 결점을 찾아내는 사람이 되도록 배웠고, 그 결과 이른바 '건설적 비판'—만일 그런 것이 있다면 모순이 되겠지만—을 통해 사람들을 도울 수 있다고 생각한다. 이것의 역할은 단 하나, 우리로 하여금 사랑이 바로 여기에 있음을 알아차리지 못하도록 하는 한정된 의식 상태에 가둬놓는 것이다.

우리에게 주어진 숙제는 '허용하고' '받아들이는' 연습을 하는 것이다. 우리가 타인에게 무엇인가를 주는 것은 곧 우리 자신에게 주는 것이다. 다시 한 번 말하지만 "주는 것이 받는 것이다." 우리가 의식적으로 타인에 대한 판단을 중지할 때, 그것은 곧 그와 우리 자신을 용서하는 것이다. 또 그렇게 하면 할수록 우리는 통합된 자아를 더 잘 알게 되고 더 가까이 받아들이게 된다. 우리는 실제로 에고의 행위를 관찰할 수 있으며, 다른 이를 판단하거나 비난하려는 습성은 물론 우리의 생각까지도 면밀히 살필 수 있고, 그로써 우리의 그릇된 인식을 고칠 기회를 얻는다. 이와 같은 인식 변환은 에고의 파괴적 습관을 바로잡는 데 커다란 도움이 될 것이다.

우리는 우리의 생각도 아니고, 믿음도 아니며, 또한 감정도 아니다. 이러한 것들은 잘못된 투사에서 만들어지는 것들이다. 우리는 우리의 역할도, 과거도, 성격도, 업적도, 몸도, 희망도, 두려움도 아니다. 이러한 꼬리표는 모두 우리가 지금 실재한다고 믿는 것의 단편들일 뿐이다. 그것들은 끊임없이 변하고, 에고에 의해 왜곡된다. 그것들은 실재가 아니다.

우리는 에고도 아니며, 에고의 인식도 아니다. 이를 진실로서 인정하는 것이야말로 우리가 진정 누구이며 장차 우리가 이루도록 되어 있는—우리는 이 목적을 이루기 위해 창조되었다—장엄한 목적이 무엇인지 발견하고자 용감하게 첫걸음을 내딛는 행위이다.

우리는 지금까지 우리가 믿음을 준 곳을 향해 달려왔다. 그러나 에고의 망상을 믿는 것으로는 우리가 그토록 깊이 갈망하는 것을 결코 얻지 못했고, 앞으로도 얻지 못할 것이다. 만일 우리의 가슴 깊은 곳에서 사랑 그 자체와의 절대적 친교를 원한다면, 그리고 통합된 평화와 기쁨, 안전, 영의 무한한 충만함이 무엇인지 알기 원한다면, 우리 안의 하나뿐인 통합된 자아를 알고자 해야 한다. 통합된 의지에 반응하는, 그리고 그 의지를 표현하는 도구인 참자아를 말이다.

통합된 자아와 그 무한한 인식을 발견하는 데 절대적으로 필요한 것이 에고의 소멸 혹은 '원상회복'이다. 우리는 이 과정을 '에고 내려놓기ego-release' 혹은 '에고의 죽음ego-death'이라고 부른다. 그러나 원상회복의 목적은 오로지 에고의 역기능적 사고 체계를 뒤집는 것뿐이다. 이 과정에서 실제로 죽는 것은 없다. 거짓되고 파괴적인 모든 것에 대한 자발적 포기가 있을 뿐이다. 이 과정은 스스로에게 끊임없이 "나는 나에게 가장 유익한 것이 무엇인지 모른다"[13]라고 상기시키며, 나에게 가장 유익한 것이 무엇인지 아는 더 높은 지성에 기꺼이 항복할 때 훨씬 쉽게 이루어진다. 아댜샨티Adyashanti는 이것을 다른 관점에서 설명한다. "한 인간으로서의 역할이 끝날 때 우리는 그것을 죽음이라고 부릅니다. 당신의 몸이 죽기 전에 그러한 역할을 죽게 해서 그런 역할을 해오던 당신을 지금 당장 쉽게 할 수 있다면 당신은 한결 편해질 것입니다."[14]

　　우리는 망상과 분리로 인해 영겁의 시간을 힘겹게 보낸 뒤 다시금 온전함을 찾고 있는 존재이다. 이 목적을 위해 우리는 역기능적인 거짓 인식(에고의 분리 믿음 체계)을 버리고 그것을 뒤집는 법을 배워야 한다. 이는 사랑의 현존함을 알아차리지 못하도록 가로막는 기존의 모든 장애물을 체계적으로 제거하는 과정이다. 이 뒤집기 과정이 쌓여갈수록 통합된 의지의 완전성에 대한 신뢰가 커지고, 예전의 한계들을 놓아버리는 능력도 더없이 커질 것이다. 우리는 사랑을 알아보고 받아들이는 법을 배움으로써 우리 자신이 곧 사랑이요 사랑에 의해 창조되었음을 알게 된다.

잘못 이해된 자아 의식

　　에고는 자신이 따로 떨어져 있고 혼자라고 믿기 때문에 오로지 '나' '나 자신' '내 것'이라는 생각 속에서만 자기 존중감의 개념을 찾는다. 아이였을 때 우리 모두는 아주 일찍부터 자신의 자아 의식을 타인과 모든 사물, 환경, 조건에 연관시키도록 배웠다. 장난감이나 담요, 여타 물건에 집착하기 시작할 때 우리는 자동적으로 그것에 '내 것'이라는 꼬리표를 붙였다. 어떤 대상에 '내 것'이라는 지위를 부여하는 것은 곧 그것에 내 에고를 확장시켜 파괴적인 힘을 부여하는 것이다. 다시 말해 그것을 '내 것'으로 만드는 것은 우리의 확장된 자아 정체성, 즉 참자아의 거짓 대체물에 '내 것'을 하나 더 덧붙이는 것—자기 정체성 팔찌(이에 대해서는 다음에 이어지는 '팔찌 이론' 부분을 참조)에 구슬을 하나 더 보태는 것—이다.

　　우리가 잘못 알고 있는 것이지만, 어떤 대상을 하나씩 손에 넣는 방식으로 우리는 자아상의 내용을 점점 늘려갔다. 우리는 자신이 바라고 탐내는 특정 대상들을 분류하고 거기에 이름을 붙인 뒤 그것들이 '내 것'이라고, 즉 자기 정체성의 일부라고 주장했다. 우리는 곧 이 대상들에 커다란 가치를 두게 되었고, 이를 진정한 자신의 모습과 혼동하기 시작했다. 우리가 누구인가 하는 것은 우리가 자신을 '무엇'과 동일시하는지와는 아무런 관련이 없다. 우리의 진정한 모습을 완성하는 데는 어떤 대상이나 사물, 사람, 환경도 필요하지 않기 때문이다.

어린 시절 우리 모두는 무지의 덫에 사로잡혀 있었다. 진정한 자신(통합된 자아)을 알아보지도 못하고 그 가치를 알지도 못했기에 우리는 거짓된 자기 정체성을 만들기 시작했다. 태도, 믿음, 의견, 가치관과 같은 부차적인 것들로 개인적인 자아 의식을 키워갈수록 에고는 더욱 큰 힘을 얻었다. 우리는 무수히 많은 판단들을 모아서 그것들로 거짓된 자아상을 빚어냈다. 이렇게 빚어 만든 자아상이 위협을 받으면 화를 내고 때로는 보복을 하기도 했다.

화가 나거나 방어적인 기분이 되는 것은 대개 자기 자신과 일치하지 않는 어떤 생각, 믿음, 의견 따위에 자신이 동일시되었기 때문이다. 그렇다면 에고가 맞서 지키려고 하는 것은 대체 무엇일까? 물론 진실은 "실재하는 어떤 것도 위협을 받지 않는다"[15]는 것이다. 그런데 에고가 방어하려는 것은 도대체 무엇인가? 그것이 무엇이든 그것은 실재일 수 없다. 왜냐하면 진리는 결코 방어를 필요로 하지 않기 때문이다. 그렇다면 우리는 무엇을 방어하고자 하는가? 에크하르트 톨레Eckhart Tolle는 이 질문에 이렇게 답한다. "당신은 당신 자신을 방어하고 있다. 혹은 마음이 만들어낸 대체물인 당신 자신이라는 망상을."[16]

아주 간단히 말해서 '나' '나 자신' '내 것' 등의 개념을 써서 무엇인가에 감정적 애착을 가질 때 우리는 '진정한' 정체성(통합된 자아)을 혼동하게 된다. 의식적으로든 무의식적으로든 어떤 사람, 역할, 대상, 결과, 믿음, 의견에 대한 소유권을 주장할 때마다 그것들이 우리의 영원한 본질, 진짜 정체성이라고 오해하게 되는 것이다. 그뿐이 아니다. 소유권을 주장할 때는 거기에 병, 장애, 피해자 의식, 분함, 후회, 불평불만과 같은 '부정적' 동일시도 끼어든다는 사실에 주목하자. 예를 들어 "나는 알레르기가 있어"라고 말하는 것은 곧 자기 자신과 다른 사람들에게 당신의 정체성이 알레르기와 '맞물려 있다'고 말하는 셈이다. 즉 부지불식간에 자신을 질병의 측면으로 기술하는 것이다. 그러면 질병이 정체성이 되는 듯한 혼동이 일어난다. 그러나 진실은 이렇다. 당신의 정체성은 온전하고 순수하며, 외부의 어떤 것으로부터도 영향을 받지 않는다는 것이다.

우리가 불쾌감을 느끼는 거의 모든 경우는 무엇인가를 '내 것'으로 착각하면서, 우리의 통합된 자아가 온전하며 망상적인 대체물을 필요로 하지 않는다는 사실을 잊어버리기 때문이다. 내 배우자, 내 직업, 내 차, 내 아이, 내 생각, 내 집은 너무도 쉽게 우리의 진정한 자아 의식을 대체해 버린다. 그것들을 우리 자신의 대체물로 여기고 있었음은 이러한 것들 중 어느 것이 상실되거나 변했을 때 우리 감정이 반응하는 것을 보면 알 수 있다. 두려움, 화, 통제욕 등은 모두 이러한 혼란의 표지이다. 마찬가지로 그러한 것들을 얻거나 발전시켜 의기양양해지거나 행복한 기분이 된다면 그 역시 이러한 혼란의 증상이라 할 수 있다.

깨어남의 과정에는 늘 도전이 포함된다. 예를 들어 어떤 식으로든 애착의 대상이 위협을 받으면 에고가 끼어들어 그 분리 상태를 방어하고 보호하려는 온갖 전략을 즉시 가동시키는데, 우리는 이 역학을 잘 알고 있어야 한다. 이 과정에서 우리가 느낄 수 있는 고통—상실감—은 '소유물' 하나가 사라진다는 데서 온다. 일단 이 '소유권 개념'을 버리고 나면 우리는 더 이상 대상에 심각하게 얽매이거나 그것을 사적으로 받아들이지 않게 된다. 우리의 행복이 대상에 의해 좌우되지도 않는다. 우리는 여전히 우리에게 속한 여러 속성들을 즐길 수 있다. 그러나 그것들은 더 이상 정체성 안에 갇혀 있지 않다.

우리가 진화해 갈수록 '나' '나 자신' '내 것'과 같은 꼬리표는 단어장에서 사라질 것이다. 다만 순전히 실용적인 이유에서 꼭 써야 할 때만 그 단어들은 사용될 것이다. 어떤 사람 혹은 어떤 물건에 대한 소유권을 주장하고 싶은 마음에서 벗어날 때, 우리는—그것들을 손에 넣고 보호하고 방어해야 한다는 헛된 욕구로 인해 결국 혼돈을 불러들일 뿐인—고착된 관점을 고수하려 드는 에고의 중독에서도 벗어난다.

팔찌 이론

잘못된 사고 체계인 에고는 여러 개의 구슬로 된 '예쁜 팔찌'에 비유될 수 있다. 각 구슬은 잘못된 믿음을 나타낸다.(그림 2-3) 이 구슬들은 의식적 믿음과 무의식적 믿음으로 이루어져 있으며, 그 중 상당수는 조상 전래의 유산, 인종, 종족, 국가, 문화, 가족으로부터 비롯된 것이다. 과거의 양육 조건, 교육, 경험, 환경도 우리의 가치관과 의견이 만들어지는 데 기여한다. 우리가 모아들이는 모든 구슬은—이 구슬을 많이 모을수록 에고는 더욱 강해진다—마치 불투명한 장벽처럼 우리의 삶과 우리 자신, 그리고 다른 모든 사람 안에 있는 사랑의 현존을 알아차리지 못하도록 가로막는다.

각각의 예쁜 에고 구슬마다 하나씩 이야기를 갖고 있는데, 우리는 그것이 우리 자신이라고 믿고 동일시하면서 그 이야기를 되풀이한다. 예를 들어 우리가 어린 시절 좋은 환경에서 자라지 못했고, 심지어 학대를 당하기까지 했다고 하자. 그 이야기는 "나는 학대의 피해자다"라는 믿음을 키

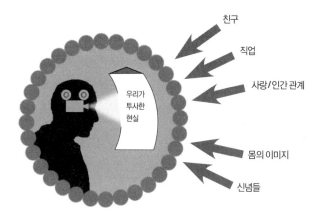

친구
직업
사랑/인간 관계
우리가
투사한
현실
몸의 이미지
신념들

그림 2-3 정체성 착각

운다. 그러면 이 믿음은 에고의 동일시 목록 속에서 또 하나의 단단한 구슬이 되어 우리에게 부정적인 영향을 미친다. 성취, 실패, 혹은 배우자 등과 자신을 지나치게 동일시할 때 우리는 역기능적인 믿음 체계를 더욱 강화시키는 이야기를 스스로의 마음속에 새기게 된다. 그리고 전부는 아닐지 몰라도 우리의 믿음 대부분은 우리를 극도로 약화시킨다. 그 믿음들이 우리를 제한하고, 진리, 곧 사랑과 갈라놓기 때문이다.

자신으로 착각할 수 있는 정체성 구슬(에고)

· 배우자/인간 관계 · 과거나 미래 · 신념, 의견, 가치관
· 직업이나 사업 · 감정 · 질병이나 장애
· 아이나 부모(가족) · 정치적 입장 · 물질적 대상
· 양육 환경 · 국가, 인종, 종족 · 친구나 원수
· 경제 상황 · 몸의 이미지, 건강, · 권위
· 성취나 실패 　나이, 성별 · 생각

- 두려움 · 습관 · 역할이나 지위
- 욕망 · 중독
- 교육 · 경험

이 이야기들 하나하나는 우리가 누구인지, 그리고 무엇이 되고 싶어 하는지를 말해준다. 그러나 진정하고 영원한 행복, 그리고 진리로는 결코 데려가지 못한다.

잘못된 자아 정체성들을 끌어 모아 만든 에고 구슬은 정신적 저항이라는 또 하나의 고착점을 만들어내고 사랑의 현존을 알아차리지 못하도록 막는 장애물을 더 추가한다. 무엇인가를 '내 것'이라고 동일시할 때 우리는 그 대상, 사람, 믿음, 의견, 감정, 생각이 곧 진정한 우리 자신인 양 혼동한다. 그래서 이들 중 하나라도 잃어버리거나 위협을 받거나 그 모습이 변하면 고통을 겪는다. 에고는 대상을 개인적으로 받아들이기 때문에 '자신의 잘못된 정체성의 구슬' 중 하나라도 공격을 받거나 판단을 받는다고 생각이 들면 위협을 느낀다.

3 · 통합된 자아

통합된 자아는 더없이 깨끗한 거울의 신성한 파편이다. 이 거울은 영겁 이전, 우리가 근원으로부터 분리돼 지금의 시공간 차원에서 육화肉化하기로 꿈을 꾸면서 산산조각이 났다. 통합된 자아는 결코 자신의 근원을 떠난 적이 없는 우리의 순수한, 눈부시도록 아름다운 부분이다. 통합된 자아는 모든 것을—모든 시간 모든 장소에서 동시에—알고 있는 신비의 전사이다. 그것은 시공간의 바깥에 있으면서 한 점 티 없이 깨끗한 눈으로 우리와 우리 삶을 바라본다.

이 온전하고 신성한 참자아는 보편적 영감(성령)에 의해 인도되며, 여기 이 땅 위에서 통합된 의지를 표현하는 것이 유일한 목표인 우리의 한 부분이다. 보편적 영감은 근원과 통합된 자아 사이의 의사소통 통로 역할을 한다. 이러한 통합된 자아에 따라 살아갈 때 우리는 경이롭게 흘러넘치는 사랑과 기쁨에, 또 우리의 목적인 치유에 완벽히 그리고 효과적으로 조율되며, 그리하여 그것들의 도구가 된다. 《기적 수업》은 이렇게 말한다. "성령은 그대 안의 매우 정확한 감각 안에 계신다. 그분의 음성은 그대가 전에 있었던 곳이며 다시 있게 될 곳으로 돌아오라고 부르는 음성이다. 이 세상에서도 다른 소리가 아닌 그 음성만 듣는 것이 가능하다. 그것을 배우려면 노력과 큰 자발성이 필요하다."[1] 보편적 영감은 모든 인간이 갖고 있는 영감이며, 따라서 '보편적'이다. 그것은 통합된 자아의 에너지/빛으로서, 우리가 분리되기 이전에 누렸던 비전vision의 경이로운 명료함을 펼쳐 보여준다.

통합된 자아는 시간과 공간, 논리나 이성에 지배되지 않으며, 따라서 아무런 제한을 받지 않는다. 그러기에 통합된 자아를 두고 공동 창조자라고 일컬으며, 그 본성이 사랑이요 기쁨이며 영의 무한한 풍요로움 unlimited abundance of spirit이라고 하는 것이다. 통합된 자아가 우리에게 원하는 바는 아래와 같다.

· 공동 창조자로서의 엄청난 힘이 우리에게 있음을 아는 것
· 우리 삶의 목적을 깨닫는 것, 즉 꿈에서 깨어나는 것
· 우리의 잠재력을 완전히 실현하는 것
· 보편적 질서에 대한 절대적 확신 혹은 신뢰를 경험하는 것
· 사랑과 기쁨, 평화, 영의 무한한 풍요 속에서 사는 것
· 다른 이들로 하여금 그들 '자신인' 사랑을 알고 그 사랑이 되도록 고무하는 것

통합된 자아의 준거 체계 전체는 에고의 체계와 정반대된다. 근원으로부터 분리되어 두려움 속에서 태어난 에고와 달리, 통합된 자아는 사랑의 순수한 핵이다. 그것은 두려움을 인식하지 못한다. 둘의 목표는 정반대이므로 둘 사이에는 아무런 공통점이 없다. 우리는 마음이 둘로 쪼개어져 있고, 모두들 자신이 누구인지를 잊은 채 정신이상 상태로 이 지구 위를 활보하고 있다.

지성 대 직관

　세계의 위대한 영적 교사, 신비가, 아바타 들 정도를 제외하고, 우리 모두는 분열된 마음으로 괴로움을 겪는다. 분열된 마음은 '모든' 내적 갈등을 낳는 유일한 원인이다. 이는 지성intellect이 우리에게 말해주는 것과 직관intuition이 말해주는 것이 서로 다르기 때문이다. 그러나 우리는 늘 논리와 이성에 따르고, 나중에 일이 잘 풀리지 않을 때에야 직관의 목소리에 따르지 않은 것을 후회하는 것이 보통이다.

　'지성'은 에고의 목소리이다. 그것은 추상적이기보다는 직선적이다. 즉 시공간의 이원론적 차원 위에서 작동한다. 지성은 형상들로 이루어진 일상 세계 이외의 것은 거의 인식하지 못한다. 거의 모든 경우에 지성의 목소리가 직관의 목소리보다 더 크게 들린다. 우리는 이 지성의 목소리를 자랑스러워하고 존경하고 신뢰하며 이 목소리에 가장 먼저 주의를 기울인다. 에고는 문제를 풀 때마다 늘 지성에 의존한다. 그러나 지성의 인식은 왜곡되어 있기 때문에 우리가 의지하거나 신뢰할 만한 것이 못 된다. 그것은 만들어지는 것이기 때문에 실제로 부자연스럽게 느껴지며, 따라서 익히기까지 엄청난 노력을 들여야 한다. 믿기 어려울지 모르지만 지성이 갖고 있는 앎의 능력이란 직관이 가진 것의 극히 일부에 불과하다. 지성은 진리에 전혀 근접하지 못하기 때문이다.

　그 반면 '직관'은 통합된 자아의 목소리이다. 그것은 직선적이기보다는 추상적이다. 즉 시간과 공간 그리고 물질의 외부와, 말 그대로, 연결되어 있다. 따라서 지성이 보기에 직관의 목소리는 비이성적인 것으로 보일 수 있으며, 직관이 우리에게 말하는 바는 어떤 식으로도 설명할 수 없는 것처럼 보인다. 직관은 통합된 자아의 의사소통 및 문제 해결 방식이다. 직관은 '앎' 혹은 '미리 앎'이기 때문에 어떤 논리적 과정이나 공식을 따르지 않고 비약적으로 작동한다. 그것은 '그냥 안다.' 우리의 직관에 절대적 지식 혹은 진리에 이르는 열쇠가 쥐어져 있다. 이는 우리가 생래적으로 받은 유산이다. 직관은 결코 틀리는 법이 없다.

지성에 의지해 우리는 뭔가를 확신하지만, 지성은 직관에 비하면 결코 신뢰할 만한 것도 아니고 가치 있는 것도 아니다. 안타깝게도 우리 문화는 지성에 의존하고 직관을 무시한다. 우리의 교육 체계를 한번 들여다보라. 교육의 기초와 목표가 전부 지식을 쌓고 기술을 축적하는 것밖에 없음을 바로 알 것이다. 대학에서 '직관적 지혜'와 같은 이름으로 이뤄지는 전공 수업을 본 적이 있는가?

에고는 통제에 중독돼 있고, 지성을 이용해서 자신의 통제욕을 유지해 나아간다. 그것은 늘 생각하고 판단한다. 분석하고, 평가하고, 판별하고, 비교하고, 방어하고, 합리화하면서, 깨어 있는 모든 순간에 과거와 미래를 통제하려 애쓴다. 이렇게 많은 생각이 마음을 점령할 때 우리에게 직관을 위한 공간은 없다. 우리가 그 많은 혼란과 갈등으로 인해 고통받는 것이 당연해 보이지 않는가?

'진정한' 지식 혹은 지혜는 직관이 운전자가 되어 지성을 능숙하게 이끌어갈 경우에만 얻어진다. 이 세상 전체가 오로지 지성에만 기초해 있고 지성을 통해서만 기능하고 있기 때문에 우리는 수많은 기적의 순간들을 놓치고 있다. 지성이 얼마나 제한된 것인지 알기만 한다면, 우리는 그것을 기꺼이 놓아버릴 것이다. 또 날마다의 삶에서 직관을 발견하고, 키우고, 믿고, 사용할 것이다.

직관을 신뢰하는 법을 배우려면 일정한 연습이 필요하다. 마음을 고요히 하고, 생각과 감정의 관찰자가 되어야 한다. 직관의 목소리는 결코 거짓말을 하지 않는다. 우리가 그것을 놓치지 않고 감지할 만큼 충분히 숙련되어 있지 않을 따름이다. 예를 들어 당신이 중고차를 하나 사려 한다고 해보자. 당신은 결함이 없는 좋은 차를 고르고 싶지만, 기계에 대해 잘 몰라 난감해하고 있다. 마음에 드는 차가 두 대 있는데 그 중 하나가 더 신형이라 그것을 사는 게 나은 것처럼 보인다. 이성과 논리는 당연히 이 최신 모델의 차를 고르라고 말한다. 차를 대강 살펴본 정비공도 그러는 편이 나을 거라고 거든다. 그러나 마음속 깊은 곳에 이 신형 차에 뭔가 결함이 있는 것만 같다는, 미묘하지만 떨쳐지지 않는 느낌이 있다. 어떻게 할 것인가?

대개는 이런 상황에서 직관을 무시하고, 신형 차를 사는 게 합당하다고 역설하는 논리적 사실들 쪽을 택한다. 그러나 직관의 소리를 듣는 훈련이 되어 있다면, 이때 잠시 뒤로 물러나 그 차를 사지 말라는 직관의 경고에 귀를 기울일 것이다. 신형 차가 더 좋다고 주장할 만한 논리적 근거가 아무리 충분하다 하더라도 말이다. 연습을 하고 경험을 쌓아가면 우리는 신형 차에 이상이 있다는 자신의 직감을 신뢰할 수 있다. 그것은 일종의 예지이다. 신형 차가 심각한 엔진 문제를 일으켜 차 구입비 이상으로 돈을 쓰게 할 수 있다고 미리 알려주는 것이다.

그것이 바로 직관이다. 직관의 가치를 알고 훈련을 해나간다면 우리는 삶의 매순간 직관을 어렵지 않게 활용할 수 있다. 이 놀라운 선물을 신뢰할 때 우리는 사람이나 환경, 물건 등을 대하면서 치를 값비싼 대가를 상당 부분 줄일 수 있다.

통합된 자아는 물론 이 통합된 자아가 내는 직관의 목소리를 잘 알아듣는 열쇠는 앞서 '놓아버림'이라고 부른 과정 속에 있다. 우리가 가진 모든 가정과 판단, 조건과 지식을 놓아버리지 않는다면, 우리는 이 소중한 선물을 껴안을 수 없다. 에고는 저 스스로 아주 많은 것을 알고 있다고 생각하며, 모든 것에 대해 자신이 언제나 옳다고 확신한다. 하지만 에고가 하는 것이란 오로지 가정하고 결론 내리고, 다른 이들에게 망상을 투사하는 것뿐이다. 그것은 사실 우리의 해방에 장애물이다.

모순처럼 들리겠지만 우리는 삶의 불확실성과 친해질 필요가 있다. 바로 거기에서 신뢰하는 법을 배울 기회가 주어지기 때문이다. 통합된 자아를 신뢰하는 법을 배우면서 우리는 에고의 굳은 강박, 즉 지성이 최고의 지식이며 우리의 안전과 행복을 지켜준다는 관념에서 점차 놓여나게 된다. 우리의 인식이 치유되고 온전해져 감에 따라 통합된 자아가 의식 속에서 모습을 드러낸다. 우리는 제한된 지식 틀을 가진 에고가 우리를 결코 자신의 제한된 능력 너머로 데려다주지 못한다는 사실을 인정하게 될 것이다. 오직 통합된 의지를 통해서 근원과 결합한 통합된 자아만이, 우리가 공동 창조자로서 누리라고 받은 선물을 우리 안에서 드러낼 수 있다.

공격이라는 망상

우리가 갖고 있는 가장 근본적인 믿음이자 가장 기만적인 믿음 가운데 하나로서 깨끗이 버리지 않으면 안 되는 것은 자신이 가능한 모든 형태의 공격을 받을 거라는 믿음이다. 자신이 진실로 누구인지를 알아가기 시작한다면, 우리는 서로가 분리된 별도의 존재라는 뿌리 깊은 관념을 버리게 될 것이다. 우리는 무한한 사랑 자체인 근원에 의해 오직 사랑 안에서만 창조되었기에, 가장 중심에서 우리는 모두 하나이고 같은 존재이다. 진화 단계의 현 지점에서 우리가 할 일은 우리가 서로에게 연결되어 있으며 또한 근원과 연결되어 있음을 깨닫는 것이다. 즉 우리가 하나이며 분리되어 있지 않고, 실제로 사랑 '자체'임을 아는 것이다. 이러한 임무는 주변 모두에게서 신성한 참자아를 볼 때, 그리하여 우리가 진정으로 누구인지를 기억해 낼 때 완성된다. 주변의 모든 이들이 바로 우리 자신의 치유와 온전함을 위한 열쇠이다.

우리가 다른 이들의 신념과 가치관, 행동 등 그들 에고의 피상적인 층을 꿰뚫어보는 정도에 따라 우리 자신의 진면목을 보는 정도도 달라진다. 다른 이들이 에고로 인해 저지르는 실수를 너그럽게 보아 넘길 때마다 우리는 진정한 우리 자신인 사랑에 점점 가까이 다가간다.

에고는 우리 모두를 분리된 다른 존재로 본다. 그 결과 우리는 자신의 가치관과 믿음, 의견, 소유물, 그리고 몸이 손실과 변화, 타인의 공격 등으로 인해 언제 위협을 받을지 모른다고 인식한다. 에고는 타인이 우리를 공격하거나 우리한테서 뭔가를 빼앗아가지 못하도록 방어와 반격이라는 터무니없는 전략—에고는 이러한 방어와 반격을 정당화할 방법을 아주 잘 찾아낸다—을 계발한다.

우리가 개인적인 것들에 공을 들이는 바탕에는 근원으로부터 분리되어 있어서 특별한 보호가 필요하다는 에고의 어리석은 믿음이 있다. '개인적인'이라는 말이 뜻하는 바는 에고가 늘 자신의 개인적 관점에서 세상을 보고 있으며, 따라서 모든 것을 개인적으로 받아들인다는 것이다.

에고는 방어나 공격을 위해 분석하고 그에 대한 이론적 근거를 만들어내는 능력이 탁월하다. 다른 이들로부터 스스로를 보호하기 위해 방어나 공격이 필요하다는 것이 에고의 한결같은 결론이다. 만일 다른 이의 행동이 자신에 대한 개인적 공격으로 해석된다면, 그것은 에고가 반격을 정당화하기 위해 거짓 그림을 재빨리 만들어내 외부로 투사하는 것이라고 확신해도 좋다. 에고는 어떤 환경에서든지 지금 순간에 일어나고 있는 그대로의 현실을 알지 못한다. 에고는 진리에 근거해서가 아니라 과거의 경험이나 미래의 두려움에 근거해 스스로 만들어낸 상을 투사하고 있기 때문이다. 에고는 지금 순간 안에서 진실을 보는 법을 결코 알지 못한다.

통합된 자아를 알아차리려면 우리가 공격을 받는다고 인식할 때 그것을 개인적 공격으로 받아들이는 습관적인 반응을 멈춰야 한다. 그러려면 수련을 통해 우리 마음을 재훈련해야 한다. 해방되려면 먼저 다른 사람을 해방시켜 주어야 하며, 그렇게 함으로써 우리는 스스로를 해방시킨다. 다시 말해 타인에 대한 평소의 판단을 멈출 때 우리 자신을 더욱 순수한 빛 속에서 보게 된다. 또한 전에는 에고의 흐릿한 판단에 가려 보이지 않던 모든 장애물을 직관이 일러주며, 이 과정에서 직관력은 더욱 강해진다. 이는 해방으로 나아가는 길에서 에고를 원상태로 되돌리는 좋은 기회가 된다.

통합된 자아의 존재 기반에는 "주는 것은 모두 받는 것"이라는 근본적인 진리, 즉 확장의 원리가 놓여 있다. 이는 에고의 존재 기반과는 정반대되는 것이다. 에고는 오로지 자기만 받으려고 하고, 받기 위해 준다. 한 사람이 원하는 것은 다른 사람이 포기해야만 한다고 믿는다. 에고에게는 주는 것은 잃는 것이요, 얻는 것은 다른 사람에게는 상실이 된다. 에고는 주는 것이 곧 받는 것임을 결코 알지 못한다.

그것이 사랑이든 혹은 판단이나 공격이든, 우리는 주는 대로 받는다. 이것이 보편적 진리이다. 예를 들어 사랑하는 사람의 실수를 너그럽게 용서하기로 마음먹는다면, 우리는 나중에 자신이 준 선물을 그대로 되돌려 받는다. 우리 또한 용서를 받는 것이다. 당시에는 이를 의식하지 못할 수도 있다. 하지만 우리가 하는 용서 행위 하나하나는 우리를 에고의 지배로부터 크게 자유롭게 해주며, 그 순간에는 결코 상상할 수 없었던 방식으로 삶이 풍요로워진다.

그 반면 다른 이를 책임 추궁하거나 비난한다면, 우리도 실제로 책임 추궁을 받거나 비난을 듣는다. 이 경우에 우리가 주는 것은 판단과 죄책감,

화와 증오이다. "주는 것이 받는 것"이라는 원리는 이 경우에도 정확하게 적용된다. 다른 사람에게 투사하거나 주는 것은 그것이 무엇이건 자기 안에도 그대로 쌓게 되는 것이다. 상대에게 추하다는 판단을 했다면 내게도 그 판단이 돌아온다. 이 복잡한 역학은 삶 전반에서 무수히 많은 형태로 발생한다.

앞서 말했다시피 모든 생각은 결과를 갖는다. 중립적인 생각이란 없다. 만일 우리의 생각 하나하나가 결과를 낳는다면, 잘못된 판단 수천수만 가지가 누적되었을 때는 어떻게 될까? 좋은 것이든 나쁜 것이든 우리가 주는 모든 것이 그것을 준 본인에게 되돌아온다는 것을 깨달은 지금은 또 어떤가? 이 진리에 예외는 없다. 그러나 이 진리를 받아들이기로 결심하고, 우리의 생각과 감정과 행동을 알아차릴 수는 있다. 그렇게 함으로써 통합된 의지로 향하는 문이 열리며, 삶의 질은 극적으로 향상된다. 화가 올라올 때 잠시 멈추고 우리의 생각과 감정을 객관적으로 바라볼 수 있다면 우리는 놀라울 정도로 자유로워진다. 당신은 당신의 생각이나 감정이 아니라는 것, 자신에게서 떨어져 나와 스스로를 관찰하기로 '선택'할 수 있다는 것을 깨달을 때, 아마도 당신은 가장 빠르게 새로운 힘을 얻고 삶을 변화시킬 수 있을 것이다. 이 과정은 '지금 순간' 부분에서 더 자세히 살펴보겠다.

반복하건대, 마주치는 한 사람 한 사람에게서 우리는 스스로를 구속할 기회와 자유롭게 할 기회를 모두 발견한다. 우리는 잘못을 너그럽게 용서하고 진리를 보는 쪽을 택할 수도 있고, 에고를 사실로서 받아들임으로써 삶을 더욱 혼란스럽게 할 수도 있다. 무엇이든 우리는 주는 대로 받는다.

사랑이란 오직 나눔으로써만 커질 수 있다. 사랑을 넓힐 때 사랑은 더욱 커진다. 사랑에 대한 모든 생각, 혹은 사랑의 방식으로 생각하고 보고 느끼고 행동하기로 선택하는 모든 기회—예를 들어 용서하기, 들어주기, 감사하기, 허용하기, 받아들이기, 주기—는 삶 속에서 사랑으로 모습을 드러낼 것이다. 사랑을 줄수록 우리는 더 많은 사랑을 받으며, 그런 식으로 사랑은 끝없이 확장된다.

무의식적인 내어줌

그러나 우리는—전부는 아닐지라도—대부분 상대로부터 좋은 평가를 받고 싶은 마음에서 주는 경우가 많다. 이것을 '무의식적인 내어줌'이라고 한다.(이는 그릇된 마음가짐에서 나온 잘못된 혹은 역기능적인 내어줌이다.) 어떤 이들은 그저 '싫다'는 말을 못해서 계속 내어주기만 한다. 이런 경우 우리는 보통 고갈된 느낌, 원망, 분노, 불신감, 이용당하는 듯한 찜찜한 기분 등을 느끼지만, 이와 같은 불편함의 근원이 무엇인지는 깨닫지 못한다. 이런 기분 뒤에는 다른 이를 탓하거나 비난하고 싶은 충동이 곧 뒤따른다.

무의식적인 내어줌은 그 행동에 일정한 특징이 보인다. 그 중 하나는 상대가 실제로 필요하다거나 원한다고 느끼지도 않고, 그에 대한 욕구를 표현한 적도 없고 직접적으로 요구한 적도 없는데 그에게 뭔가를 주고자 하는 갈망 혹은 충동을 보인다는 것이다. 무의식적으로 내어주는 사람은 자신의 '관대함'을 받아들이는 사람과 긴밀한 관계를 맺으려 노력하며, 상대가 그 관대함을 받아들일 때 이들의 관계는 결국 상호의존적인 관계가 된다.(이는 《기적 수업》에서 '특별한 관계'라고 부르는 것으로 뒤에서 자세히 다룰 것이다.) 이때 주는 이의 숨은 동기는 이타주의가 '아니다.' 그것은 상대에게 사랑 혹은 인정을 받고자 하는 깊이 뿌리박힌 욕구에 근거하고 있다. 그의 의도는 무의식중의 끝없는 결핍감과 불완전하다는 느낌, 공허감으로부터 비롯된 것이기 때문이다. 주는 사람은 언제나 사용자, 학대자 혹은 전형적인 가해자 유형의 사람들을 끌어당긴다. 주는 자건 받는 자건 사심 없는 진정한 사랑에서 주고받는 것이 아니기에 이러한 주고받음은 양 당사자 모두에게서 힘을 앗아간다. 정직하게 자기를 들여다본 결과, 우리가 무엇인가를 줄 때 그 숨은 동기가 사랑이나 인정, 승인, 동의, 칭찬, 지지를 받기 위해서 혹은 필요한 존재로 여겨지고 싶어서임을 알게 되었다면, 그것은 조건적인 내어줌, 의식적으로든 무의식적으로든 보답을 요구하는 내어줌이다.

　　이런 종류의 역기능적인 내어줌을 되풀이하지 않기 위해서는 우리의 모든 생각과 느낌을 잘 관찰할 필요가 있다. '주려고' 하는 아주 익숙한 충동이 올라오면 그 즉시 '내 안에 있는 더 깊은 의도는 무엇인가?' 하고 스스로에게 물어보는 것으로 이러한 관찰을 시작할 수 있다. 그 충동이 어디에서 오는 것인지—즉 우리 바깥에 있는 무엇이 아니라 자신의 마음에서 오는 것임을—잘 알아차려야 하며, 그것이 오롯이 자기 자신에게서 기원함을 인정해야 한다. 그 다음은 이 나쁜 습관을 보편적 영감에게 맡긴 뒤 아무것도 숨김없이 더없이 정직한 자세로 그의 도움과 안내를 구해야 한다. 그렇게 함으로써 우리는 자기 에고의 관찰자가 되고, 보편적 영감은 우리가 유혹에 처했을 때 부드럽고 참을성 있게 우리를 지도한다. 이 모든 과정이 비약적 용서Quantum Forgiveness(이에 대해서는 다음 장에서 다룰 것이다)와 지금 순간 알아차림의 본질이며, 이 과정을 통해 에고의 지배를 느슨하게 하는 한편 통합된 자아를 강화한다.

　　에고는 심층의 의도를 숨기는 데 대가이다. 에고는 남에게 보이고, 인정받고, 필요한 존재가 되고, 높은 평가를 받고, 부러워하는 대상이 되기를 바란다. 그것은 에고의 그 모든 허세 아래에 공허함과 무가치함의 깊은 구렁이 크게 입을 벌리고 있기 때문이다. 에고는 주의를 끌거나 인정을 받기 위해 '좋다' 혹은 '나쁘다'라는 꼬리표를 붙이거나 반응을 보인다. 어느 쪽이든지 상당히 힘이 있는 전략이다. 이 두 전술은 그 의도 면에서 똑같이 역기능적이다. 즉 둘 모두 에고와의 잘못된 자기 동일시에서 나온 것이며, 따라서 잘못된 믿음이다. 우리는 기꺼이 무지를 버릴 수 있어야 하며, 온 마음으로 진리를 알고 또 진리에 따라 행하기를 바라야 한다.

나는 나에게 가장 유익한 것이 무엇인지 모른다

우리는 이생에서 자신의 진정한 본성과 목적을 알고 또 그에 따라 살고 싶다면 에고가 익혀온 것들의 상당 부분을 버리고 다시 익혀야 한다고 말했다. 아마 가장 먼저 의식적으로 인정해야 할 것은 우리에게 가장 유익한 것이 무엇인지 알지 못한다는 부정할 수 없는 사실일 것이다. 에고는 우리에게 가장 유익한 것이 무엇인지 전혀 모르며, 따라서 늘 우리를 혼란으로 이끈다. 원상회복 과정을 시작하기 위해서는 "나는 나에게 가장 유익한 것을 알지 못한다"[2]는 사실을 스스로에게 계속해서 상기시키는 것이 중요하다. 이는 에고로부터 통합된 자아 쪽으로 힘의 균형을 옮기고, 통합된 의지가 직관의 형태로 우리 안에 흐르도록 이끄는 데 도움이 된다.

겸손의 힘

통합된 자아는 우리 대부분이 아직 받아들이지 않고 있는 더 높은 지혜Higher Wisdom의 무한한 저장고이다. 통합된 자아는 근원의 놀라운 의도를 직접 들으므로, 에고의 한정된 지적 능력으로는 알 수 없는 지혜와 진리의 발전소이다. 에고 인식의 표층을 벗겨낼수록, 사랑과 기쁨, 평화, 지혜를 확장하고 받아들이는 우리의 능력은 더욱 강해진다. 방어와 판단을 비롯한 그 어떤 형태의 공격도 통합된 자아의 현실에서는 통하지 않는다. 방어란 공격이 실제로 존재한다는 믿음이며, 따라서 방어로서의 반격을 정당화한다. 그러나 진실한 참자아는 결코 공격받지 않으며, 따라서 어떤 방어도 필요하지 않다.

에고는 자아상을 쌓는 데 막대한 투자를 한다. 이렇게 투자하는 것에는 자신의 생각, 믿음, 의견, 사람, 직업, 소유물 등이 있다. 에고는 이러한 우상을 지키는 데 온 신경을 곤두세우고, 혹 그 중 하나라도 잃어버리거나 달라지게 할 사태가 발생하지는 않을까 늘 주시한다. 에고는 방어를 '지금 있는 그대로의 현실'에 저항하는 수단으로 쓴다.

겸손에는 방어하지 않음이 주는 힘이 있다. 통합된 자아는 어떤 경우에도 손상되지 않으며, 따라서 아무런 방어도 필요로 하지 않기 때문이다. 그 반면 에고는 스스로를 손상되기 쉽다고 여기며, 분리라는 어리석은 사고 체계를 유지하기 위해 방어를 필요로 한다. 에고는 제 어리석은 망상이 밝혀짐으로써 정체성에 위협을 받을 것 같을 때마다 방어 기제를 작동시킨다. 오로지 망상만이 방어를 필요로 한다. 생각해 보라. 만일 어떤 종류의 망상이든 아무런 방어도 하지 않는다면 과연 무엇이 남겠는가? 만일 온갖 모습으로 위장한 두려움이 모든 방어를 철회한다면 남는 것이 무엇이겠는가? 아주 간단히 말해, 사랑만이 남는다. 망상이 더 이상 보호되지 않을 때 남는 유일한 본질 말이다. 에고 내려놓기란 지금까지 에고의 자아상을 비롯해 모든 망상을 보호해 온 방어 기제들을 내려놓는 것 외에 다른 것이 아니다. 방어하기를 단념할 때 우리는 활동중인 사랑인 진리를 깨닫고 받아들이게 된다.

만일 지금 이 순간 진정한 겸손을 오롯하게 받아들일 수 있다면 에고 내려놓기는 꼭 필요하지 않을 것이다. 그러나 철벽 요새와도 같은 에고는 제 힘의 원천을 위협하는 것이면 누구든 무엇이든 맞서 싸울 준비가 되어 있다. 우리는 질문을 던져보아야 한다. "에고가 보호하고 있는 것이 무엇인가?" "도대체 무슨 가치가 있길래, 사랑의 현존이라는 황홀한 지복을 경험하지 못하도록 가로막는 저 거대한 망상을 붙들고 있는가?" 만일 가장 값진 자산이 겸손임을 온 마음으로 인정하고 받아들인다면, 우리는 바로 지금 이 순간에 깨달을 수 있다. 내 안에 겸손을 받아들이기만 한다면, 에고 내려놓기에 필요한 힘이나 기간이 모두 줄어들 것이다.

내 안에 겸손을 받아들이려면 지금 이 순간에 깨어 현존하는 법을 알고 스스로에 대해 아무것도 숨기는 것 없이 정직해야 한다. 이는 생각과 느낌, 반응을 제 입맛대로 편집하거나 합리화하려는 에고의 욕망을 끊어버리는 것을 뜻한다. 앞서도 말했듯이 여기에서 핵심은 매일매일 결정을 내리면서 보는 눈을 키워나갈 때 깨어 있는 상태를 유지하되, 이때 판단력을 죄의식을 조장할 뿐인 비난을 위해 사용하지 않는 것이다.

겉으로 보기에 방어하지 않음은 나약한 것처럼 보이지만, 근원의 관점으로 볼 때는 그 취약함에 바로 우리의 힘이 있다. 우리는 이보다 더 (에고의 관점에서 봤을 때) 나약해질 수도 있지만, 만일 우리를 둘러싸고 또 우리를 통해서 일하는 통합된 의지의 지혜를 믿고 따를 정도로 성장하고자 한다면 우리는 훨씬 더 '나약해져야' 한다. 에고의 방어는 아무런 의미가 없다. 의식적으로든 무의식적으로든 우리가 방어하는 우리 안의 모든 것, 우리 삶 속의 모든 것은 전부 망상이기 때문이다! 몸, 감정, 가치, 믿음, 지위는 죄다 망상이다.

공격하고 방어하기를 삼갈 수만 있다면, 그 대신 진리가 우리 의식 속에서 펼쳐지기를 바라며 지금 이 순간에 깨어 있을 수만 있다면, 우리는 통찰력과 평화를 얻을 것이다. 망상이 한 겹씩 벗겨질 때마다 우리는 통합된 자아의 회복을 향해, 그리고 그토록 갈망하던 기쁨에 찬 삶의 회복을 향해 한 걸음 한 걸음 커다란 발길을 내딛게 될 것이다.

확신

이 세상에서 우리가 선택할 수 있는 현실은 오직 두 개뿐이다. 하나는 망상이요, 다른 하나는 진리이다. 두려움, 아니면 사랑만이 존재한다. 두려움이 있는 곳에 사랑이 있을 수 없다. 사랑이 있는 곳에 두려움이 있을 수 없다. 사랑은 두려움과 공존하지 못한다. 두려움은 사랑과 공존하지 못한다. 그 둘은 서로 양립할 수 없다. 어떤 순간에든 우리는 오로지 두려움 속에 있거나 오로지 사랑 속에만 있다. 두려움에 찬 사랑이나 사랑에 찬 두려움 따위는 있을 수 없다.

사랑은 그 자체 이 세계에서 유일한 실재요 본질이다. 사랑은 두려움의 전모, 곧 망상이 남김없이 드러나게 한다. 두려움의 어떤 부분도 실재가 아니다. 우리 마음이 두려움을 믿고 그것을 인식이라는 렌즈의 필터로 사용할 때, 그리하여 사람과 사물, 환경이 우리를 공격하려 한다고 믿을 때 실재하는 것처럼 보일 뿐이다. 우리는 어느 정도의 사랑과 어느 정도의 두려움을 가지고 평화롭게 존재할 수 없다. 그런 일은 불가능하다. 사랑은 확신을 낳고, 두려움은 혼란을 낳는다.

어떻게 하면 성장해 통합된 자아를 이해하고 받아들이게 될까? 통합된 자아가 사랑이라면, 그것이 인식하는 유일한 것은 사랑이어야만 한다. 그 외에 다른 데서 나오는 인식은 모두 두려움, 통제욕, 저항, 화, 증오, 판단이라는 형태를 한 죄의식에서 비롯된 것일 뿐이다. 어느 순간 어떤 형태로든 두려움을 본다면 우리가 보고 있는 것은 진리가 아니라 망상임을 깨달아야 한다. 어떤 형태로든 두려움을 보거나 느낀다는 것은 우리가 착각 속에 있다는 뜻이요 사랑의 요청을 잘못 이해했다는 뜻이다. 두려움을 보게 될 때 우리는 잠시 멈추어 서서 자신과 자신의 생각을 지금 순간에 깨어 있는 의식으로 객관적으로 관찰하고, 섣불리 행동하려는 욕구를 내려놓아야 한다. 이렇게 했다면, 어떤 행동을 하든 그것은 사랑의 행위가 될 것이다. 사랑이 우리를 통해 흘러넘칠 것이기에.

두려움이 든다는 것은 우리 마음이 에고의 왜곡된 렌즈를 통해 보기로 선택했다는 신호이다. 이는 일어날 필요가 없는 일이다. 고통이나 저항을 느낄 때마다 우리가 할 일은 바른 마음의 상태로 돌아올 수 있도록 청하는 것뿐이며, 그러면 보편적 영감이 우리의 생각을 평화로운 상태로 조용히 다시 데려갈 것이다.

모든 두려움은 '지금 있는 그대로의 현실'에 대한 저항, 다시 말해 외부 세계를 조정하고 싶어 하는 욕구로부터 나온다. 저항은 두려움에 찬 생각, 그리하여 두려움에 찬 믿음을 만들어내는 독약이다. 현실은 실망과 괴로움, 비극으로 가득 찬 듯이 보인다. 그러나 우리를 진실로 괴롭게 하는 것은 그런 것들에 대한 우리의 생각과 믿음일 뿐이다.

어떤 것도 그 자체로 우리를 고통스럽게 할 수 없고, 우리가 그것 때문에 저절로 고통을 겪지도 않는다. 우리의 '인식'만이 고통을 만들어낸다. 만일 두려움이라는 동기에서 행동한다면 그것은 더욱 큰 고통을 안겨준다. 만일 모든 생각과 믿음을 내려놓고 현실을 있는 그대로 받아들인다면 지금 이 순간 평화를 얻을 것이다.

우리의 가장 깊은 갈망은 사랑, 절대적 하나됨이다. 궁극적으로 우리는 모두 이것을 갈망한다. 우리의 본래 상태, 곧 통합된 자아는 '만유萬有, All That Is'에 순결하게 연결된 것들 중 하나이다. 그것은 바로 어떤 갈등도 들어설 수 없고 어떤 상실도 있을 수 없는 곳, 우리의 궁극적인 집이다.

모순되게도, 에고로부터 자유로워질 가장 큰 기회는 바로 이 꿈현실 dreamreality 안에 있다. 매일의 삶은 우리에게 내적 변형을 위한 가장 멋진 기회를 선사하기 때문이다. 언제 어디서나, 어떤 환경에 있든, 어떤 이들이 주위에 있든 우리는 자신이 어떤 경험을 할지 선택할 힘을 갖고 있다. 그 경험이 우리의 내적 현실을 규정하도록 할 수도 있고, 진실로 존재하는 유일한 현실, 즉 평화의 현실을 선택할 수도 있다.

생각과 믿음은 우리가 느끼는 모든 불안이나 갈등의 원인이다. 우리는 두려움에 찬 생각 혹은 상대를 두렵게 하는 생각을 거의 매순간 무의식적으로 품고 있다. 그것은 우리의 검증되지 않은 믿음이 실로 엄청난 힘을 우리 자신에게 발휘한다는 사실을 깨닫지 못했기 때문이다. 서둘러 출근길에 나섰는데 길이 꽉 막혀 있다고 하자. 이럴 때 우리는 보통 즉각적으로 불안과 화, 언짢음, 조바심, 짜증 등의 반응을 보인다. 그 문제가 우리 '외부'에 있다고 인식하기 때문이다. 다시 말해 현실—우리가 눈으로 보는 세상—이 교통 체증을 낳는다는 것이다. 이를 바꾸기 위해 우리가 물리적으로 할 수 있는 것은 단 한 가지도 없기 때문에, 이러한 에고의 생각은 우리를 즉각 불안감으로 몰아넣는다. 이유는 늘 하나뿐이다. 바로 에고가 완강하게 현실 혹은 '지금 있는 그대로'에 저항하기 때문이다. 에고는 '지금 있는 그대로의 현실'이 잘못되었다고 말한다. '지금 있는 그대로의 현실'은 우리 자신의 의지와 충돌하므로 일어나서는 안 되는 것이다. 그것은 이와는 다른 어떤 것이어야 한다. 하루에 얼마나 자주 이 같은 소소한 갈등이나 실망스러운 일에 맞닥뜨리는가? 일터에서의 문제, 꽉 막히는 도로 위에서 구멍 난 타이어, 나를 실망시키는 배우자…… 이것이 날마다 일어나고 있는 우리의 현실이다. 우리는 이러한 현실에 대해 아무런 통제력도 갖고 있지 않다. 그러나 이 현실에 어떻게 반응할지에 대해서는 아주 큰 통제력을 가지고 있다.

바이런 케이티Byron Katie는 《네 가지 질문Loving What is》[3]이라는 놀라운 책에서, 쉽고 빠르게 망상을 꿰뚫어보려면 매일매일 순간순간 어떻게 하면 좋은지 그 전략을 담은, 단순하지만 강력한 일련의 과정을 제시한다. 그녀의 방법론은 '작업The Work' (부록 1 참조) 이라고 불린다. '작업'은 진리를 밝혀내기 위한 네 가지 짧은 질문으로 이루어져 있는데, 마지막에 가서는 그 과정 내내 함께 있어온 사랑을 드러내 보여준다. 우리는 '작업'을 통해 불안과 화, 원망, 비난, 우울을 낳은 잘못된 믿음들이 무엇인지 확인하고 분석해 볼 수 있다. 그녀의 획기적인 발견 덕분에 많은 이들이 자신의 잘못된 생각을 깨닫고 고칠 수 있었으며, 자기 안에서 또 모든 관계 안에서 평화에 이를 수 있었다.

케이티는 간단하게 말한다. "나는 온 우주에서 세 가지 일만을 봅니다.—나의 일, 남의 일, 하느님의 일." 그리고 계속해서 이렇게 말한다. "(내게는 '하느님'이라는 말이 '현실'을 뜻합니다. 현실은 하느님입니다. 현실은 다스리기 때문입니다. 나는 나의 통제, 당신의 통제, 모든 사람의 통제를 벗어난 일은 무엇이든 하느님의 일이라 부릅니다.) 우리가 스트레스를 받는 까닭은 대부분 마음이 자기의 일을 벗어나 다른 곳에서 살기 때문입니다. '넌 직장을 구해야 해, 네가 행복하기를 바라, 너는 시간에 맞춰 와야 해, 넌 몸을 좀 보살필 필요가 있어'라고 생각할 때 나는 남의 일에 간섭하고 있습니다. 지진, 홍수, 전쟁, 혹은 내가 언제 죽을 것인지에 대해 걱정하고 있다면, 나는 하느님의 일에 간섭하고 있는 것입니다. 내가 마음으로 남의 일이나 하느님의 일에 간섭하고 있을 때 분리가 일어납니다.…… 당신이 당신의 삶을 살고 있고, 나도 마음으로 당신의 삶을 살고 있다면, 여기에 있는 나의 삶은 누가 살까요?"[4]

우리가 다른 사람의 일에 관여할 때 자신에게 현존하지 못하는 것이다. 우리가 이런 식으로 자기 자신과 분리되어 있다면, 우리 삶이 잘 돌아가지 않는 게 당연하지 않겠는가?

'자기 자신'에게 가장 유익한 것이 무엇인지도 모르는 우리가 다른 이에게 가장 유익한 것이 무엇인지 무슨 수로 알겠는가? 우리가 관여할 유일한 일은 바로 우리 자신의 일이다. 불안이나 두려움, 갈등을 느낄 때 멈추어 서서 "내가 누구의 일에 관여하고 있는가?" 하고 자문할 필요가 있다. 이 연습은 우리에게 규칙적으로 현실을 확인할 수 있도록 해주며, 정신적으로 다른 사람의 일에 관여하며 사느라 진정으로 현존하지 못하는 경우가 우리 삶에서 얼마나 많은지 들여다볼 기회를 준다.

그뿐이 아니다. 우리는 자신의 삶이 그동안 믿어왔던 바와 같지 않음을 깨닫기 시작한다. 진화해 갈수록 우리는 통합된 자아가 통제에 대한 에고의 강박적 욕구를 없애 나아가는 일종의 만능 자동 조종 장치를 가지고 움직인다는 사실을 발견하게 된다. 이 만능 자동 조종 장치가 바로 우리를 통하여 표현되는 통합된 의지이다.

에고는 제 생각을 사용해 스스로를 유지하고 강화하기 위한 욕망과 계획을 만들어낸다. '본래' 상태가 결핍인 에고는 무엇을 갖거나 되고자 하는 제 끝없는 욕구를 충족시켜 줄 사물과 환경, 성과, 음식, 사람을 자기 바깥에서 계속 찾아다닌다. 에고의 본래적 충동이 부족함에 기초하고 있으므로, 에고의 의지는 현실이 자신의 특정 이익과 기대에 일치하는 경우를 빼고는 '지금 있는 그대로'(현실)에 저항할 수밖에 없다.

'지금 있는 그대로'에 저항할 때 에고는 현실에 맞서 자신을 방어한다. 저항하는 에고는 우리 삶이 잘못되었으며 이렇게 살아서는 '안 된다'고 말한다. 이 말을 따를 때 우리는 마음의 평화를 희생하는 매우 값비싼

대가를 치르게 된다. 이 메시지가 너무 자주 반복되면 우리는 삶에 대해, 다른 이들에 대해, 그리고 우리 자신에 대해 신뢰를 잃어버린다. 다른 누군가나 무엇에 실망스러워하게 된다면, 우리는 '지금 있는 그대로'에 대한 우리 내면의 저항을 자각할 수 있는 또 한 번의 기회를 맞는 셈이다.(부록 1의 '작업' 양식에 들어 있는 네 가지 질문과 '뒤바꾸기'를 참조하라.) 우리는 자신이 어떻게 반응하는지 관찰해서, 현실에 저항하기보다 현실이 '있는 그대로 존재하도록' 허용하자고 스스로에게 부드럽게 말해줄 수 있다. '지금 있는 그대로의 현실'을 받아들일 때 우리는 진정한 의미의 평화를 알게 된다. 이런 작업을 통해 평화를 경험하면, "일어나고 있는 모든 일은 오직 그대의 유익만을 목적으로 하시는 그분에 의해 잘 계획되고 있다"[5]는 앞서 《기적 수업》에서 인용한 말에 담긴 진리를 더욱 분명히 알게 될 것이다.

무한 상태: 천국

분리를 선택한 그 순간에도 우리는 무한 상태Infinite State를 떠나지 않았다. 우리는 여전히 이 궁극의 의식 안에 있다. 다만 잠들어 있을 뿐이다. 혹은 그것을 의식하지 못하고 있을 뿐이다. 앞서 언급했듯이 에고 상태는 우리가 잠든 동안 꿈을 꾸고 있는 상태와 아주 비슷하다. 마치 잠든 동안 꿈을 사실인 양 경험하는 것처럼, 우리는 이 세상에서의 꿈삶dream-life이 사실이라고 믿는다. 꿈에서 깨어나야 하는 것과 똑같은 이치로, 우리는 이 꿈삶에서도 깨어나야 한다. 따라서 우리가 해방되느냐 여부는 이 속임수를 알아차리는 데 달려 있다. 그렇다면 우리의 목적은 잠에서 깨어나 맑은 의식의 공동 창조자가 되는 것이다. 삶에서 가치 있는 유일한 현실은 바로 사랑이다. 그리고 사랑은 우리가 에고 상태에서 깨어나는 정도에 따라서 점점 더 커진다. 이 진리를 깨달을수록 우리의 목적이 통합된 자아로 깨어나는 것임을 더 잘 알게 될 것이다.

근원은 언제 어디서나 존재하는 무한한 빛 혹은 사랑이다. 이 에너지는 언제나 어디에나 존재한다. 그것은 결코 변하지 않는다. 분리된 상태에서 우리는, 분리된 자아의 환영에 갇혀 살면서, 주는 것은 희생이요 공격과 방어야말로 실재한다고 믿는다. 그러나 진실은 이렇다. 무한 상태가 우리 주변 모든 곳에 완벽하게 존재한다는 것이다. 다만 우리가 너무도 자주 이 아름다움을 보지 못하고 그 하모니를 듣지 못할 뿐이다.

'하찮고 말도 안 되는 생각'의 확장

《기적 수업》에 따르면, 우리는 분리라고 하는 "하찮고 말도 안 되는 생각"[6]으로 우리가 실제로 천국을 파괴했으며, 빛의 파편들 중 일부만을 골라 시공간상의 새 세계를 만들어내고 나머지는 버렸다고 믿는다. 우리는 옹근 전체로부터 일부를 취한 뒤 이렇게 취한 부분들이 서로 올바른 관계로 맺어졌는지는 전혀 고려하지 않은 채 분절된 세상을 만들어냈고, 스스로를 속여 그 세상이 실재라고 믿었다.

이로써 생겨난 죄의식을 감당하기 힘들어 우리는 그 죄의식을 외부로 투사했으며, 우리와 분리되어 우리를 공격하는 것처럼 보이는 현실을 만들어냈다. 그러한 세상은 혼돈이 지배한다. 이런 식으로 해서 세상이 원인이요 우리는 그 결과라고, 즉 우리는 세상의 희생양일 뿐 그것에 아무런 책임이 없다고 맹신하게 되었다. "그대가 보고 있는 세상은 망상이다. 하느님은 그것을 창조하지 않으셨다. 그분이 창조하신 것은 반드시 그분처럼 영원하기 때문이다. 그러나 그대가 보고 있는 세상의 것들은 아무것도 영원히 지속되는 것이 없다."[7] 이러한 망상으로 인해 우리는 근원에 대해서 생성과 파괴의 힘을 지니고 우리 외부에 존재하는 초자연적 세력이라고 인식하게 되며, 그 결과 탄생과 삶, 죽음이라는 망상이 생겨난다. 이 세계와 우주 안의 모든 것은 끊임없는 변화의 법칙에 의해 지배되는 것으로 보인다. 형태를 가지고 이 세상에 온 것은 무엇이든 결국 스러지고 죽는다. 우리가 맺는 관계 역시도 변화에 지배되는 것으로 보인다. 때로는 사랑하는 관계였다가 때로는 증오의 관계가 되는 것이다. 영원히 한 자리에 머무는 것은 없다.

만일 근원이 통합된 사랑이며, 변화도 없고 한계도 끝도 없다면, 어떤 형태로든 분리란 있을 수 없다. 이 진리를 깨달을 때 우리는 비로소 우리가 깊은 잠에 들어 꿈을 꾸고 있다는 말이 진실임을 이해하게 된다. 꿈상태에서 무의식적으로 우리는 '하찮고 말도 안 되는 생각'으로 우리가 천국을 파괴해 버렸다고 믿는다. 근원을 배반했으므로 벌을 받아 마땅하다고 믿는다. 물론 이 모든 것은 완벽한 난센스이다.

사실 우리는 기억 상실로 인해 괴로움을 겪고 있다. 우리는 이 세상을 만들어낸 것이 근원이 아니라 우리임을 까맣게 잊고 있다. 우리가 진실로 누구인지를 기억하지 못한다. 어떻게 이곳에 오게 되었는지를 잊고 완벽한 혼란 상태로 이 세상에 왔다. 유일하게 참된 현실은 사랑이며, 우리는 우리 '자신'인 사랑을 어떻게 기억해 낼 수 있는지 배워야 한다. 그래야 이 유한한 꿈에서 깨어날 수 있다.

완벽한 하나임Oneness과 온전함이라는 분리 이전의 상태에서 우리는 아무것도 필요로 하지 않았다. 우리는 모두 하나였기에 뭔가를 투사하거나 인식할 필요도 없었다. 우리 외부에 인식할 대상이 없기 때문이다. 투사나 인식과 같은 개념은 분리와 이원성으로부터 비롯되었다. 완벽한 하나임의 상태에서, 우리가 아는 것은 오직 무한히 확장된 사랑과 기쁨으로 존재하는 것뿐이었다. 이것으로부터 떨어져 나온 것은 아무것도 없었다.

어떻게 완벽한 하나로부터 떨어져 나온 무엇인가가 존재할 수 있겠는가? 일자—者가 둘로 분리된 것은 대립물의 세계, 즉 이원성으로부터 관찰자와 관찰 대상이라는 형태의 구분이 생겨나면서이다. 이 분리된 존재의 꿈속에서 우리는 순수하고 빛나는 우리의 사랑의 본질을 잊어버리고, 그 대신 에고가 그 자리에 들앉아 삶을 허투루 흉내 내도록 했다. 우리는 근원과의 하나됨이라는 우리의 자리를 부정했고, 그 부정은 투사의 형태로 되돌아와 이 에고 현실 전체를 만들어냈다. 이것이 바로 이 우주가 어떻게 '존재'하게 되었는지에 대한 이야기이다. 우리는 이 현실을 우리 바깥에 있는 것으로 꿈꾸고 있고, 그것이 만들어지는 데 우리가 아무런 역할도 하지 않았다고 생각하며, 우리 자신은 우리가 보는 세상의 희생양이라고 여긴다.

이 세상은 무한 상태에서 일부분을 우리 손으로 골라내 짜 맞춘 환영幻影이다. 세상의 가변적인 본성은 우리 마음 상태가 외화되어 나타난 그림이다. 우리는 우리가 변하지 않는 것을 변화시켰다고 무의식적으로 믿고 있으며, 그 믿음으로 인해 변화로 가득 찬 세상을 본다! 우리는 여기에서 꿈경험을 살고 있지만, 우리 안에는 신성한 일부분, 먼 기억 속 사랑의 본성을 드러내는 일부분이 있다. 그 측면들은 우리의 절대 하나됨과 기쁨을 상기시켜 주는 거룩한 역할을 한다. 인간, 동물, 식물, 광물, 유기물질 들로 이루어진 외부 현실은 모두 본질의 위장된 형태들이다. 본질이란 무한한 사랑과 그 사랑의 확장이 아닌 적이 단 한 번도 없는 무한한 완전함이다.

"이 우주 전체가 망상이다." 이 우주는 근원으로부터 떨어져 나와 자유롭고자 하는 우리의 욕망이 만들어냈다. 근원은 이 현실을 만들지 않았다. 우리가 만들었다. 이 부정할 수 없는 진실에 하루라도 빨리 눈을 뜰수록, 우리는 그만큼 더 빨리 평화를 찾을 것이다. 그러면 우리 바깥에서 어떤 일이 발생하건 상관없이 우리는 늘 내면의 평화를 누릴 것이다. 사랑으로 만들어지지 않은 것은 아무것도 없다. 영원하지 않은 것은 어떤 것도 실재하지 않는다. 변화하는 듯 보이는 것은 어느 것도 실재가 아니다. 따라서 사랑을 빼고는 이 '현실' 안에 있는 그 무엇도 실재가 아니다. 사랑 외의 다른 것은 모두 망상이요, 삶과 죽음, 시작과 끝이 있는 꿈이다.

진리 외에는 어떤 것도 참되지 않다

우리는 근원에 속해 있고, 영원히 근원의 일부이다. 우리는 우리의 창조주와 함께 공동 창조자이다. 우리의 통합된 자아와 그 안에 있는 더 상위의 마음이 바로 근원이다. 다시 말해 우리는 근원보다 높은 것이 아니라 근원과 동등하다. 근원이 우리의 통합된 자아를 만들었다. 그러나 우리는 근원을 만들지 않았다. 근원은 한 점의 오류도 없이 완전하며 절대적이다. 즉 근원은 '언제나' 변함없으며 일관된다. 근원은 흔들림이 없으며 변함도 없고 끝도 없으므로 그 안에 어떤 모순도 없다. 근원은 완전한 사랑, 완전한 기쁨, 완전한 평화, 완전한 앎이며 영원무궁하다. 근원의 힘은 결코 옅어지는 법이 없으며 어떤 대립물도 있을 수 없다. 이것이 진리이다.

근원과 그 근원이 만든 모든 것이 곧 사랑이라면, 우리도 그와 똑같은 사랑이 아닐까? 근원이 무한 상태를 창조했고, 우리 에고가 그 무한 상태의 부분들을 가지고 이 세상 안에 삶을 꾸며내기로 한 것이라면, 그 부분들의 특성은 무엇일까? 이에 대해 할 수 있는 유일한 답은 바로 무한한 사랑이라는 것이다. 사랑하고, 용서하며, 기쁨에 차고, 평화로운 모든 것— 그런 모든 생각과 감정, 사람, 환경—이 '실재'한다. 만일 우리가 이 현실 이외의 무엇이라도 인식한다면, 우리는 환영을 만들어내고 있는 것이다. 즉 증오와 화, 두려움은 실재하지 않는다. "진리가 참되며, 그 외에는 어떤 것도 참되지 않다."**8** 오직 에고만이 사랑에 반대되는 것을 투사할 수 있으며, 그 반대되는 것을 믿는다. 그러나 우리의 통합된 자아는 그러지 못한다.

근원과 오직 사랑뿐인 그의 의도는 모든 시간 모든 장소에 동시에 존재하는 유일한 진리이므로, 근원에 대적하는 악마나 악한 힘이란 존재하지 않는다. 그러니 어떤 식으로든 두려움을 보거나 느낄 때 우리는 실재인 듯 보이는 망상을 보고 느끼고 있는 것이다. 근원과 보편적 영감은 사랑 안에서 창조되지 않은 것은 그 무엇도 알지 못한다. 그들은 우리가 두려움과 화, 죄의식을 보는 곳에서 어떤 것도 보지 않는다. 그들은 죄를 볼 수 없다. 죄란 존재하지 않기 때문이다. 우리는 최면과도 같은 에고의 잠으로 인해 실수를 저지르고, 그것을 '죄'라고 부른다. 우리는 에고의 어리석음 때문에 죄를 실재하는 것으로 만들어놓고 그에 대한 응징을 요구한다. 스스로에게 가하는 것이든 남에게 투사하는 것이든 생각 혹은 행동 차원의 모든 공격과 비난, 죄의식은 이 점에서 다를 것이 없다. 망상에 정도라는 것은 있을 수 없다. 예를 들어 공격을 받는다는 것은 공격을 하는 것과 똑같은 망상이다. 우리는 하나이므로 주는 자와 받는 자 간에 아무런 차이가 없다. 어떤 것이든 공격을 실재로 간주하거나 받아들이는 실수를 저지른다면, 우리는 가해자가 한 것과 똑같이 증오라는 망상 속에 우리를 던져 넣는 것이다. 모든 실수는 단 하나의 무지, 즉 망상이 실재라고 믿는 데서 생겨난다. 우리 자신이나 타인에게서 보이는 모든 실수와 공격은 기실 '사랑에 대한 요청'일 뿐이다. 그러나 무지로 인한 완전한 혼란 때문에 그것은 공격이라는 위장된 모습을 하고 나타난다.

분리는 우리 안에 극복할 수 없을 것 같은 큰 죄의식을 심어놓았다. 이 죄의식이 너무도 크기 때문에 우리는 이 세상에 계속해서 태어나게 된다. 근원에 대한 두려움과 죄의식 모두에서 벗어날 수 있다는 생각에서 말이다. 그러나 그 대신 우리가 하는 것은 죄의식을 우리 '바깥에' 투사하고, 그 죄의식이 다른 사람들이나 외부 환경에 의해 만들어졌다고 믿어 그것을 사실로 만드는 것이다. 그런 뒤 우리는 비난을 하고, 수치를 주며, 죄를 추궁한다. 이 꿈 속에 오직 우리만 있다는 진리를 깨닫지 못하고 또 기꺼이 그 진리를 직면하려 하지 않기에, 매 생애 그런 식으로 점점 더 많은 죄의식을 쌓아간다는 사실을 알지 못한 채로 말이다. 우리는 모두 하나이다. 실재 속에서 분리와 개별성은 있을 수 없다. 그것은 오로지 망상일 뿐이다.

판단이나 두려움, 화, 슬픔, 죄의식이 느껴질 때 그것을 치유하는 유일한 방법은 보편적 영감에게 우리의 생각이 바른 마음으로 돌아오도록 간청하는 것이다. "저를 바른 마음 상태로 돌려보내 주소서"라고 간청할 때 그것은 우리를 다시 평화의 상태로 되돌아가게 하는 즉각적인 생각 혹은 기도가 된다.

진리는 지극히 단순하다. 즉 진리는 사랑이며, 존재하는 것은 오로지 사랑뿐이라는 것이다. 복잡한 것이나 사랑 외의 다른 것을 생각한다면 그것은 망상이다. 만일 사랑이 모든 곳에 존재하고, 전에도 존재했으며, 앞으로도 존재할 것이라면 왜 우리는 일상의 삶에서 사랑 이외의 것들을 경험할까? 그것은 우리가 그것들을 경험하기로 '선택'했기 때문이다.

사랑이 선택이요 사랑만이 실재한다는 진리를 깨달을 때 우리를 해방으로 이끌어주는 선택은 '단 하나'밖에 없다. 바로 사랑이다. 능동적인 사랑은 용서요, 용서는 잘못을 너그럽게 보아 넘기는 것이다. 잘못이란 이 에고꿈 속에서는 꼭 현실 같지만 진정한 실재 안에서는 결코 일어나지 않은 것이기 때문이다. 따라서 용서는 활동중인 사랑이다. 에고의 길에 들어서기 전에, 우리는 이 세계가 일부는 사랑으로, 일부는 증오로 이루어졌다고 믿으면서 혼란에 빠졌다. 우리는 혼돈의 변덕에 길을 잃어버렸다. 하지만 더 이상은 아니다!

지금 있는 그대로를 사랑하기

정말 사랑에 대립하는 것이 존재하지 않는다면, 우리는 사랑 이외의 것들에 대한 투자를 거두어들여야만 한다. 예외는 있을 수 없다. 그러나 날마다 우리는 사랑에 대립하는 것들을 보고, 듣고, 경험한다. 어떻게 이 모순을 극복할 수 있는가? 역설적이게도 망상의 세계를 극복하는 유일한 방법은 그것을 '받아들이는' 것이다. 잘못에 '저항'한다면 그 잘못을 더욱 강화할 뿐이다. 현실에 존재하는 것들과 다투거나 그것들을 바꾸려 하지 않고, 현실이 스스로를 드러내도록 가만두는 법을 배울 때 우리를 쥐고 흔들던 그 잘못의 손길은 저절로 풀린다. 우리가 갖고 있는 믿음들을 샅샅이 탐구하는 것은 이러한 해방으로 가는 열쇠이다.

바이런 케이티의 《네 가지 질문》에 나오는 말을 다시 인용한다. "과거에 어떠한 고통을 겪었든 과거의 사건에 대해 느끼는 고통은 실제로는 지금 이 순간에 생깁니다."[9] 《로스앤젤레스 타임즈》에 실린 이 책의 서평은 이렇게 말한다. 특정 문제에 적용할 때 '작업'은…… 우리로 하여금 무엇이 자신을 괴롭히고 있는지 완전히 다른 관점에서 보게 한다. 케이티가 말하듯이, "우리를 괴롭히는 것은 문제가 아니라, 그 문제에 대한 우리의 생각이다." 흔히들 믿는 것과는 반대로, 고통스러운 생각을 내려놓으려 해 봐야 소용이 없다. 그보다는 '작업'을 하고 나면 생각이 우리를 놓아준다. 그때 우리는 지금 있는 그대로의 현실을 진정으로 사랑할 수 있다.[10]

우리가 진정으로 원하는 것이 온갖 혼돈에서 자유로워지는 것이라면, 깊고 영원한 평화가 우리의 목표라면, 이 목표를 이루는 데 진짜 장벽이 될 만한 어떤 것도 '저기 밖에'(즉 우리 외부에) 있지 않다는 사실은 분명 우리에게 안심이 되고 위안이 된다. 평화와 행복에 이르는 데 외적인 장벽은 존재하지 않는다. 모든 장벽은 내적인 것, 오직 내 마음 안에만 존재하는 것이다. 이 사실은, 저기 바깥에나 여기 안에나 진실로 존재하는 것은 오직 사랑뿐이라는 진리와 함께, 우리가 바로 지금 해방을 위한 의식적인 선택을 할 수 있음을 말해준다. 그 밖의 어떤 선택이 우리를 괴로움과 한계로부터 구해내겠는가? 저항 없이 현실을 받아들일 때, 우리는 통합된 실재, 곧 평화가 회복되는 곳에 더욱 가까이 다가갈 수 있다.

위대한 탈출: 해방의 서약

괴로움으로부터 정말로 자유로워지고 싶다면, 괴로움의 근본 원인을 들여다보겠다는 자발적인 의지가 중요하다. 에고는 매일매일의 문제 해결을 상당히 제한된 관점으로 다룬다. 에고는 먼저 문제를 인식하고, 자기의 왜곡된 현실 개념에 따라 그것에 '문제'라는 꼬리표를 붙인다. 에고는 자신에게 이해되지 않는 환경에 실망과 기쁨을 동시에 느낀다. 에고는 문제를 인식하면 즉시 그것을 고치려 한다. 깨어 있는 의식으로 객관적인 관점에서 바라볼 때, 에고의 문제 해결 노력은 우습기 짝이 없다. 에고의 토대 전체가 분리라는 망상에 기반하고 있기 때문에 에고가 치료했다고 생각하는 그 어떤 것도 결코 오래 지속되지 못하며, 그 '결과'는 어떤 형태로든 고통으로 이어질 수밖에 없다.

에고의 문제 해결 방식은 밭의 잡초를 뽑는데 밑둥을 잡고 뿌리째 뽑는 것이 아니라 윗부분만 잡고 뚝뚝 뜯어내는 식이다. 며칠 못 가 잡초는 다시 자라고, 전보다 더 억세어지기까지 한다. 만일 단지 겉보기만 좋게 잡초 밭의 윗부분만 청소하는 게 아니라 문제를 영원히 풀어버리겠다고 진심으로 서약한다면, 우리는 문제의 근원에 도달해 그 문제라는 잡초의 뿌리를 통째로 뽑아내야만 한다. 즉 에고를 원상태로 되돌리기 위해서는 겉이 아니라 그 안쪽을 보아야 한다.

원상회복의 여정을 의식적으로 시작하는 것, 그것은 '우리를 진리로 데려다줄' 것이다. 이 여정은 우리를 에고의 뿌리로, 그리하여 해방으로 데려갈 것이기 때문이다. 이는 실제로 우리 모두가 필연적으로 하게 될 선택이지만, 좀더 일찍 선택을 한다면 훨씬 '시간을 줄일' 수 있고 더 큰 괴로움을 피할 수 있다.

온 마음으로 바라는 것을 얻으려면, 먼저 우선순위를 매겨야 한다. 우리는 어떤 행동을 하기에 앞서, 결정한 대로 행동하겠다는 내적인 선택을 먼저 한다. 온전해지고 자유로워지기로 서약한다는 것은 이 목표를 마음속에서 다른 어떤 개인적 욕망보다도 우선순위로 놓는다는 뜻이다. 이 우선성은 우리가 지금부터 취하는 모든 결정과 행동의 근저에서 작용하는 절대적 의도가 된다. 이것은 혼돈과 분리에 기반을 둔 신념 체계를 포기하고 지금 순간 안에서 완전한 충만함을 얻겠다고 계속해서 서약한다는 뜻이다. 평화, 따라서 사랑이 우리가 주고받는 모든 상호 작용의 의도가 된다. 이와 같이 결심할 때 우리는 다른 모든 욕망은 이 뒤에 놓인다고 자인하는 셈이다.

이제 우리가 곧 알게 될 사랑이 어떤 것인지 《기적 수업》에 묘사된 내용을 보자.

어쩌면 그대는 여러 가지 다른 종류의 사랑이 있을 수 있다고 생각할지도 모릅니다. 이런 종류의 사랑, 저런 종류의 사랑, 한 사람에게는 이런 식으로, 또 다른 사람에게는 저런 식으로 말이지요. 사랑은 하나입니다. 사랑에는 분리된 부분이 없고, 정도도 없으며, 종류나 수준도,

다양함이나 구분도 없습니다. 사랑은 그것 자체처럼 전체적으로 변함 없습니다. 사랑은 사람이나 환경에 따라 변하지 않습니다. 그것은 하느님의 가슴이며, (한 아들로서 우리 모두인) 하느님의 아들의 가슴입니다.[11]

우리 안의, 우리 삶의, 혹은 이 세상의 모든 고통은 분리와 그에 따른 죄의식, 즉 두려움과 혼돈, 공격, 방어에 대한 믿음에서 만들어진다. 우리는 만나는 모든 사람 안에서 우리 자신을 만나고 있다. 사랑이든 판단이든 우리가 주는 것은 곧 우리 자신에게 주는 것이다.

우리가 어떤 고통이나 결핍도 없는 온전함과 완벽한 하나됨을 원한다면, 우리에게는 오직 한 가지 선택만이 있을 뿐이다. 바로 진리에, 사랑에 이르겠다는 전적이고 오롯한 서약이다. 우리는 사랑과 증오, 무한함과 유한함, 거룩함과 악, 평화와 혼돈, 기쁨과 고통이라는 이원성을 믿는 것이 어리석다는 것을 안다. 오직 사랑과 진리, 평화와 기쁨만이 실재한다. 그 밖의 것은 어느 것도 실재하는 것이 아니다. 우리는 괴로움에서 벗어나고 싶다고 말한다. 하지만 정말로 그러한가? 그것을 다른 무엇보다도 원하는가? 우리가 진실로 누구인지를 정말로 알고 싶은가? 우리의 목적을 찾아내고 반드시 이루기를 갈망하는가? 통합되고 영원한 사랑을 알 준비가 되어 있는가? 기쁨에 찬 해방이 우리가 찾는 것이 맞는가?

그렇다면 늘 진리만을 보게 해달라고, 진리에 대한 갈증 말고는 다른 무엇도 바라지 않게 해달라고 청하라. 그때에만 우리는 망상을 멈추게 하고, 우리의 하나됨과 안전함, 사랑, 기쁨, 평화를 되비쳐주는 진정한 현실을 마주할 수 있다.

죄의식 측정표

'죄의식 측정표'는 우리에게 괴로움을 안겨주는 무의식적인 죄의식 일체를 재빨리 알아낼 수 있도록 도와주는 장치이다. 이를 통해 에고가 자기도 모르게 갖고 있는 죄의식이 우리 안에서 얼마나 다양한 방법으로 드러나는지 볼 수 있다. 아래와 같은 경험을 하고 있다면 당신은 무의식적으로 죄의식을 느끼고 있는 것이다.

· 다른 이들을 판단하거나, 그들이 당신을 판단한다고 생각한다.
· 당신에게 가해진다고 생각하는 공격에 부정적으로 반응한다.(화, 방어, 좌절, 판단 등)
· 스스로를 판단한다.
· 부정의가 보이면 그것을 당신에게 가해지는 공격으로 생각한다.
· 개인적으로 혹은 세상에 역경이 닥칠 때 위협이나 불안을 느낀다.
· 당신이 필요하다고 생각하는 것들이 충족되지 '않는' 듯이 보인다.(돈, 관계 등)
· 삶이 풍족하게 베푼다는 사실에 '의구심'을 갖는다. 부족하다는 생각을 한다.
· 신체적인 불편함 혹은 질병을 느낀다.

판단은 에고의 연료이다. 죄의식은 그 운전자다. 이 죄의식의 대부분은 우리 눈에 띄지 않고 숨겨져 있다. 어디에? 바로 다른 사람들 속에! '당신 자신'의 치유되지 않은 죄의식은 전부 다른 이들 속에 숨겨져 있다. 왜 그런가? 당신이 다른 이를 판단하거나, 자신이 공격받는다고 느낄 때, 당신은 바로 자신의 죄의식을 그에게 투사하고 있기 때문이다. 기억하라. 여럿으로 보이지만 오직 '하나'인 우리만이 존재함을. 치료법은 비약적 용서 뿐이다. 이에 대해서는 다음 장인 4장에서 자세히 다룰 것이다.

자기 발견의 강력한 도구: 에니어그램

삶에서 사랑과 평화, 기쁨, 그리고 영의 충만함을 알아차리지 못하도록 가로막는 장애물을 제거하겠다고 진심으로 마음먹었다면, 각기 다른 우리의 삶 속에서 사랑이 어떻게 발현되는지 깨닫는 도구인 에니어그램 [12] 이 아주 큰 도움을 줄 것이다.

에니어그램('ANY-a-gram'이라고 발음된다)은 고대 다양한 전통의 영적 지혜에 그 뿌리를 두고 있는 현대 심리학의 산물이다. 이는 인간 본성과 그 복잡한 상호 관계를 아홉 가지 기본 성격 유형으로 나눈다. 이 강력한 체계를 통해 우리는 다음과 같은 것을 얻을 수 있다.

· 자신과 다른 이들에 대해 더 많은 것을 알 수 있으며, 자신의 주된 심리적 문제와 사람들과의 관계에서 강점과 약점이 무엇인지 알 수 있다.
· 세상을 바라보는 개개인의 필터들을 식별할 수 있고, 그 필터들을 적절하게 설명해 낼 수 있다.
· 개인별로 특히 힘들어하는 문제가 무엇인지 찾을 수 있고, 그 문제를 효과적으로 다루는 법을 배울 수 있다.
· 두려움이나 자기 비난 없이 영혼의 깊은 곳을 응시할 수 있다.

자기 인식은 사랑과 통합된 자아의 문을 여는 열쇠이다. 에고는 망상과 속임수의 대가로, 우리의 주의를 진리가 아닌 다른 데로 돌리려고 총력을 기울인다. 《에니어그램의 지혜 The Wisdom of Enneagram》의 저자인 돈 리

처드 리소Don Richard Riso와 러스 허드슨Russ Hudson은 이렇게 말한다.

진정한 자기 인식은 그러한 자기 기만으로부터 우리를 보호한다. 에니어그램은 우리가 실제로 있는 지점에서부터 작업을 시작하므로, 우리를 예상치 못한 곳으로 데려간다.(또한 진정한 진보가 일어날 수 있게 한다.) 그것은 우리가 다다를 수 있는 영적 성장의 높이를 드러내 보여주며, 어둡고 자유롭지 못한 우리 삶의 측면들에 분명하게 그리고 아무런 비판 없이 빛을 비추어준다. 우리가 물질 세계에서 영적인 존재로 살아가기를 원한다면, 이러한 것들부터 탐구할 필요가 있다.[13]

그들은 이어서, 변형의 작업에는 다음의 세 가지 기본 요소가 필요하다고 말한다.

· 현존(알아차림, 깨어 있음)―'존재Being'가 한다.
· 자기 관찰의 실천(자기 인식에서 얻어진다)―'당신 자신'이 한다.
· 자기 경험의 의미를 이해하기(공동체나 영적인 체계와 같은 더 넓은 맥락에 의해 제공되는 정확한 해석)―'에니어그램'이 한다.

이 세 가지 기본 요소를 가지고 작업할 때 변형은 빠른 속도로 일어난다. 에니어그램은 우리가 어떻게 세상을 보는지, 어떤 가치관을 가지고 있는지, 우리가 주로 하는 선택이 어떤 것인지, 스트레스에 어떻게 반응하는지, 삶의 주된 동기가 무엇인지 등 여러 가지에 대해 아주 많은 것을 말해준다. 에니어그램의 또 다른 커다란 미덕은 자기와 다른 유형들의 관점도 살펴볼 수 있다는 것이다. 위 책의 저자들은 말한다.

이 신성한 심리학의 핵심은 우리의 기본 성격 유형이 우리의 진정한 본성인 신적 본질을 잊게 만든 심리적 메커니즘, 즉 우리가 어떻게 우리 자신을 저버렸는지 드러내 보여준다는 데 있다. 성격은 어린 시절에 받은 상처로부터 자신을 방어하고 그에 대한 보상을 받아내기 위해 타고난 기질을 발전시켰다. 그 시절 어려움들에 부딪힐 때마다 그에 대처하고 살아남기 위해, 우리는 이전 상황에서 효과를 본 특정 전략과 자아상, 행동 방식을 자신도 모르게 익혀왔다. 그래서 우리 각자는 특정 형태로 대처하는 데 '전문가'가 되었다. 그러나 이런 대처 방식은 과도하게 사용될 경우 우리 성격의 장애 요인이 된다.

성격의 방어와 전략이 구조화될수록, 우리는 우리의 본질을 직접적으로 경험하는 연결점을 잃어버리게 된다. 성격은 우리 존재와의 연결이 아니라 자아 정체성의 근원이 된다. 이처럼 본질과의 연결점을 잃어버림으로써 우리는 깊은 불안에 빠지게 되고, 이것이 아홉 가지 열정으로 나타난다. 이 아홉 가지 열정은 대개 무의식적이어서 우리에게 잘 보이지 않는데, 일단 내면에 자리를 잡으면 성격으로 굳어지게 된다.**14**

진정한 사랑과 평화, 기쁨을 받아들이는 데 가장 큰 과제는 생각과 감정에 대한 에고의 왜곡된 해석을 직시하고 그것을 새로운 방식으로 재해석하는 것이다. 에고의 생각과 믿음은 모든 갈등과 감정적 동요의 원인이며, 우리가 무력해지고 커다란 한계에 부딪히는 것도 이 때문이다. 그러한 생각과 믿음, 감정은 우리를 분리시키고 고립시키며, 일어나는 일들을 자신과 연관 지어 받아들이게 만든다. 이런 일이 자주 일어날수록 우리는 공격과 가치 판단이 자기 보호를 위해 필요하다는 생각을 더욱 굳히게 된다. 죄의식→투사→판단→원망→비난→처벌→죄의식의 끝없는 순환은 분리되었다는 느낌과 모든 것을 자신과 연관 지어 받아들이려는 망상적 욕구를 점점 더 강화시킨다.

에니어그램은 우리의 생각과 믿음, 감정 해석의 맥락을 새롭게 설정하도록 도와주는 뛰어난 자기 발견 도구이다. 우리는 자기 자신은 물론 다른 사람, 삶의 환경에 대해 자기 감정을 개입시키지 않고 바라볼 수 있는 법을 배우며, 이에 따라 삶에서 자신이 행사할 수 있는 권한은 더욱 커진다. 자기 인식의 수준이 올라감에 따라 신뢰와 진리, 사랑의 크기도 점점 더 커진다. 리소와 허드슨이 《에니어그램의 지혜》에서 아홉 가지 성격 유형에 대해 짤막하게 개괄해 놓은 것을 여기에 옮긴다.

에니어그램과 함께하는 자기 탐색 작업은 자신의 유형을 찾고, 그 유형의 주된 문제를 이해하는 데서부터 시작한다. 이 아홉 가지 유형의 행동이 모두 우리에게 발견되지만, 그 중 한 가지에 우리 자신의 가장 결정적인 특징이 뿌리를 내리고 있다. 여기에 나오는 성격 특성은 단지 몇 가지 두드러져 보이는 것들일 뿐, 각 성격 유형의 전체 스펙트럼을 보여주지는 않는다는 점을 유의하라.

1번 유형: 개혁가

원칙적이고 이상적인 유형. 1번 유형은 윤리적이고 양심적이다. 옳고 그름에 대한 의식이 매우 강하다. 상황을 개선하기 위해 늘 노력하며, 실수하는 것을 두려워하는 교사이자 개혁가이다. 조직적이고 정돈되어 있으며 꼼꼼하다. 높은 기준을 유지하려고 하는 만큼, 곧잘 비판적이 되고 완벽주의자가 된다. 이들은 전형적으로 분노를 억압하고 있으며 잘 참고 견디지 못한다는 문제가 있다. 최상의 상태에 있는 건강한

1번 유형은 도덕적으로 훌륭할 뿐더러 현명하고 분별력 있고 현실적이며 고상하다.

2번 유형: 돕는 사람

사람들을 잘 보살피고 대인 관계를 잘하는 유형. 2번 유형은 공감 능력이 뛰어나며 진실하고 마음이 따뜻하다. 상냥하고 너그러우며 희생적이지만, 또한 감상적이 되기 쉽고 아첨을 잘하며 사람들 기분을 맞추려고 노력한다. 이들은 다른 사람들과 가까워지려는 충동을 갖고 있으며, 필요한 사람이 되기 위해 남들에게 뭔가를 하는 일이 잦다. 이들은 전형적으로 자기 자신을 돌볼 줄 모르고 자신에게 필요한 것을 잘 알아차리지 못한다는 문제가 있다. 최상의 상태에 있는 건강한 2번 유형은 이타적이고 자기 자신과 다른 사람들에게 조건 없는 사랑을 베푼다.

3번 유형: 성취하는 사람

상황에 잘 적응하고 성공 지향적인 유형. 3번 유형은 자신감이 있고 사람을 사로잡는 매력이 있다. 야망 있고 유능하며 에너지가 넘친다. 또 사회적 지위와 개인적 성취를 중요시한다. 자기 이미지와 다른 이들이 자신을 어떻게 생각하는지에 신경을 많이 쓴다. 이들은 전형적으로 일 중독에 빠져드는 것과 지나친 경쟁심을 갖는다는 문제가 있다. 최상의 상태에 있는 건강한 3번 유형은 자신을 잘 받아들이고, 진실하며, 겉과 속이 일치해서, 다른 이들을 고무시키는 역할 모델이 된다.

4번 유형: 개인주의자

낭만적이고 내향적인 유형. 4번 유형은 자기에 대한 생각이 많고 민감하며 신중하고 조용하다. 자기를 잘 숨기지 못하고 감정적으로 정직하며 개인적이다. 그러나 침울하며 자의식이 지나치게 강할 수 있다. 쉽게 상처받고 스스로 부족하다고 느끼기 때문에 다른 사람들에게 자기를 잘 드러내려 하지 않는다. 거만하며 평범한 삶의 방식을 따르려고 하지 않을 수도 있다. 이들은 전형적으로 방종과 자기 연민의 문제를 갖고 있다. 최상의 상태에 있는 건강한 4번 유형은 영감이 뛰어나고 창조적이며, 자신을 새롭게 하고 자신의 경험들을 바꿀 수 있다.

5번 유형: 탐구자
몰입을 잘하고 지적인 유형. 5번 유형은 기민하고 통찰력이 있으며 호기심이 많다. 복잡한 개념과 기술을 개발하는 데 집중하는 능력이 있다. 독립적이고 독창적이어서 자기만의 생각과 머릿속의 구조물에 빠져들 수 있다. 다른 사람들과 떨어져 있고 싶어하며, 신경이 예민하고 긴장되어 있을 수 있다. 이들은 전형적으로 고립, 괴팍함, 허무주의라는 문제를 가지고 있다. 최상의 상태에 있는 건강한 5번 유형은 시대를 앞서 세상을 완전히 새로운 시야에서 보는 선구자적 역할을 한다.

6번 유형: 충실한 사람
헌신적이고 안전을 지향하는 유형. 6번 유형은 신뢰할 수 있고 근면하고 책임감이 강하지만, 방어적이며 속을 잘 보이지 않고 불안이 많다. 스트레스에 대해 불평하면서도 계속 스트레스를 받는다. 조심성이 많고 자기 주장이 강하지 않지만, 반발하고 당돌하며 반항적이 될 수 있다. 이들은 전형적으로 자기 불신과 의심이라는 문제를 갖고 있다. 최상의 상태에 있는 건강한 6번 유형은 내면이 안정되어 있고, 자신감 있고 자립적이며, 약하고 힘없는 이들을 용기 있게 도와준다.

7번 유형: 열정적인 사람

바쁘고 생산적인 유형. 7번 유형은 다재다능하며 낙관적이고 즉흥적이다. 쾌활하고 생기가 넘치며 실제적이다. 부산하고 산만하며 절도가 없을 수 있다. 끊임없이 새롭고 흥미로운 경험을 추구하지만, 쉴 새 없이 움직여서 주의가 분산되고 지칠 수 있다. 이들은 전형적으로 피상적이고 충동적이라는 문제를 갖고 있다. 최상의 상태에 있는 건강한 7번 유형은 자신의 재능을 가치 있는 목표에 쏟고, 유쾌하며, 성취도가 높고, 많은 것에 감사한다.

8번 유형: 도전하는 사람

성격이 강하고 지배적인 유형. 8번 유형은 자신감 있고 강하며 자기 주장을 잘한다. 사람들을 보호할 줄 알고, 기지가 있으며, 결단력이 있지만, 거만하며 독단적일 수 있다. 8번 유형은 자신이 자기 주변을 통제해야 한다고 느끼므로, 때로 싸우려 들거나 위협적이 되기도 한다. 이들은 전형적으로 스스로를 다른 사람들에게 가까워지도록 허용하지 못한다는 문제를 갖고 있다. 최상의 상태에 있는 건강한 8번 유형은 자신의 힘을 이용해 다른 이들의 삶을 향상시키며, 영웅적이며 도량이 넓고, 때로 역사상 위대한 업적을 남기기도 한다.

9번 유형: 평화주의자

느긋하고 잘 나서지 않는 유형. 9번 유형은 남을 잘 받아주고 사람들을 잘 의심하지 않으며 안정적인 정서를 갖고 있다. 성격이 원만하고 친절하며 느긋하고 남을 잘 도와주지만, 평화를 유지하기 위해 다른 이들과 잘 지내려고 지나치게 노력하기도 한다. 모든 상황에서 갈등이 없기를 바라지만, 자기 만족에 빠진다든지 곤란한 일이 생기면 이를 최소화하는 경향이 있을 수 있다. 이들은 전형적으로 수동적이고 고집스럽다는 문제가 있다. 최상의 상태에 있는 건강한 9번 유형은 어려움에 쉽게 굴복하지 않고 모든 것을 포용한다. 이들은 사람들을 화합시키고 갈등을 치유하는 능력이 있다.[15]

자기 유형을 알아보고 싶다면 ① http://www.enneagraminstitute.com에서 컴퓨터 상으로 자가 테스트를 해보거나, ② 앞서 언급한 책에 실린 에니어그램 질문지를 참고할 수 있다. 웹사이트 상의 테스트는 'The RHETI(리소-허드슨 에니어그램 성격 유형 지표) 버전 2.5'라는 이름을 갖고 있다. 정확도는 80퍼센트이며, 보통 45분 정도 걸린다고 한다.

우리의 인식과 관계를 향상시키는 가장 확실한 방법은 자신이 누구인지 아는 것이며, 에니어그램은 자기가 누구인지를 빠른 시간 안에 알게 해주는 강력한 도구이다. 자기 안의 빛을 볼 때 우리는 다른 사람 안에 있는 빛도 볼 수 있으며, 그로써 다 함께 앞길을 비춰나갈 수 있다.

4 · 깨어 있는 사랑

관계를 통해 우리가 구하는 것은 무엇인가? 대개는 확인과 인정, 관심, 지위, 지지, 애정, 친절함, 공감, 존경, 이해, 찬탄, 용서를 얻고 싶어 하며, 어떤 이들은 열정, 우정, 친밀함, 헌신을 원하기도 한다. 이러한 경험은 모든 인간이 본성상 의식적으로든 무의식적으로든 끊임없이 바라는 것이다. 우리가 생각하고 느끼고 행동하는 바는 보통 이런 것을 경험하고 싶은 더 깊은 욕구의 부산물이다. 우리가 진실로 찾고 있는 밑바탕의 본질은 사랑이지만, 그 사랑을 얻고 지키려는 노력에 가장 심각한 장애물이 무엇인지 우리는 알지도 못하고, 따라서 그 장애물을 치우지도 못한다.

인간은 본래 사랑을 찾는 존재이지만, 사랑이 무엇인지는 알지 못한다. 우리는 사랑이 무엇일 거라고 '상상'하고, 그에 대해 기대하며, 기대한 대로 되지 않을 때는 환멸을 느낀다. 그래서 결국 사랑은 고통이요 희생이며, 증오로 바뀔 수도 있는 것이라는 생각을 갖기에 이른다. 이것이 세상이 일반적으로 사랑에 대하여 생각하는 바다. 세상이 아직 깨닫지 못한 근본 진리는 바로 "사랑은 존재한다"는 것이다. 이것이 전부이다!

사랑은 무한하다. 사랑은 계속해서 확장되고 확대된다. 사랑은 결코 증오로 바뀔 수 없다. 사랑은 평화롭고 즐겁다. 사랑은 모든 것을 감싸 안는다. 그 무엇도 배척하지 않는다. 사랑은 경계를 모른다. 그것은 보편적이다. 무조건적이다. 스패로 아리카 비질Sparo Arika Vigil은 이렇게 썼다.

진정한 사랑은 점점 더 깊어지는 평화의 느낌을 만들어낸다. 사랑이라는 이 저항할 수 없는 감정은, '나'라고 하는 생각이 없어질 때까지 우리 영혼의 한가운데서 솟아오른다. ―이 상태에서는 사랑과 평화, 기쁨의 영원한 물결만 있을 뿐이다. 그리고 그곳에서 우리는 참된 안락과 안전, 아름다움을 알게 된다. 나만이 가진 고유한 아름다움이 느껴지고, 자신에게 믿을 수 없는 감사의 마음이 들며, 자신을 위한 가장 특별한 사랑을 느낀다. 또한 서로서로와, 근원과, 모든 인간과, 모든 무한한 불꽃과 완벽하게 연결된 느낌이 든다. 이 영원한 사랑을 알 때 끝없는 창조, 평화, 기쁨, 그리고 상상할 수 없는 모험의 무한한 가능성이 감사와 나눔을 통해 퍼져 나아가는 것을 느낀다.[1]

요컨대 우리가 경험하는 사랑이 이와 같지 않다면, 그것은 우리가 그러한 사랑을 할 만한 자격이 없어서, 혹은 걸맞은 연인이나 부모, 자녀, 가족, 친구를 만나지 못해서가 아니다. 만일 날마다 사랑으로 살고 있지 못하다면, 그것은 그저 하나의 장애물이 있어서일 뿐이다. 바로 "우리가 사랑을 모른다"는 장애물이다. 우리는 사랑이 무엇인지 아직 알아보지 못하며, 그것을 제대로 이해하지 못한다. 우리의 지난 모든 경험과 자라온 환경은 우리로 하여금 사랑이 아닌 것을 보게끔 훈련시켜 왔다. 자신이 무엇을 찾고 있는지도 모른다면, 도대체 어떻게 그것을 발견할 수 있겠는가? 우리는 내면의 가장 깊은 열망을 지금껏 한 번도 만족시켜 준 적이 없고 앞으로도 만족시켜 주지 못할 허구적인 에고 사랑의 경험을 찾아 헤매고 있다.

만일 우리가 이러한 본질이 '사랑'이라고 불리기를 진정으로 원한다면, 가장 깊은 의미에서 그것이 무엇인지 알지 못한다는 것부터 먼저 인정해야 한다. 만일 그것이 무엇인지 모른다면 우리는 그것이 무엇을 위한 것인지도 알 리가 없다. 우리는 또 어떻게 그것에 접근해야 하는지도 모른다. 사랑은 감정이 아니다. 경험이 아니다. 무상으로 얻어내는 그 무엇이 아니요, 대가를 지불하고 획득하는 것도 아니다. 사랑은 존재의 상태State of Being이다. 이것은 우리가 거짓된 에고로 수차례 생을 거듭하며 쌓아온 그릇된 마음가짐의 무수한 층들 아래에 놓여 있는 우리 본래의 모습이다.

사랑에 대한 첫 번째 가르침은 사랑이 저 자신의 확장을 통해서만 알려질 수 있음을 이해하는 데서부터 시작한다. 이는 곧 사랑을 알기 위해서는 사랑을 '주어야'만 한다는 뜻이다. 사랑은 다른 사람들과 나 자신 안에 있는 에고의 잘못을 용서해 주는 것을 포함한다. 깨어 있는 의식으로 우리의 시간과 관심, 주의, 용서, 사랑을 조건 없이 주는 행위는 영겁 이전의 '분리'의 순간에 우리가 잊어버린 존재 상태의 표현이다.

사랑에 대한 두 번째 가르침은 우리가 곧 사랑임을 아는 것에서부터 시작한다. 우리의 에고가 어떻게 생각하거나 행동하든, 우리 한 사람 한 사람은 모두 곧 사랑이다. 그리고 이것은 자기 발견과 알아차림을 통해 깨달아진다.

사랑은 추구한다고 해서 알 수 있는 것이 아니다. 우리가 이미 그것이기 때문이다. 만일 이를 연인에게서, 친구에게서, 부모에게서, 자녀에게서, 가족에게서 찾는다면 우리는 결코 찾을 수 없을 것이다. 그러나 삶에서 만나는 모든 이들에게 쉼 없이 사랑을 (판단이나 조건 없이) 준다면 우리는 사랑을 찾게 되는 것은 물론, 우리가 전부터 쭉 바로 그 사랑이었음을 또한 알게 될 것이다.

전에 우리로 하여금 사랑의 망상을 좇게 부추기던 그 노력과 열망은 끝이 난다. 우리는 지금까지 진정한 사랑과 조건적 관계를 혼동하는 실수를 저질러왔다. 그리하여 가짜 관계에 '사랑'이라는 이름표를 붙였다. 이제 우리는 진정한 사랑이 아닌 것을 내버림으로써 혹은 잊어버림으로써 진정한 사랑을 품을 기회를 갖게 되었다.

특별함, 그 거짓 가치감

우리에게 가장 친숙한 형태의 사랑이란 '특별한' 사랑 혹은 다양한 조건이 따르는 사랑이다. 우리 문화는 사랑이란 곧 특별한 존재인 것처럼 느껴지는 감정이라고 가르친다. 사실상 우리를 특별한 애정 관계에 빠지게 하는 요인은 '특별하게' 느껴지고 싶다는 욕구이다. 여기에 무슨 잘못된 점이 있는가 싶겠지만, 그 '욕구'의 핵심에는 훨씬 음흉한 계획이 놓여 있다. 이 문제를 좀더 깊이 들여다본다면, 특별하게 느껴지고 싶은 이 욕구가 지금껏 우리가 사람들과 맺어온 관계를 얼마나 많이 파괴했는지 명확히 볼 수 있을 것이다. 그 중에서도 부모 자녀 관계 같은 가까운 관계에서 그 위험이 제일 큰데, 특별함이란 인정해 주고 이해해 달라는 욕구의 형태로 드러나는 일이 많기 때문이다.

특별한 존재로 느껴지고 싶다는 욕구는 에고의 분리 상태에서 기인한다. 잃어버린 자신의 가치를 보상받으려는 부자연스런 욕구가 이 분리 상태로부터 발생하는데, 이러한 가치감 상실은 살아가는 동안 우리에게 상당한 값을 치르게 한다. 영적으로 파산 상태인 에고는 자신을 남들보다 우위에 올려놓기만 한다면 그 좋고 나쁨을 가리지 않고 모든 형태의 특별함을 손에 넣으려 애쓴다. 그리고 우리는 자신이 다른 이들보다 우위에 있다고 여길 때, 자신을 다른 이들로부터 분리시킨다. 일종의 단절인 것이다. 특별함은 그 형태가 어떻든 우리 사이를 갈라놓는 벽 역할을 한다. 그것은 우리를 분리시키며, 우리의 하나됨 혹은 같음이 아니라 다름에 초점을 맞춘다. 특별함은 일종의 분리이다. 그것은 결코 깊고 지속적인 가치감을 주지 못한다.

진정한 가치는 내면의 영원한 곳에서 나온다. 그것은 천진함, 사랑, 동등함, 확장됨, 신뢰함이다. 우리가 가치 있는 존재라는 느낌은 외부로부터 얻어내는 무엇이 아니다. 그것은 우리가 누구인지를 앎으로써 생겨나며, 우리가 다른 이들에게 경외감을 느낄수록 더 커진다. 지지와 인정, 이해를 퍼 올릴 수 있는 내면의 우물인 진정한 가치감은, 바깥에서 특별함을 찾으려 함으로써 자신의 깨끗함을 더럽히지 않는다. 진정한 가치감은 우리가 자신을 다른 사람들 위에 올려놓거나 다른 이들보다 더 나아지려 할 때 죄의식이 생겨나고 또 커진다는 것을 알고 있다. 에고는 숨은 죄의식 덕분에 더욱 강력해진다. 죄의식이 우리를 다른 이들과 우리 자신, 근원으로부터 고립시켜 에고의 공허한 약속에 더욱 의존하게 만들기 때문이다. 의존이 심화되면 주기적으로 '거짓 가치감'을 갈망하게 되는데, 그로부터 얻는 일시적 만족은 우리를 더욱 분리시킬 뿐이다. 에고가 원한 것을 얻고 나면 우리는 이상하게도 공허감을 느끼며, 다른 데서 이 거짓 가치감을 찾고자 똑같은 순환을 다시 시작하는 것이다.

경쟁이나 비교는 특별함을 찾는 한 가지 방식이다. 가장 똑똑한 사람, 가장 매력적인 사람, 가장 재능 있는 사람, 가장 창조적인 사람, 가장 인기 있는 사람, 가장 건강한 사람이 되는 것, 혹은 가장 병약한 사람, 가장 못생긴 사람, 가장 희생을 많이 한 사람, 가장 많이 따돌림받는 사람, 가장 크게 무시받는 사람, 가장 억압받는 사람이 되는 것, 이 모두가 우리를 분리시켜 놓으려는 에고의 시도이다. 특별함의 깊은 중심에는 오래 전, 우리가 천국을 파괴하고 근원을 저버렸다고 믿으면서 지니게 된 거대한 죄의식이 있다. 이 생각으로부터 투사가 나왔으며, 우리는 지금도 죄의식을 계속해서 바깥세상으로 투사하고 있다. 그렇게 함으로써 우리는 두 가지 이득을 얻는 것처럼 보인다. ① 우리의 결백함이다.('다른 이들'이 비난을 받을 일이지 우리가 비난받을 일이 아니기 때문이다.) ② 보복의 정당성이다.(공격을 말하는 것으로, 우리는 다른 이들이 우리를 괴롭히므로 그들을 공격하는 것이 정당하다고 판단한다.) 이러한 투사를 통해 우리는 특별해진다.

그로써 우리는 결백한 희생양과 죄 지은 범죄자, 이긴 자와 진 자를 구분할 수 있게 된다. 이 모든 비난과 경쟁은 우리 무의식 속의 죄의식을 더욱 강화하고, 우리의 가치감이 바깥에서 주어진다는 망상을 공고히 하여, 결국 우리를 완전히 분리된 존재로 만든다.

진화의 단계에서 지금 우리는 확실히 단순한 생존이나 목숨의 보전 같은 삶의 기본 문제가 더 이상 일상의 위협이나 행동의 동기가 되지 않는 지점에 도달했다. 생존 문제로부터 자유로워지자 우리 문명은 개인적인 문제에 초점을 맞추게 된 듯하다. 시간 여유가 생기고 지식이 늘면서 우리에게는 특별해지고 싶은 욕망, 즉 유일무이해지고, 독창적이 되고, 남과 차별되고, 배타적으로 되며, 분리되고자 하는 욕망도 커졌다. 우리 문화는 개별화에 대한 동경과 열망을 키워나갔다. 예컨대 교육, 정치, 스포츠, 사업, 상업, 패션, 음악, 영화, 언론, 예술, 컴퓨터/비디오 게임 등 우리 삶의 수많은 영역에서 우리는 저마다 특별해지고 싶다는 일종의 강박 관념을 무의식적으로 키우고 조장해 왔다.

우리는 그러한 개별화가 우리 문화에 불러들인 파괴적인 결과를 알지 못한 채, 자녀들에게 특별한 사람이 되라고 독려한다. 얼마나 많은 아이들이 집이나 학교에서 자신에게 관심을 가져달라고, 자신을 알아주고 인정해 달라고 매달리는가? 뭔가가 '되어야만' 하고 또 뭔가를 '가져야만' 한다는 중압감은 외부의 원천으로부터 특별함 혹은 거짓 가치감을 끌어내고자 하는 욕망의 핵심이다. 이러한 중압감은 에고의 경쟁심을 부채질해, 우리로 하여금 무의식적으로 경쟁을 향해 내닫게 한다. 그리고 이는 우리 내면의 진정한 가치감과 '만유萬有'와의 접점을 잃게 만든다.

역사를 돌아보면 인류는 대중 개인주의mass individualism를 향해 열정적으로 내달려왔다. 하지만 개인적이고 독창적이며 배타적이며 분리된 상태인 개인주의의 정점에 도달하고 나니 우리가 행복하지 않다는 것을 깨닫게 되었다. 이제 진화의 다음 단계는 세상 사람들을 향해 하나됨과 합일의 상태로 돌아오라고 우리를 부르고 있다. 지구 의식 자체가 궁극에 가서는 이원성이라는 개념이 사라지는 심오한 통합을 향해 나아가고 있다. 영적 교사 앤드류 코헨Andrew Cohen은 〈깨달음이란 무엇인가What Is Enlightenment〉라는 글에서 이렇게 말한다.

> 우리 포스트모던 시대의 자아들에게, 심리적 · 영적인 소외라는 고통스러운 경험은 (개인주의를 통해) 역사상의 정점에 도달했다. 우리는 개인의 자유, 사회적 자유, 철학적 자유, 영적 자유를 추구하는 과정에서 위대한 영적 전통을 저버렸고, 그 결과 자신의 개별적 · 집단적 영혼과의 연결을 잃어버린 채 예상치 않게도 에고라는 사막의 섬에 홀로 남겨졌다. 필사적으로 앞으로 달려가기를 원하는 우리들, 가족적 · 민족적 · 종교적 · 국가적 자아 개념의 한계로 세상을 보던 예전의 방식으로 돌아갈 수 없는 우리는 이제 어디서 답을 찾아야 하는가?[2]

우리는 진화의 과정에서 의식의 다음 단계로 진입했다. 코헨의 말을 빌리자면 "개인적 깨달음이라 부를 수 있는 것을 넘어 모두 함께하는 다른 어떤 것, 즉 개체를 초월하는 심오한 각성으로 넘어갔다."[3] 진정한 해방은 이제, 개인의 깨달음과 지구의 치유를 위한 방법으로 '깨어 있는 관계conscious relationship'를 받아들이는 것에 달려 있다. 이 방법을 통해 우리는 파괴적인 에고의 한계들을 놓아버리고, 지금껏 알던 것과는 달리 우리를 무한히 자유롭게 하는 합일과 하나됨의 영역 속으로 들어가게 된다.

우리가 진정으로 사랑과 평화, 온전함을 원한다면, 우리가 지어낸 특별함으로는 이것들을 얻을 수 없음을 기억해야 한다. 사랑과 평화, 온전함은 다른 이들에 대한 경외감과 '지금 있는 그대로의 현실'에 대한 사랑을 통해 우리 안으로부터 나온다.

깨어 있는 사랑

에니어그램의 선구자 중 게오르게 이바노비치 구르지예프George Ivanovich Gurdjieff라는 사람이 있다. 그는 사랑에 세 종류가 있다고 말했다.

· 성적인 끌림으로서 '순전히 육체적인 사랑'
· 종종 증오로 바뀌는 '감정적인 사랑'
· 두 사람 모두를 완성으로 이끄는 '깨어 있는 사랑'

대부분의 사람들이 첫 번째와 두 번째 유형의 사랑, 즉 성적인 끌림으로서의 육체적 사랑과 종종 증오로 변해버리는 감정적 사랑을 예찬하는 문화에 익숙하다. 그러나 세 번째 유형, 가장 강력한 형태의 사랑인 깨어 있는 사랑은 주류 언론에서 다루어지는 일이 거의 없다. 심지어 대다수 가정에서조차 대화의 주제가 되지 못한다. 사실 보통 사람들을 상대로 '사랑이 무엇인지' 솔직하게 말해달라고 하면, 대부분 성적인 사랑 혹은 감정적 사랑을 들 것이다. 안타깝게도 깨어 있는 사랑에 대해서는 아예 알지도 못하거나 별것 아니라는 식으로 말할 것이다.

깨어 있는 사랑은 피상적이거나 일시적인 사랑이 아닌, 영원한 사랑이다. 그것은 사실 모든 육체적·감정적 혹은 정신적 관계의 최종 목적지이다. 그것은 우리가 분리되어 있지 않음을, 우리가 서로에게 자기 현실을 투사하고 있음을, 상대에 의해 촉발되는 듯 보이는 모든 갈등은 늘 우리 인식을 치유할 기회임을 기억해 내는 것을 뜻한다. 깨어 있는 사랑은 관련된 사람들 모두의 최고선을 위해 사랑을 경험하고 나누기로 헌신하는 데서 나온다.

그 많은 관계(연인, 가족, 친구)가 와해되는 것은 그들이 단기적으로, 개인적으로 무엇인가를 얻으려는 의도에, 즉 특별함을 추구하는 에고의 욕구에 따르기 때문이다. 이 욕구가 대부분의 성적인 관계나 감정적 관계의 동기가 된다. 감정과 섹스가 관계에서 큰 비중을 차지할 수는 있지만, 깨어 있는 사랑 안에서 진정한 통합을 이루지 않는 한 그것만으로 관계를 지속하지는 못한다. 깨어 있는 사랑의 세 가지 주요 요소는 다음과 같다.

· 서로의 성장, 즉 통합된 목표를 이루어내고자 하는 것.
· 완전한 개인적 책임감, 즉 각자가 자기 현실을 투사하고 있음을 인지하는 것.
· 모든 갈등이 우리 인식을 치유할(즉 에고를 소멸할) 기회임을 아는 것.

깨어 있는 사랑은 지속적인 수련이 필요하다. 우리가 잘 관찰할 필요가 있는 것은 에고의 분리 중독, 즉 우리를 상대로부터 떼어놓는 모든 형태의 판단들이다. 우리는 깨어 있는 사랑이 날마다 더 큰 기쁨과 사랑, 받아들임, 열정을 경험할 수 있는 완벽한 방편임을 안다. 깨어 있는 사랑은 분리되는 것이 아니라 늘 확장되고 있으며, 우리가 상대에게 용서와 받아들임, 판단하지 않음, 감사를 줄 때 가장 강력하게 표현된다.

보이지 않는 아이

어른이 되어서도 여전히 자신을 에고와 강하게 동일시하는 부모는 자녀 역시 통합된 자아의 시각이 아니라 길들여진 에고의 눈으로 바라볼 것이다. 그럴 때 부모는 아이의 순수한 참자아를 보지 못하며, 이는 아이가 한층 강한 에고 정체성을 형성하도록 만든다. 이는 근원에 대한 그리고 아이 자신의 통합된 자아에 대한 신뢰를 떨어뜨리게 한다. 즉 삶에 대한 불신을 심어주는 것이다.

우리는 주로 어린 시절에 부모와 가족을 통해서 에고를 형성한다. 5세가 되기 전에 우리는 이미 특별해지고자 하는 에고의 욕구를 상당 부분 발달시킨다. 우리의 연약한 작은 에고는 사람과 사물, 환경을 자신의 거짓 자아 의식과 혼동하게 하는 잘못된 정체성을 차근차근 형성해 간다.

우리는 특정 행동을 하면 관심과 인정을 얻을 수 있다는 걸 알게 되고, 판단하기, 거짓말하기, 아닌 척하기, 부정하기, 억누르기, 공상하기, 투사하기와 같은 에고 생존 기술을 재빨리 익힌다. '얻기 위해 주기'는 우리가 날마다 몰두했던 에고의 기술 중에서도 으뜸가는 기술이다. 또 가장 뛰어난 아이, 가장 고약한 아이, 가장 남다른 아이, 가장 귀여운 아이 등 특별한 존재가 되고자 하는 욕망도 그에 못지않은 기술이다. 어린아이인 우리는 자신의 자아 의식과 주변의 현상을 구분해 주는 건강한 울타리를 세울 능력이 없으므로, 행복이란 외부로부터 욕구가 충족되느냐 아니냐에 달려 있다는 잘못된 믿음을 갖게 된다. 통합된 자아의 순수 불변하는 본질이 아니라 뭔가를 갖고, 얻고, 하고, 손에 넣고, 뭔가가 되는 것에 따라서 그 가치가 결정되는 개인적 정체성에 대한 강한 신념을 형성하게 되는 것이다. 우리는 지식을 습득하려면 사람들과 경험을 통해 관찰하고 배워야 한다고 들었지만, 자신의 생각과 감정을 관찰하는 법이나 우리를 구속하는 믿음에 질문을 던지는 법은 배우지 못했다.

우리의 부모들은 에고 정체성을 형성하도록 배우며 자랐고, 그렇게 확립한 에고 정체성을 바탕으로 삶을 살아왔다. 에고를 자기 자신이라고 여전히 착각하고 있는 부모는 불행하게도 십중팔구 아이를 제대로 보지 못한다.(그림 4-1) 부모의 강력한 인식틀—즉 에고—을 통해 평가되어 온 까닭에 아이는 앞으로도 제대로 인정을 받거나 정당하게 대우받기 어려울 것이다.

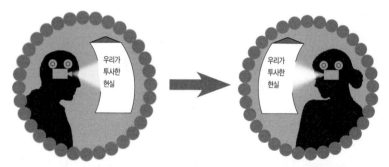

부모는 스스로 착각하고 있는 자기 정체성(에고) 때문에 아이를 진정으로 인식하지 못한다.

그림 4-1 보이지 않는 아이

아이가 어린 시절에 자신의 신성한 본질에 대해 흔들림 없는 감각을 갖기 위해서는 부모 스스로가 자신의 통합된 자아를 어느 정도 이해하고 있어야 한다. 그러한 부모는 깨어 있는 사랑의 관계 안에서 기쁜 마음으로 살아가는 생생한 모델이 된다. 예컨대 그런 부모는 자녀에게 조건 없는 사랑과 묵상, 관찰의 기술을 가르치고, 스스로를 들여다보는 법과 스스로를 돌보는 법을 가르쳤을 것이다. 그런 부모는 우리에게 가장 큰 유익함을 주는 더 높은 질서를 절대적으로 신뢰할 때 나오는 깊은 안정감을 아이 마음속에도 심어주었을 것이다. 그랬다면 아이들은 모든 것이 연결되어 있다는 느낌에 둘러싸여 경이로움을 한껏 누렸을 것이다.

우리 대부분은 깨달음에 눈뜬 환경에서 양육되지 못했다. 그 결과 대부분 자신의 통합된 자아를 인식하거나 알아볼 기회가 거의 없었다. 통합된 자아를 보지 못하고 어른이 되면 연인 관계나 자녀와의 관계에서 십중팔구 특별해지기를 바라는 에고의 역기능적인 순환을 이어가게 된다. 이것이 바로 지금 우리가 역기능적 신념 체계들을 제거하는 데 전심전력해야 하는 이유이다.

사랑의 추구

"네가 날 사랑한다면 넌 내가 원하는 것을 할 것이다." 이는 바이런 케이티의 책 《사랑에 대한 네 가지 질문 *I Need Your Love — Is That True?*》의 소제목 중 하나이다.[4] 케이티는 우리가 사랑과 인정을 바라는 것은 자신이 무엇을 원하고 필요로 하는지 질문을 던져보지 않기 때문이라고 설명한다. 어린 시절 우리는 부모를 본보기삼아 그대로 따라했다. 그런데 우리 부모들은 우리가 착하게 굴면 상을 주고, 시키는 대로 하지 않으면 벌을 주었다.

케이티는 이렇게 설명한다. "아이는 자기가 하고 싶은 놀이를 친구도 하고 싶어 하기를 바랍니다. 만일 그렇지 않으면 큰 싸움이 벌어지고, 두 아이는 발을 쿵쿵 구르며 어른을 찾아가 씩씩거립니다. '걔는 이제 내 친구가 아니에요!' 친구란 자기가 원하는 것을 해주는 사람이라는 믿음이

이 아이에게 이미 완벽하게 들어차 있습니다.…… 아이의 부모는 요구를 들어주는 것이 사랑의 표현이라는 생각에 대해 결코 질문을 던지지 않습니다. 그러니 아이가 왜 그런 질문을 하겠어요?"[5] 이것이 바로 우리가 사랑의 관계를 시작할 때 '나를 사랑한다는 것은 곧 내 요구를 들어주는 것'이라는 무의식적인 태도를 갖는 이유이다. 그 누구도 우리가 사랑으로부터 원하는 것이 무엇인지 묻는 법을 가르쳐주지 않았다. 역기능적이고 불만족스러운 관계들의 손아귀에서 우리를 풀어주는 열쇠가 곧 우리가 믿고 있는 것에 질문을 던져보는 것임을 배우지 못했다.

특별한 관계란 무엇인가?

안타깝게도 우리가 맺고 있는 대부분의 관계는 중요한 한 사람과의 독점적인 관계를 통해 우리의 분리된 정체성을 지탱하려는 필사적인 노력에 근거하고 있다. 에고의 유일한 초점은 이러한 관계를 통해 자신의 자아상을 만족시키는 것뿐이라는 뜻이다. 에고는 모든 이와의 교제와 통합 같은 것은 추구하지 않는다. 에고의 계획은 까다롭게 고른 몇몇 사람과만 특별한 관계를 맺음으로써 자신의 그럴듯한 자아상을 더욱 부풀리고, 윤색하고, 강화하려는 것이다. 근본적으로 에고의 이런 행위는 영혼을 분열시키고, 증오와 사랑이 공존할 수 있다고 가르치며, 그 과정에서 막대한 죄의식을 불러들여 우리 삶을 완전히 쑥대밭으로 만들어놓는다. 간단히 말해 에고가 추구하는 사랑은 사랑이 아니다. 그것은 분리 상태를 인정하고 강화하는 것이다. 우리는 사랑을 원한다고들 말하지만, 우리의 에고는 무의식적으로 결핍감과 공격, 판단, 죄의식, 두려움을 끌어들인다. 이 모든 것은 우리를 분리 상태로 이끌어간다. 이것이 바로 에고가 원하는 것이다. 에고가 원하는 것 중에서도 으뜸은 말 그대로의 죽음이다. 에고는 분리와 공격이 죄의식을 불러일으키고 죄의식이 두려움을 만들어낸다는 것을 알고 있다. 깊은 무의식 안의 죄의식은 질병과 죽음을 끌어들이는 데 더할 나위 없이 뛰어난 '자석'이다.

이렇게 우리는 진정한 사랑과 가치감, 중요한 이들과의 교제를 마음 깊이 갈망한다. 그러나 에고는 우리의 이 절실한 노력을 끊임없이 방해한다.

에고는 사랑이 위험하다고 확신한다. 이것은 항상 에고의 중심 가르침이다. 물론 에고는 결코 이렇게 말하지 않는다. 그 반대로 에고를 구원으로 믿는 이들은 모두 사랑을 추구하는 데 더없이 열심인 것 같아 보인다. 그러나 에고는 사랑을 그토록 열심히 추구하도록 부추기면서도 한 가지 단서를 붙이는데, 그것은 바로 사랑을 발견하지는 말라는 것이다. 그래서 에고의 명령은 간단하게 "추구하되 발견하지는 말라"로 요약된다. 이것이 에고가 그대에게 내민 하나의 약속이며, 에고가 지키는 하나의 약속이다.[6]

사랑이라는 주제에 관해 에고와 통합된 자아 사이에는 커다란 간극이 있다. 망상의 대가인 에고는 다음과 같은 해결책을 제시한다. 즉 사랑을 찾아준다는 약속을 하지만, 그것이 '에고'의 사랑임을 확실히 해두는 것이다. 에고의 사랑은 특별함, 판단, 비난, 죄의식으로 꽉 차 있다. 에고의 사랑 안에는 희생, 투사, 제지, 복수, 조건, 의무가 들어 있다. 결정적인 미끼는 당신의 욕구를 채워준다는 것으로, 에고는 욕구를 채우기 위해서라면 어떤 교활한 수단이라도 마다하지 않는다. 예컨대 연인이 우리를 실망시켰을 때, 에고는 화와 비난을 그에게 투사하고, 그에 대한 처벌로서 사랑을 거두어들인다. 그러면 상대방의 에고는 이를 공격으로 받아들이고,

적극적으로든 수동적으로든 반격을 가한다. 그릇된 마음가짐에는 정도 차이가 없다. 에고가 수는 사랑은 비난과 수치심, 죄의식에 따른 고통은 엄청 큰 반면, 사랑은 일부밖에는 경험할 수 없다.

특별한 관계로 맺어질 때 발생하는 또 하나의 역기능적 측면은 마음의 중요성은 외면하고 몸에만 초점을 맞춘다는 것이다. 몸은 합쳐질 수 있지만 마음은 하나가 될 수 없다고 에고는 말한다. 우리가 가질 수 있는 생각이나 감정은 모두 혼자만의 것이며, 그것들이 표출될 경우 실질적인 혹은 잠재적인 위협이 된다고 에고는 여긴다. "에고에게 있어서 마음은 사적인 것이고, 육체만이 공유될 수 있다. 상대방의 육체를 가까이 혹은 멀리 두는 것 외에 다른 관념들에 대해서는 기본적으로 관심이 없다."[7]

에고의 관점에서는 웃음, 호의, 포옹 등 상대방의 행동에 의해서 우리의 욕구가 충족된다고 생각하기 쉽다. 다시 말해 우리가 욕구를 충족하기 위해 원하는 것은 사실 상대의 행동인 것이다. 우리는 상대에게 육체적으로 끌리며, 특별해지고자 하는 우리의 욕망을 충족시켜 줄 적절한 말과 손길, 몸짓, 행동을 기대한다. 그리고 상대 역시 우리에게 같은 것을 기대한다. 우리가 상대의 마음속이나 영혼을 보고, 그가 우리에게 줄 수 있는 것들 때문이 아니라, 그저 상대가 '그 사람'이기 때문에—즉 아무 조건 없이—사랑하는 경우는 거의 없다.

특별한 협상

그대는 자유를 줌으로써 자유로워질 것이다. 자유는 그대가 하느님의 자식들에게 줄 수 있는 유일한 선물이자, 그들의 존재와 하느님의 존재를 인정히는 것이다. 자유는 사랑이고, 따라서 그것은 창조이다. 그대가 억압하려고 하는 자는 그대가 사랑하는 이가 아니다. 그러므로 그대가 자신을 포함하여 누군가를 억압하려고 한다면, 그대는 그를 사랑하는 것이 아니며, 그와 일치될 수 없다. 그대가 자기 자신을 억압한다면 나와의 참된 일치, 그리고 아버지와의 참된 일치라는 시각을 잃고 있는 것이다.[8]

특별한 사랑으로 맺어진 관계들이 결국에는 시들거나 무너지는 것은 우리가 무의식적으로 협상을 하기 때문이다. 대수롭지 않게 들릴지 모르겠지만, 협상은 사랑에 독이다. 특별한 사랑을 얻기 위해 우리는 상대와 일종의 거래 혹은 교환을 해야 한다. 이는 우리가 바라는 것을 얻기 위해 경제적 지원, 능력, 지위, 시간, 에너지, 관심, 인정, 호의, 사랑, 선물 등을 주는 것을 뜻한다. 이렇게 하는 것에 아무런 잘못이 없어 보이지만, 결단코 그렇지 않다. 어떤 식으로든 특별함을 원한다면 우리는 그 대가로 일정하게 희생해야만 한다. 우리가 받는 대가로 상대에게 무엇을 주어야 할지 우리는 무의식적인 합의, 곧 협상에 들어간다. 우리는 이 사실을 의식하지 못한 채로 누가 무엇을 받았고 누가 무엇을 주어야 하는지 남모르게 계산한다. 이 모든 계산 아래에는 오직 받고자 하는 욕망만이 있을 뿐이며, 그 욕망은 늘 죄의식으로 이어진다.

우리는 협상이 진행되고 있는데도 잘 알아차리지 못하는 경우가 많다. 비록 협상이 진행되는 것을 알아차리기는 어렵지만 그것은 늘 우리 안에 죄의식을 심어놓는다. 예를 들어 내가 시간이나 사랑, 선물 같은 것을 상대에게 줄 때 에고는 "내가 주었으니, 이제 나는 너보다 덜 갖고 있다. 너는 나보다 더 갖게 되었을 뿐 아니라, 이 거래에서 내가 잃어버린 부분에 대해 책임이 있다. 그러니까 내가 준 만큼 혹은 그보다 더 가치 있는 것을 네가 나에게 답례로 줄 때까지 너는 죄의식을 느껴야 한다"라고 무의식적으로 추론한다. 심지어 선물을 주면서 "고맙다"는 말을 기대하는 것도 우리가 뭔가를 줄 때 따라 붙이는 하나의 조건이다. 이것이 망상적인, 에고의 협상 방식이다. 우리는 에고가 상실이라고 인식하는 것에 대하여 다른 이들이 책임을 느끼게 만든다.

이 모든 거래의 중심에는 서로의 특별함을 교환하려는 욕망이 있다. 에고는 늘 상대방에게서 특별한 무언가를 본다. 그것은 에고가 자신에게는 없다고 믿는 것으로, 에고는 자기 안에는 없는 것을 상대한테서 가져다 채우고 싶어 한다. 문제는 그렇게 되면 상대로부터 가져다 취한 것에 값을 지불해야 한다고 느끼고, 값을 지불하지 않을 때는 죄의식을 느낀다는 것이다. 그렇게 에고의 협상 순환이 시작된다. 끝없이 계속되는 이 '주고받기'는 자기가 불완전하고 자격 없다는 느낌에서 비롯되는데, 이것이 바로 자신을 정당화하기 위해 에고가 노력하는 방식이다.

이러한 상황은 연인 관계에서 자주 빚어진다. 상대의 특별해 보이는 것을 취하기 위해 무의식적으로 우리의 몸과 마음, 삶을 내줄 때 말이다. 자신의 부족한 부분을 채우기 위해 이러한 거짓 특별함을 추구하면서, 우리는 자기도 모르게 자기 힘을 상대에게 내준다. 이는 상대 역시 마찬가지다. 여기에서 분노가 나오고, 결국에 가서는 둘 다 무력해진 채 서로를 비난하고 죄의식에 빠뜨리는 결과가 빚어진다. 우리는 여기에서 이런 식의 준다는 행위와 특별함이란 순전히 증오를 사랑으로 위장하는 에고의 속임수라는 걸 알 수 있다. 이른바 사랑이라는 것이 불안과 절망, 두려움, 판단, 공격을 유발할 때, 이는 사랑이 아니라 특별함에 대한 에고의 집착이라고 확신해도 좋다. 그렇게 많은 관계들이 결국 깨지고 마는 것은 바로 우리가 '사랑'이라 부르는 변덕스러운 끌림이 '받기 위해 주는' 에고의 법칙에 근거해 있기 때문이다. 한 사람과의 그 특별한 사랑이 사그라져들면 우리는 다시 이를 대체할 다른 관계를 찾아 나선다. 그리고 이 새로운 관계에서 우리는 또다시 그 특별한 사랑이라는 주제의 연극을 처음부터 다시 시작한다.

특별한 관계는 결코 우리가 갈망하는 충만감, 가치감, 속해 있다는 느낌, 함께 있다는 느낌을 주지 못한다. 장담컨대 그것은 우리를 에고의 훌륭한 양식인 결핍과 외로움으로 이끌 뿐이다.

사랑에 빠지는 것

흔히들 사랑에 빠지는 것은 사랑의 자연스런 발로라고 믿는다. 그러나 진실은 이렇다. 사랑에 빠지는 경험은 사랑이 아니며, 하나같이 덧없다는 것이다. 정신과 의사들은 어린 시절에 형성된 에고 경계에 대해 이야기한다. 갓 태어난 아기는 세상에 나왔을 때 자기 몸과 자기를 둘러싼 환경을 구분하지 못한다. 어머니가 움직이거나 말을 할 때 아기는 자신이 움직이고 말을 하고 있다고 생각한다. 갓난아기는 아직 분리나 경계에 대한 감각을 습득하지 못했으므로 그에게는 모든 것이 하나이다. 아기는 자라나면서 어머니가 자신이 아니며, 자신으로부터 떨어져 있고, 자신을 잘 보살펴주는 때도 있지만 그렇지 않을 때도 있다는 걸 알게 된다. 자신이 다른 이들의 외부에 존재하는 분리된 자아임을 알게 되면서 아기는 비로소 자아 정체성을 형성하기 시작한다. 아기는 자기 몸을 비롯해, 목소리, 느낌, 생각이 자신의 것, 자기 혼자만의 것임을 알게 된다. 에고 경계는 우리 마음속의 이 같은 한계에 대한 인식에서 그어진다. 에고 경계는 건강한 개인이 되는 데 매우 중요하다고 여겨지지만, 사실은 우리를 속박하는 것이다. 우리가 온전하고 사랑받는 존재이며 가치 있고 지지받는 존재라는 느낌을 갖지 못하게 제한하는 것이다. 고립과 외로움은 이러한 에고 경계의 부산물이다.

우리는 때로 삶에서 단단한 에고 경계가 일시적으로 무너져 내리는 위태로운 경험을 하고, 그런 위험에 예외 없이 따르는 행복감과 소속감을 경험할 때가 있다. 스캇 펙M. Scott Peck은《아직도 가야 할 길The Road Less Traveled》에서 사랑을 이렇게 정의한다.

사랑에 빠지는 경험은 우리에게 바로 이러한 도피를 일시적으로 가능하게 해준다. 사랑에 빠지는 현상의 본질은 개인의 에고 경계 한 부분의 갑작스러운 붕괴로서, 이는 자신의 정체성을 상대방의 정체성과 융합할 수 있게 해준다. 자기 자신으로부터의 갑작스러운 풀려남, 사랑하는 이에게 자기 자신을 격정적으로 쏟아 부음, 그리고 이 에고 경계의 붕괴에 따른 외로움의 극적인 종료를, 우리 대부분은 몰아경의 상태로서 경험한다. 나와 내가 사랑하는 그 사람은 하나다! 외로움은 더는 없다![9]

갓난아기였을 때 느꼈던 하나된 느낌, 소속되어 있다는 느낌, 그 더 없는 행복감이 되살아나고, 이제 자신의 잃어버린 반쪽을 찾았으니 어떤 문제도 다 넘어설 수 있다는 자신감이 들면서 무엇이든 할 수 있을 것 같은 기분이 된다. 자신을 온전하게 해줄 구원자를 드디어 찾았고, 이제부터는 행복해질 일밖에 없다고 굳게 믿는다. 이때 특별함이라는 망상이 우리의 인식 능력을 심각하게 방해하고 나선다. 상대의 특별함을 찾아 자신의 특별함과 맞바꾸는 거래가 시작되고, 이와 함께 '받기 위해 주는' 역기능적 순환이 시작된다. 상대적으로 짧은 지복의 시간이 끝나면 내리막의 소용돌이가 이어진다. 에고 경계가 재빨리 회복되며, 우리는 서로가 분리된 두 존재라는 현실을 마주하면서 사랑에 빠졌던 속도만큼이나 빨리 사랑에서 빠져나온다. 그리고 이 관계를 지속할지 말지를 결정한다.

하지만 우리는 특별한 사랑이라는 모습으로 작동되는 이 순환을 단번에 깨뜨릴 수 있다. 깨어 있는 사랑(앞의 '깨어 있는 사랑' 부분을 보라)을 하고 또 '주기'로 마음을 다해 신중하게 결심한다면 말이다. 사랑에 빠지는 느낌은 낭만적일 수 있지만, 그 상황이 곧 진정한 사랑이라 믿는다면 우리는 속고 있는 것이다. 깨어 있는 사랑은 사랑이라는 '감정'이 진정한 사랑을 뜻한다는 순진한 생각을 무색케 한다. 감정적으로 그리고 영적으로 성장함에 따라 우리는 "진정한 사랑은 종종 사랑의 감정이 일지 않는 상황에서 생겨난다. 즉 우리가 사랑의 감정을 느끼지 않음에도 사랑으로 행동할 때 생겨난다.…… 사랑에 빠진다고 해서 그 사람의 한계나 경계가 확장되는 것이 아니다. 그것은 에고 경계의 부분적인, 일시적인 붕괴일 뿐이다. 경계가 확장되려면 노력이 필요하다. 하지만 사랑에 빠지는 데는 노력이 필요하지 않다.…… 진정한 사랑은 자아가 영원히 확장되는 경험이다. 사랑에 빠지는 것으로는 그렇게 되지 않는다"[10]는 것을 깨닫게 된다. 원상회복의 길로 향하는 훌륭한 기회가 된다는 점만 빼면, 사랑에 빠지는 행위는 우리의 영적 발전을 돕거나 촉진하는 일과는 전혀 무관한, 오히려 자기를 한계 짓는 행위이다.

앞서 말했듯이 사랑에 빠지는 것은 에고 경계 일부분이 일시적으로 붕괴하는 것이다.(그림 4-2) 그것은 조건 없는 진정한 사랑의 경험이 아니다. 따라서 행복감은 서로의 에고 경계가 원래의 편협한 장벽을 다시 되살려내는 순간 사그라질 수밖에 없다. 이런 사랑을 우리는 '특별한 사랑'이라고 부른다. 이런 사랑은 조건적인 사랑이고, 조건적이기 때문에 무의식

사랑에 빠지기 전 : 분리된 두 자아

사랑에 빠짐 : 일시적인 에고 경계의 붕괴는 진정한 사랑의 '망상'을 만들어낸다. 그러나 두 사람은 서로를 보고 있지 않다. 오히려 그들이 보는 것은 에고의 투사된 현실이다.

사랑에서 빠져나옴 : 두 사람이 깨어 있는 사랑으로 들어가지 않는 한, 에고 경계는 재빨리 회복되고 사랑은 끝나게 된다.

그림 4-2 사랑에 빠지는 것

중에 주기보다는 받으려고 하는 편협한 사랑이다. 그 감쪽같은 변장 때문에 우리한테는 꼭 사랑처럼 보이지만 말이다. 그에 반해 깨어 있는 사랑은 자신의 무조건적인 확장을, 다시 말해 아무런 조건도 붙이지 않고 그냥 줄 것을 요구한다.

진정한 사랑은 잃어버릴 수 없다

관계에 대해 생각할 때 우리는 그 궁극의 목적이 무엇인지 진정으로 탐구해 보는 일이 거의 없다. 중요한 누군가를 만날 때 의식적으로 제기하는 질문 중 가장 하지 않는 질문이 바로 "이 관계에서 서로 공통된 목적이 무엇인가?" 하는 것이다. 보통은 무의식적으로 서로의 공통된 목적이 사랑이라고 믿도록 자신을 속이지만, 이때 '사랑'이라는 말의 진정한 의미에 대해 질문을 던져보는 경우는 드물다. 과거 우리가 맺은 대부분의 관계는 특별함을 좇는 에고의 사랑, '받기 위한 줌' 혹은 다양한 조건에 기반한 것이었다. 우리 대부분은 진정한 사랑, 깨어 있는 사랑, 조건 없는 사랑에 친숙하지 않다.

특별한 관계의 기본 목적은 늘 배타성을 띤다. 두 사람이 마음속에 상대보다 자기가 더 특별하게 느껴지려는 무의식적인 속셈을 갖고 있기 때문이다. 둘은 각자 특별함이라는 개인적 목적을 추구한다는 점에서 동반자 관계에 있다. 그 관계의 근본에는 각자 자신만의 이기적 목적을 갖고 있는 두 개체가 있다. 겉보기에 공통되어 보이는 목적—행복해지자는 것, 가정을 꾸리거나 사업을 시작하자는 것, 성공하자는 것 등—으로 관계를 정당화하는 복잡함이 여기에 덧보태진다. 이 모든 혼잡함의 뿌리에는 개인적 특별함 혹은 거짓 가치감에 대한 채워지지 않는 갈증이 있다. 불완전한 두 사람이 서로에게 특별한 관심을 요구하고 그것으로 자신의 결핍을 채우려고 만난다. 표면상으로는 대부분의 관계들이 서로 함께하고 있다는 느낌을 주는 것 같지만, 그들은 (무의식적으로) 비밀리에 합의한 협동 노력 뒤에 어김없이 숨은 의도를 감추고 있다. 이 모든 가면 아래에는 각자 자기의 특별한 에고 욕구에만 골몰하는 두 사람이 있으며, 만일 한 사람의 에고 욕구 때문에 상대방의 특별한 에고 욕구가 충족되지 않는다면 그 상대방은 앙갚음으로 자기 사랑을 거두어들일 것이다.

이렇게 우리는 사랑과 증오가 뒤섞이는 듯이 보이는 딜레마를 흔히 겪는다. 어떻게 사랑이 증오로 변할 수 있는 것일까? 보이지 않게 잘 감추기는 했지만 애초부터 이기적인 속셈을 가지고 접근한 경우가 아니고서는 말이다. 이른바 사랑하는 관계(연인, 가족, 친구)가 흉한 다툼으로 인해 자신에게도 상대에게도 상처만 남기는 쓰라린 전쟁터로 변해버리는 것을 우리는 얼마나 많이 보아왔는가?

진정한 사랑은 결코 끝나는 법이 없다. 이 세상 그 무엇도 그것을 종결시킬 수 없다. 만일 어떤 관계가 손쓸 수도 없이 파탄이 나버렸다면, 실은 그들 사이에서는 관계가 시작된 적이 없으며 단지 특별함을 더 갖겠다고 겨루는 두 에고만이 있었을 뿐이다. 사랑으로 굳게 이어졌던 관계가 시간이 지나 깨지는 것처럼 보인다면, 처음부터 사랑이라는 것이 존재하지 않았다고 보는 것이 정확하다. 사랑은 영원하며, 불변하고, 계속 확장되어 나아간다. 사랑을 바꾸기란 불가능하다. 그것을 끝내는 것도 불가능하다. 그러나 거짓 가치감을 더 이상 지탱해 주지 못하는 특별한 관계를 그만두는 것은 얼마든지 가능하다.

가혹하고 잔인한 말로 들릴지 모르지만, 우리가 흔히 관계가 깨졌을 때 잃어버렸다고 고통스러워하는 그 무엇은 한마디로 에고의 특별함에 다름 아니다. 어린 시절의 고통, 나아가 상처로 남은 과거의 '그 모든' 경험 역시 중심에는 특별함의 좌절 혹은 손상이 있을 뿐이다. 우리 자신의 순수하고 순결한 현실인 통합된 자아는 어린 시절의 어떤 고통에도 영향을 받지 않고 티끌만한 해도 입지 않는다. 망가진 것은 오직 특별함에 대한 우리 에고의 감각이며, 그러기에 우리는 무의식중에 그 아픔에 대한 치유책으로 특별한 관계를 찾는 것이다.

실제로 심리학자들은 우리가 부모의 부정적 성향과 긍정적 성향을 모두 보여주는 상대에게 끌린다는 것을 알고 있다. 우리는 스스로 의식하지 못하지만, 우리로 하여금 과거를 치유하도록 자극하는 상대의 특별한 특성에 끌린다. 안타깝게도 우리는 특별함을 어떻게 치유해야 하는지 잘 모르므로 늘 특별한 사랑이라는 덫에 걸려들고 만다. 처음에는 분명히 사랑인 것 같았지만 결국에는 증오로 끝나버린 모든 연애는 애초부터 진정한 사랑이 아니었다. 왜냐하면 진정한 사랑, 깨어 있는 사랑은 특별함이 목적인 관계에는 결코 발을 들여놓을 수 없기 때문이다. 진정한 사랑을 잃었다는 사람은 없다. 진정한 사랑은 잃어버릴 수 있는 것이 아니기 때문이다. 만일 사랑을 잃은 적이 있다고 믿는다면, 우리는 진실을 보아야만 한다. 우리가 잃어버린 것은 사랑이 아니라 특별함이라는.

　　관계의 망상적 특별함에 사로잡힌 많은 이들이 자신들이 사랑하거나 흠모하는 사람에 대해 안다고 말한다. 그러나 겉으로 드러난 것 이상을 보게 된다면, 상대가 그러했듯 우리 역시 서로의 궁극적 실재를 알려고 시작하지조차 않았을 가능성이 크다는 것을 알게 될 것이다.

　　예를 들어 만일 우리가 무의식적으로 에고의 명령에 따라 살고 사랑을 한다면, 우리는 자동적으로 통합된 관계보다는 특별한 관계를 만들어 나갈 것이다. 그것이 에고가 하는 일이기 때문이다. 두 에고가 하나의 관계 안에 합쳐진다. 이 관계 안에서 그들은 서로에게 유익함도 주지만, 각자 상대를 희생시켜 자신의 특별함을 모아들이고 유지하려는 별개의 목적을 갖고 있음은 숨긴다. 받기 위해 주는 자신을 정당화하면서 그들은 무의식적으로 이 목적을 이뤄나간다.

　　특별함은 우리가 아주 어린 시절부터(더 정확히 말하자면 영겁 이전의 '분리' 당시부터) 지니고 살아온, 그 누구도 질문해 본 적 없고 의심해 본 적

없는 파괴적인 개념이다. 간단히 말해, 출생 이후로 자신의 특별함에 흠집을 낸 사람은 모두 우리의 기억 속에 유령 같은 "그림자 형상들"[11]—과거의 그림자들—로 남아 있으며, 우리는 무의식적으로 이 사랑 아닌 생각을 지금 자기가 사랑하는 사람에게 덧씌운다.

누군가를 만날 때 우리는 그 사람을 실제 모습대로 보지 않는다. 우리가 보는 것은 이 사람의 실재에 덧씌운 자신의 과거 그림자, 우리의 특별한 욕구를 충족시켜 줄 수 있을지도 모르는 어떤 상이다. 우리가 사람들과 함께 있을 때 인식하는 것은 실은 우리의 과거이다. 우리는 순수한 지금 순간으로 온전히 들어가, 에고의 투사 없이, 사랑인 진리를 보는 일이 거의 없다. 타인에 대한 에고의 판단을 의식적으로 중지하는 것, 지난날의 모든 인식을 멈추고 분명하고 순수하게 상대와 함께 현재 순간으로 들어가는 것, 이것이야말로 상상할 수 있는 가장 훌륭하고 멋진 선물을 주고 또 받는 것이다. 이것이 사랑이요, 진정코 무결한 진리이다. 어떻게 그것을 아는가? 바로 이 순간에 한없는 평화와 기쁨이 흘러넘치기 때문이다.

통합된 관계 : 통합된 목표

깨어 있는 사랑으로 이루어진 관계, 깊고 영원한 가치를 주는 이 관계의 뚜렷한 특징은 두 사람이 공동의 목적 안에서 합해진다는 것이다. 이 목적은 피상적인 것이 아니다. 그것은 분리가 아니라 사랑이 확장되도록 한다는 것이다. 스캇 펙은 이를 다음과 같이 아름답게 설명했다.

나는 사랑을 이렇게 정의한다. 자신 혹은 상대방의 영적인 성장을 도우려는 목적으로 자기 자아를 확장시키려는 의지…… 행위는 그것이 기여하는 것으로 보이는 목적 혹은 목표—이 경우는 영적인 성장—의 관점에서 규정된다.…… 누군가 자신의 한계를 넓히는 데 성공했을 때 그는 존재의 더 넓은 상태로 성장해 들어간다. 따라서 사랑의 행위는 그 행위의 목적이 다른 이의 성장을 위한 것일 때도 자기 진화의 행위가 된다. 우리가 진화하는 것은 진화를 향해 손을 뻗침으로써이다.[12]

특별함을 좇는 에고 관계를 통합된 관계로 바꾸려면 우리는 하나의 공통된 목표 안에서 합해져야 한다. 우리는 알아차림 훈련을 통해서 의식적으로 상대방의 가장 큰 유익함을 심중에 둘 수 있어야 하며, 궁극적으로는 두 사람 모두의 치유를 목적으로 하는 관계를 만들어가도록 마음을 모아야 한다.

이 통합된 목적은 각자에게 자신의 모든 생각과 감정, 행동에 대해 백 퍼센트 책임질 것을 약속하라고 요구한다. 우리가 만일 사람들에게서 보는 바가 우리 자신의 투사이지 진실이 아님을 깨달았다면, 또한 이번 생에서 해방이란 사랑이 무엇인지를 다시 배우겠다는 우리의 절대적 동의에 달려 있음도 깨달을 것이다. 우리는 사랑에 대하여 아무것도 모른다는 것을 인정하게 되며, 우리의 통합된 자아와 연인을 통해 진리를 볼 수 있게 해달라고 보편적 영감에게 겸손히 청하게 된다. 우리는 모든 공격이나 판단이 변장한 사랑의 요청이며, 어떤 이유로도 반격을 정당화할 수 없다는 것을 우리는 기억하게 된다. 그런 것은 모두 잘못이다. 또한 우리는 주는 것은 '곧' 받는 것이라는 생각을 이해하고 신뢰하는 법을 알게 된다. 이 모든 것과 함께 우리가 붙들고 있는 제한적인 믿음이나 생각을 숨김없이 탐구하는 데 진력하게 된다. 그러한 생각과 믿음이 사라짐에 따라 마침내 그에 가려져 보이지 않던 사랑인 진리가 드러날 것이다. 그것들이 사실이 아님을 알게 되리라는 확신과 함께 말이다.

통합된 관계에 들어가는 것은 역사 이래 인간을 끈질기게 괴롭혀온 분리의 역기능적 지배를 되돌리는 과정이다. 이는 진화의 현 지점에서 우리가 이룰 수 있는 가장 기념비적인 도약이다. 합일이라는 목적을 함께한다는 것은 우리가 같은 목적을 갖고 있다는 뜻이다. 이는 '기꺼이' 우리의 의도를 일치시키고 같은 목적을 위해 노력을 쏟겠다는 것을 의미한다. 우리가 하는 것은 같은 목적을 향한 수단이 되며, 우리는 모든 것 안에서 똑같은 의미를 보게 될 것이다. 우리는 하나의 목표를 공유할 것이고, 이는 우리의 마음에 합일과 치유를 가져다줄 것이다. 스패로 아리카 비질은 이렇게 썼다.

"더 좋은 방법이 없을까요?"…… 당신이 원하는 관계가 오로지 통합된 관계뿐임을 깨달았다고 할 때, 실제로 어떻게 그 관계를 이룰 수 있을까? 어떻게 하면 진리와 통합된 목표를 가지고 또 다른 사람과 새로운 관계를 만들 수 있을까? 기존의 관계들을 어떻게 하면 사랑의 무한한 가능성에 활짝 열려 있는 관계로 변형할 수 있을까? 그 모든 관계는 하나의 단순한 질문에 의해 바뀔 수 있다. "더 좋은 방법이 없을까요?" "있겠지요.…… 아마도…… 잘 모르겠지만." "저는 더 좋은 방법이 있다고 확신합니다. 함께 찾아보도록 해요"라고 말하면서 당신 자신의 진리와 확신이 부드럽게 드러나게 할 때, 당신은 관계의 경이로운 변형으로 들어가는 것이며, 이때부터 치유가 시작된다.[13]

사랑으로 난 창문

특별함을 치료하는 데 가장 강력한 도구는 7장에서 더 자세히 다룰 주제인 '지금 순간'이나. 앞서 우리는 에고가 어떻게 과거에 대한 생각이나 미래에 대한 기대에 붙들려 있는지를 설명했다. 에고는 지금 여기에 존재할 수 없다. 지금 순간 속으로 융합될 때 우리는 시간을 빠져나가 영원 속으로 들어가기 때문이다. 이 순간 속에는 과거에 대한 어떤 생각도, 불만도, 한계도 없다. 다른 사람에게 투사함으로써 덧씌우는 일도 없다. 이 소중한 순간 속에서 우리는 판단으로부터 자유롭다. 지금 순간에 존재하는 것은 초월적 영역으로 들어가는 것이다.

그 모든 부정적 생각과 두려움, 믿음이 마음속에 존재하지 않는다면 우리는 다른 이들이나 우리 자신을 어떻게 대하게 될까? 두려움도, 고통에 대한 생각도, 화도, 좌절도 없다면 우리는 누구일까? 우리 생각과 믿음은 우리 자신이 아니다. 우리는 에고의 상태에서 이 현실을 투사했다. 그러나 이 현실의 어느 부분도 사실이 아니다. 만일 고통으로부터 벗어나기를 간절히 바란다면, 모든 고통은 에고의 생각과 그에 따른 믿음에 의해 무의식적으로 표현된 것임을 깨달아야 한다. 그것들은 너무도 사실 같고 진짜 같아 보인다. 우리의 믿음은 겉보기에 외부에 있는 듯한 세계에 의해 우리에게 즉시 되비쳐지기 때문이다. 이것이 지금껏 우리가 반복해 온 굴레요 현실이 되었다. 결국 우리는 현실이 진짜라는 증거를 보고 있다고 생각하지만, 그 중 어떤 것도 진짜가 아니다! 진실은 이렇다. 개인으로든 집단으로든 오늘날 현실 속에 존재한다고 인식되는 모든 고통은 우리가 왜곡된 생각과 믿음을 통해 투사한 것이다.

이 어리석음을 고치려면 우리는 지금 순간의 알아차림으로 들어오는 법을 배워야 한다. 진정한 겸손과 하나됨이라는 경이로운 경험을 할 수 있는 곳이 바로 그곳이기 때문이다. 이 순간에 참조해야 할 과거는 아무것도 없으며, 우리는 아무런 제한도 받지 않는다. 따라서 어떤 판단도 끼어들 수 없다. 에고가 침묵하므로 우리 마음은 얼마든지 새로운 관점을 취할 수 있다. 우리가 바라보는 어떤 것도 과거나 미래로 더러워지지 않는다. 모든 것이 생생하게 살아있다. 사랑하는 사람들과 함께 있게 될 때, 우리는 그들을 과거에 있었던 일과 연루시켜서 보는 것이 아니라 오직 순간순간의 알아차림 속에서 그들을 대하기로 선택할 수 있다. 우리는 그들을 아무런 생각이나 판단 없이 바라보면서, 우리의 왜곡된 인식이 너무도 오래도록 숨겨왔던 진리를 그들의 통합된 자아가 아름답게 드러내도록 할 수 있다.《기적 수업》은 이렇게 말한다.

> 그의 것이건 그대의 것이건 그대가 인식하는 과거에 전혀 기준을 두지 않고 모든 이를 바라보라고 배웠을 때, 그대는 지금 보고 있는 것에서 배울 수 있을 것이다. (그의 과거는 지금 아무 진실도 가지고 있지 않으므로, 그대는 그것을 볼 수 없다.)…… 기적은 그대로 하여금 그대의 형제를 그의 과거 없이 볼 수 있게 하며, 그리하여 그를 다시 태어난 것으로 인식하게 한다. 그의 잘못은 모두 지나갔고, 그를 아무 잘못도 없는 사람으로 인식함으로써 그대는 그를 해방시키고 있는 것이다. 그리고 그의 과거는 그대의 것이기에, 그대는 이 해방 안에 함께 있다.[14]

온전히 지금 순간으로 들어올 때 우리는 "시공간의 장벽이 들려 올라가며, 돌연 평화와 기쁨을 체험하고, 무엇보다도 육체를 지각하지 않는……"[15] 경험을 하게 될 것이다.

관계를 변형시키기 위한 결심

간혹 사랑하는 사람이 아직 변화의 필요를 느끼지 못했거나 바라지 않는데도 그와의 특별한 관계를 꼭 변화시키겠다고 결심하는 경우가 있다. 이처럼 우리는 변화를 원하는데 상대는 원하지 않는다면, 인내심을 갖고 기다리는 것이 좋다. 상대방을 끌고 가려 하거나 밀어내려는 모든 행위는 상대의 저항을 부추기고 그들에게 두려움을 일으킬 뿐이다. 우리에게 필요한 것은 오직 통합된 관계에 대한 진심어린 지향을 보편적 영감에게 맡기는 것뿐이다. 우리가 온전함을 청하는 순간은 곧 우리의 청이 받아들여지고 변형이 시작되는 순간이다. 통합된 관계가 나아갈 통합된 목표를 찾아내는 자기만의 방법이 모든 관계에는 있을 것이다. 만일 우리가 진심을 가지고 끈기 있게 임한다면, 결국 우리는 우리 마음속의 파괴적인 생각과 제한적인 믿음을 탐구하면서 자기만의 목표를 향해 나아가게 될 것이며, 사랑의 현존을 알아차리지 못하도록 가로막는 장애물들을 제거하고자 노력하게 될 것이다. 인내심을 갖자. 그리고 지금의 괴로움을 사랑과 받아들임의 생생한 교사가 될 수 있는 기회로 보자. 더 낫게 변해가는 우리의 모습은 상대에게는 무한한 사랑이라는 이 통합된 목적에 동참하라는 열린 초대가 된다.

가끔 두 사람이 특별한 관계로부터 통합된 목적의 관계로 나아가기로 결심하고 노력하는데도 기대하지 않은 결과가 나오는 수가 있다. 때로 둘 중 한 사람이나 둘 모두가 특별한 사랑이라는 조건적인 사랑에 집착해 변형을 포기해 버리기도 한다. 진정한 사랑의 변혁이 일어나는 데 필요한 능력이나 의욕이 부족할 수도 있다. 이런 일이 생기면 관계는 예전의 모습에 머물러 정체되기도 한다. 아니면 둘 중 한 사람 혹은 둘 모두가 다른 특별한 관계에서 예전의 낡은 목표를 찾겠다고 떠나 관계가 깨어지는 일도 자주 일어난다.

연인 관계가 깨어질 때 대개는 몹시 슬프고 괴롭다. 특별한 관계에서 통합된 관계로 변화하려고 시도했을 경우라면 더욱 그렇다. 이 경우 결별

이 두 사람 사이에서 진정한 사랑이 충분히 자라나지 못한 데서 비롯되었음을 깨닫는 것이 중요하다. 진정한 사랑은 자기 자신을 넓혀나감으로써만 늘어날 수 있다. 우리가 용서(나 자신과 상대 안에 있는 에고의 잘못을 보아 넘겨주는 것)하고, 감사하고, 인내하고, 조건 없이 주고, 귀 기울여 듣고, 정직하게 의사소통하며, 또 거기에 아무런 조건도 붙이지 않을 때, 즉 답례로 뭔가를 돌려받겠다는 숨은 의도가 없을 때 비로소 우리는 진정한 사랑을 확장시켜 나아갈 수 있다. 깨어 있는 사랑의 기적은 그 조건 없는 확장을 통해서 확인되며, 관계를 변화시켜 나아가는 초기 단계에서는 극도의 인내와 관대함이 필요하다.

친밀함

통합된 관계를 시작하려 할 때, 이것이 미지의 영역으로의 급진적 전환임을 명심하면 도움이 될 것이다. 우리의 목표는 누구에 의해서도, 무엇에 의해서도 위협받지 않는 변함없이 굳건한 사랑을 얻는 것이지만, 한편으로는 에고의 방어, 판단, 변명, 정당화, 투사, 부정, 분개, 원망, 비난, 결핍감을 비롯한 모든 공격을 내려놓는 것이 병행되어야 한다. 우리가 진정으로 열망하는 것이 깊고 영원한 사랑이라면, 우리는 다른 사람과 내 안에 그 사랑이 현존함을 알아차리지 못하게 가로막는 장애물을 제거하는 데 기꺼이 협조해야 한다. 이는 곧 진정한 친밀함은 성관계나 육체적 · 감정적인 가까움 이상의 것임을 배워야 한다는 뜻이다.

'진정한' 친밀함, 즉 온전해지겠다는 공통된 목표를 가진 두 사람의 만남은 자신을 방어하겠다는 마음을 내려놓는 법을 배우는 데서부터 시작한다. 사랑하는 이에게 나 자신을 열어 보이고, 솔직하고 연약한 모습을 그대로 내보임으로써 우리는 사랑으로 난 문을 연다. 이렇게 자기를 엷으로써 우리는 자기 인식과 자기 사랑을 얻는다. 우리 자신과 근원을 신뢰하는 법을 배운다. 진정한 친밀함을 지속해 나아가는 것은 자신의 진정한 본성에 접근하는 법을 배우는 것에서 시작된다. 그러나 많은 이들은 그보다는 짧은 성적인 만남이나 육체적·감정적 친밀감을 구하는 헛된 순환 속에 갇혀버린다. 우리는 이러한 외적인 만남이 우리가 갈망하는 것을 주리라고 착각하지만, 자기 안에서 찾아야 하는 것을 그런 데서 얻을 수는 없는 일이다. 그래서 그토록 많은 이들이 시간이 지나면 사랑이 시든다고 느끼는 것이다.

방어 없는 사랑을 연습할 때 우리는 자기 안에서 친밀함을 발견할 수 있다. 방어하고 숨기고 부정해야 한다고 착각하는 모든 것은 결국 우리가 그토록 갈망하는 사랑을 가로막을 뿐이다. 젯 새리스Jett Psaris와 말레나 리온스Marlena S. Lyons는 《방어하지 않는 사랑Undefended Love》에서 친밀함에 대해 이렇게 말한다.

우리는 일상이 되어버린, 열정 없고 툭하면 싸움으로 치닫는 관계를 뛰어넘기를 간절히 원하지만, 자기 방어적인 낡은 존재 방식을 깨고 자유로워지는 데 필요한 개인적 위험을 감수하기는 두려워한다. 우리는 그 대신 감정적으로 안전하고 편안하며 통제할 수 있는 관계 안에 머무르는 쪽을 택한다. 상대의 행동을 바꾸려 한다든지 '더 나은' 상대를 찾으려고 한다든지 하는 방식으로는 원하는 관계를 얻지 못한다는 것을 깨달을 때, 우리는 비로소 상대와 깊고 풍요로운 관계를 만드는 데 꼭 필요한, 자기 탐구라는 만만찮은 작업에 들어가게 된다.

그러면서 우리는 두려움을 참는 법, 방어라는 낡은 습관을 끊는 법, 상대를 자기 식대로 조종하려는 마음을 내려놓는 법을 배우게 되고,

우리가 하는 경험의 더 깊은 층을 알아차리게 된다. 친밀함은 자신이나 상대방을 고치거나 통제하려고 하는 데서가 아니라 자신을 발견하는 데서 찾아진다. 우리는 남에게 보이기 전에 우리 자신에게 보여야 한다. 우리는 타인에게 마음을 다치기 전에 스스로를 돌볼 줄 알아야 한다. 그리고 다른 누군가와 친밀해지기 전에 스스로 현존할 수 있어야 한다. 모든 가식을 내려놓고 방어하지 않는 마음으로 관계할 때, 그제야 우리는 진정한 자신 그리고 상대방과 그토록 갖고 싶어 했던 그 분명한 연결을 발견할 수 있다.[16]

갈등의 해소

우리의 제한된 특별한 관계를 통합된 관계로 변환시키려면 최초의 변화가 필요하며, 이러한 변화는 처음에는 사랑이 아닌 것처럼 보일 수 있다. 분리되고 특별하기를 원하는 데 너무 익숙해서, 자신이든 상대방이든 이러한 특별함을 거두어들일 때 그것은 사랑 자체가 거두어지는 것이라고 생각하기 쉽다. 우리는 너무도 오랫동안 가짜 사랑을 진짜라고 여겨왔고, 통합된 관계를 통해 진심으로 관계 맺는 법을 배우면 얼마나 좋은지 본 적도 느껴본 적도 없다.

분개나 화, 판단에 근거한 갈등을 해결하려면 지금까지와는 전혀 다른 접근이 필요하다. 평화가 사라졌다는 첫 신호가 보이거든, 새로워진 관계라는 목표를 향해 나아갈 기회가 주어졌음을 알라. 우리는 그때 역기능적으로 반응하는 대신, 다음과 같은 단순하지만 심오한 변형의 단계들을 밟기로 선택할 수 있다.

· 평화의 상실은 둘 간의 공통된 목표를 의식적으로 기억해 내기 위한

기회라고 즉시 해석한다.

- 자신에게 물어본다. "이것으로부터 내가 원하는 것은 무엇인가? 이것은 무엇을 위한 것인가?"
- 이런 상황이 벌어진 것은 오직 에고를 너그럽게 보아 넘겨줄 기회를 우리에게 한 번 더 주기 위한 것임을 스스로에게 상기시킨다. 즉 그것을 실재로 받아들이지 않는다.
- 공격을 하지도 않고 받지도 않겠다고 다짐한다.
- 지금 순간으로 돌아와, 사랑하는 두 사람의 통합된 자아나 여러분이 받아들인 통합된 목표가 이 같은 갈등으로 인해 가려지지 않는다는 사실을 정확하게 알아차린다.
- 어떤 경우에도 오로지 진리만을 보게 해달라고 청한다.

갈등은 에고 수준에서 풀어서는 치유될 수 없다. 늘 하던 방식으로 접근해서는 문제의 원인을 악화시킬 뿐이다. 평화 상실의 신호를 발견했을 때는 즉시 의식적으로 마음을 전환하라.(6장의 '두려움을 불러일으키는 조건들이 없어지게 해주소서' 부분을 참고하라.) 즉 평화에 대한 모든 위협을 평화와 합일, 용서, 그리고 잘못에 관대해지기라는 우리의 목표에 더욱 충실할 기회로 삼는 것이다. 스스로에게 다음과 같은 단순한 물음을 던져보자.

- 나는 평화를 원하는가, 아니면 에고로 하여금 자기가 옳다고 생각하게 허용함으로써 생기는 혼돈을 원하는가?

이 과정을 따른다면 다음과 같은 것이 가능해진다.

- 에고가 갈등을 탐닉하는지 늘 깨어서 바라보고 그럴 때마다 에고를 내려놓고자 마음을 모으게 돼 모든 갈등을 치유할 수 있다.
- 모든 갈등은 우리 자신의 은폐된 죄의식—우리 바깥으로 늘 투사되는—에서 생겨난다는 것을 기억할 수 있다.
- 새로운 결심을 하기 전에 나온 초기의 반응을 개인화하지 않으며, 상황 속의 사소한 잘못들은 보아 넘길 수 있다.
- 인식된 문제의 진짜 근원이 결코 우리 바깥에 있지 않음을 알고, 평화를 선택하기로 결심할 수 있다.

갈등이 일어났다면 둘 중 누구든 정신을 더 똑바로 차리고 있는 쪽이 자신들의 목표를 기억해 내고, 그 자리에서 변형을 청하며, 지금 순간으로 들어와야 한다. 이는 자신과 상대방 양쪽 모두를 위한 것이다. 분리와 갈등이 우리 바깥에 있다는 믿음이 없어질 때까지 우리는 이 갈등 해소 과정을 계속해서 반복해야 한다.

통합된 관계의 목표는 서로를 해방시켜 주는 것이다. '해방시킨다'라는 말은, 우리가 불안전한 환경 속에서 살아가는 이원성의 인간일 뿐이라는 거짓 믿음으로부터 서로를 자유롭게 해주는 것을 뜻한다. 이러한 관계에서 우리는 상대방이 나와 분리되어 있지 않음을 알게 된다. 즉 그가 '곧' 나인 것이다. 우리는 계속해서 에고를 관대히 보아 넘김으로써 결국 상대방으로 하여금 자신이 무한하고 통합된 자아임을 깨닫게 한다. 상대방은 이 진리를 깨우치고, 둘이 서로 연결되어 있다는 인식에 걸맞은 삶을 살아갈 것이다. 나에게 조건 없이 사랑받는 그는 그 자신의 통합된 자아 인식이라는 선물을 나에게 되돌려준다. 우리는 함께 우리가 하나임을 발견한다.

진리에 먼저 헌신하기

　　우리는 상대와 이야기를 나눌 때 거의 언제나 대화 자체가 그 결과를 결정하도록 내버려둔다는 사실을 알고 있는가? 예를 들어 감정적으로 뒤엉킨 대화에 깊이 빠져 있을 때, 우리는 보통 어떤 생각을 하는가? 자신의 욕구를 채우기 원하는 에고에 이끌려 우리는 자신이 어떤 신념이나 가치, 의견을 갖고 있든 그것을 보호하려 들 것이다. 에고를 따른 결과는 어떤가? 어떤 결과가 나올지 종잡을 수 없을 것이다. 에고의 욕구가 충족된다면 결과가 좋아 보일 테고, 그렇지 않다면 결과는 공격, 비난, 죄의식이 될 것이다.

　　에고는 소통할 때 자기만의 숨은 의도를 갖고 있으며, 자신의 호오好惡에 따라서 상황 자체가 결과를 결정하도록 놔둔다. 이러한 의사소통의 결과가 어찌될지 모르기 때문에, 이 과정은 우리를 분리로 이끈다. 상대와 대화를 할 때 우리는 의사소통에 도움이 되는 목표를 먼저 정하고 시작함으로써 이와 같은 에고의 절차를 뒤바꿔야 한다. 대화를 시작할 때는 언제나, 특히 좋지 않은 감정을 일으키겠다 싶은 때에는 더욱더, 상대와 함께 이루려는 '목표'가 무엇인지—그것은 어느 경우에도 평화라는 것—를 상기할 필요가 있다. 목표가 평화임을 자각할 때 우리는 일어났으면 하는 것을 미리 정할 수 있다. 그러면 상황은 그 바라는 바를 '실현'하기 위한 수단으로 보인다!

　　특별함의 '내용'이 결과를 결정하게끔 내버려두지 마라. 가만 놔두면 에고는 반드시 사람들과의 관계를 망쳐놓을 것이다. 에고가 아니라 진리에 헌신하겠다고 결심하는 것은 당신에게 달려 있다. 실패했다고 느끼거든, 스스로를 용서하고 다시 시작하라.

우리가 몸이라는 착각

연인 관계에서 우리는 몸(고치)에서 참자아(나비)로 인식의 전환을 이룰 것을 요구받는다. 우리 문화는 진정한 본질과 목적에는 관심이 없고 몸에만 모든 초점을 맞추고 있다. 앞서 '특별한 관계란 무엇인가?' 부분에서 우리가 어떻게 특별함의 포로가 되는지 이야기했다. 에고의 본성 때문에 우리는 조건 없이 주기보다는 얻기를 무의식적으로 추구하는 것이다.

몸도 에고와 마찬가지로 망상이다. 따라서 몸을 만족을 얻는 수단이라고 믿으며 그것을 자신과 동일시할 때, 우리는 분리와 혼돈을 불러들이게 된다. 몸은 고치처럼 일시적이며 변화를 계속하는 껍데기에 지나지 않는다. 이 세상에서 몸이 가진 단 하나의 목적은 소통―즉 사랑의 소통―을 돕는 것이다. 몸을 공격하거나 판단하는 데 쓰는 것은 몸을 잘못 사용하는 것이다. 고치를 나비로 착각하는 것은 오해도 아주 큰 오해이다. 그러나 실패한 연인 관계들은 너나없이 고치를 나비로 착각한 데서 비롯된다.

우리는 서로 관계를 맺고 살아가는 고치들이 아니다. 우리가 찾는 것은 껍데기 너머 나비를 보고 그 나비를 자유의 몸이 되게 하는 것이다. 자기 자신과 사랑하는 사람 모두를 위해서 말이다. 사실 우리가 만나는 사람들은 모두 우리에게 본질로 보이기도 하고 고치로 보이기도 한다. 그들을 볼 때 우리는 자신을 본다. 길에서, 직장에서, 버스에서, 어느 곳에서든 날마다 사람들을 만난다. 이 만남은 결코 우연이 아니다. 이 모든 만남은 에고를 보거나, 아니면 통합된 자아를 볼 수 있는 기회이다. 인식의 크기만큼 우리는 본다. 에고를 넘어 무한한 완전함을 볼 때, 통합된 자아의 무한한 완전함이 우리에게 되비춰진다. 진심에서 나온 소박한 웃음 하나도 무한한 사랑으로 가득 차 있다면 그것은 깊은 감화를 준다. 무엇이든, 우리는 주는 것을 받는다.

비약적 용서

특별한 관계를 통합된 관계로 바꾸는 데 도움이 되는 가장 값진 선물은 아마도 기꺼이 용서하려는 마음일 것이다. 진정한 용서는 우리가 지금껏 용서라는 말로 이해하던 것과는 완전히 다른 의미를 띤다. 일상적으로 쓰는 용서라는 말은 에고 차원의 용서이다. 우리가 맨 처음 보는 것은, 어떤 사람이 죄를 지었고, 그 사람이 비난과 처벌을 받을 만하다는 사실이다. 그러나 우리는 그들을 용서하고 비난하지 않기로 마음먹는다. 그 다음으로, 이 죄 때문에 우리는 자신을 더욱 특별하게 혹은 우월하게 바라본다.

에고의 관점이 가진 문제는, 죄 지은 이를 에고가 비난하고 있으며 그의 죄를 기정사실화한다는 것이다. 그리고 나서는 그 죄를 용서하는데 이렇게 용서함으로써 에고는, 우리를 힘없고 결백한 희생양이라고 여겨 더 우월한 지위에 놓는다. 다시 한 번 에고는 분리하고 판단한다. 이것이 에고의 용서이다.

'비약적 용서quantum forgiveness'라는 말은 게리 레너드Gary Renard 가 새로운 개념의 용서라는 매우 변형적인 경험을 표현하기 위해 쓴 말이다.[17] 이러한 용서는 보편적 영감의 힘이 깃들어 있는 기적의 동력이다. 만일 작은 생각 하나가 오랜 세월 키워온 고통을 일순간에 사라지게 하고 즉시 영원한 하나됨의 상태를 가져다준다면, 그 작은 생각은 다름 아닌 참된 용서일 것이다.

비약적 용서를 실천할 때, 현실에서 나올 수 있는 반응은 두 가지뿐이다. 하나는 사랑을 표현하는 것이요, 하나는 사랑을 구하는 것이다. 대개 후자는 겉보기로는 누군가 어떤 식으로 공격을 하고 있는 것처럼 표현된다. 비약적 용서는 에고의 망상 너머를 보며, 그곳에 있는 유일한 현실, 즉 죄란 사랑에 대한 요청이며, 그렇기에 사랑의 반응을 받아야 하는 것임을 인정한다. 이것은 애초에 어떤 죄도 발생하지 않았음을 깨달으라고 요구한다. 죄 같은 것은 없다. 다만 에고의 무지로 인한 잘못이 있었을 뿐이다. 해결책은 잘못을 사실로 만듦으로써 그것을 더욱 강화하는 것이 아니라, 잘못을 관대하게 보아 넘기고 보편적 영감에게 에고가 즐거워할 맞비난이나 판단 같은 온갖 공상에서 우리를 막아달라고 간청하는 것이다.

연인이나 그 밖에 사랑하는 사람이 당신을 판단할 때, 당신이 반응하는 모든 판단은 곧 당신 자신의 판단, 상대의 적의에 찬 고발을 통해 당신에게 되비쳐지는 판단이라는 이 중요한 진리를 기억하라. 상대의 에고가 빚어낸 잘못을 관대히 보아 넘길 수 있다면, 당신은 진실로 당신 '자신'의 무의식적인 죄의식을 용서하고 치유하게 된다. 다른 이의 판단을 그저 '사랑에 대한 요청'일 뿐이라고 바르게 바라볼 때, 당신은 그들의 죄의식은 물론 당신의 잠재 의식 속에 있는 죄의식까지도 치유하는 것이다. 만일 단 한 순간이라도 에고를 떨어뜨려 놓을 수 있다면, '다름'이란 존재하지 않으며 우리가 '하나'임을 어렴풋하게라도 알 수 있을 것이다.

이때가 바로 소중한 지금 순간의 힘이 요청되는 때이다. 지금 순간은 분노나 실망을 느끼는 순간에도 의식적으로 평화와 명료함을 '구하라'고 요구한다. 이 소중한 순간 속에서 과거의 모든 감정과 생각, 믿음으로부터 벗어나게 도와달라고 청하고, 상대방을 볼 때도 그의 과거 모습과 연관 지어 보지 않기를 바라라. 상대를 잘못됨이 없는 새로운 사람으로 보라. 그러고 나서 평화와 사랑, 그리고 서로가 완전히 연결되어 있다는 데에 마음을 모으라. 이 순간 속에서 판단 없이 상대를 바라볼 때, 당신 역시 켜켜이 쌓여 있는 판단들로부터 풀려날 것이다. 이 순간 당신의 선물은 당신과 상대방을 모두 영원토록 자유롭게 할 것이다. 상대방의 풀려남은 곧 당신의 풀려남이다.

커다란 의미에서 볼 때, 이러한 관계는 용서라는 숨은 목적을 달성하라고 우리에게 주어지는 것이다. 이러한 관계는 개인 교실과도 같아서, 이 교실에서 해야 할 공부를 다 마치고 마침내 졸업할 때까지 매일매일 과제가 주어진다. 이를 위해서는 한눈파는 일 없이 성실해야 하며, 특히 목표에서 눈을 떼지 말아야 한다. 공격을 하거나 공격을 받고 싶은 유혹의 순간에도 늘 평화로워야 한다는 것, 이것이 우리의 목표이다. 이 사실을 깨닫고 나면 우리가 관계에서 힘들어하는 일들이 이제 눈에 보이는 것과는 다른 의미가 된다. 그런 일은 상대의 허물을 새롭게 바라보고 우리에게 행복과 평화를 선택할 기회를 준다. 공격이라고 생각되었던 것을 용서할 기회로 볼 수 있을 때 진실로 행복과 해방이 따라올 것이기 때문이다.

비약적 용서를 한다는 것은 상대의 에고 반응을 관대히 보아 넘긴다는 뜻이다. 그리고 망상적 자아의 불투명성을 꿰뚫어보는 능력을 키운다는 뜻이다. 이것은 주어진 상황을 개인적으로 받아들이지 않는 법을 배우는 것을 의미한다. 상황을 개인적으로 받아들이는 것은 그것을 해석할 책임의 주체로서 통합된 자아가 아니라 에고를 끌어들이는 것이기 때문이다. 명심하라. 망상에는 정도 차이가 없다. 따라서 공격을 받는 것은 공격을 하는 것과 똑같이 큰 잘못이다.

에고를 원상태로 되돌리기로 결심한 우리에게 비약적 용서는 해방으로 가는 가장 빠른 길이다. 서로 영향을 주고받을 수 있는 중요한 사람이 있다는 것은 용서를 연습할 완벽한 기회이다. 우리는 용서할 수 있는 기회를 많이 갖는 한편으로 좌절에 부딪히기도 할 것이다. 상대의 에고가 저지른 잘못을 관대히 보아 넘기는 식으로 용서를 하기는 하지만, 용서하고 있다는 느낌이 들지 않을 수 있다. 처음에는 이런 연습이 단지 용서하겠다는 의지에 따라 머릿속에서만 벌어지는 기계적인 과정처럼 느껴진다. 하지만 이는 보편적 영감과 함께 내린 결정으로, 평화는 즉시 느껴질 수도 있고 그렇지 않을 수도 있다. 때로는 상대의 명백한 공격에도 비약적 용서를 실천하고 그 결과 자유로워지는 것을 느꼈으나, 나중에 화나 상처가 다시 나타나는 수도 있다. 그러면 전에 용서한 것이 소용이 없었다고 생각하기 쉽다. 그러나 용서는 전에도 소용이 있었고, 앞으로도 늘 소용이 있다.

화나 상처가 안에서 올라올 때 우리가 할 수 있는 것은 그저 그것을 보편적 영감에게 맡기는 것뿐이다. 잘못을 관대히 보아 넘기려는 우리의 의식적인 지향은 지속적인 과정이다. 따라서 처음에는 그저 "실제로 될 때까지 그러는 척"해야만 하는 때도 있다. 당신이 행하는 비약적 용서는 늘 소용이 있다는 것을 믿고 마음을 편안히 가져라. 지금은 그렇게 생각되지 않을 수도 있지만, 그 놀라운 보상은 당신이 이 과정을 신뢰하게 될 때 스스로 모습을 드러낼 것이다.

시각화의 유용성

잠시, 한때 당신이 사랑과 분리되지 않은 채 절대적인 무아지경과 지복의 상태에 있었다고 상상해 보자. 그 다음, 순식간에 혼돈이 일어나, 당신은 갑작스럽게 무언지 알지도 못하고 안전하지도 않으며 외롭기까지 한 태고의 환경 속으로 던져졌다. 거기서 사랑의 언어는 외국어처럼 알아들을 수 없는 언어가 되었다. 당신은 거기서 140억 년을 보내며 힘겨운 진화의 과정을 거쳤고, 그 결과 바로 지금, 바로 여기에 있다. 그리고 지금 이 순간 섬광 같은 깨달음이 당신이 본래 머물렀던 지복의 상태에 대한 오래 전 기억에 불을 붙이고, 당신은 이것이야말로 당신이 시간의 시작부터 갈망해 오던 것임을 온전히 깨닫는다. 당신은 돌아서서 한 익숙한 얼굴을 바라보며, 그가 바로 이번 생에서 당신이 마지막으로 얻은 해방의 화신임을 깨닫는다. 에고라는 얇은 베일 아래, 눈부시고 훼손되지 않은 순결한 사랑의 확장이 존재하고 있다. 이 영혼이 '단 하나'의 목적, 바로 당신 둘 모두를 자유롭게 하기 위해 여기 있다.

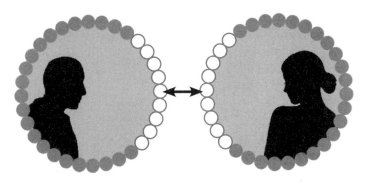

에고의 잘못을 관대히 보아 넘김.
우리가 한 번 용서할 때마다 에고 팔찌의 한 부분이 치유되며 구슬은 하나 더 투명해진다.
빛, 사랑, 평화, 기쁨은 더욱 투명해지는 결과이다.

그림 4-3 에고를 원상태로 되돌리기

전에 망상을 보았던 곳에서 진리를 볼 수 있을 때 당신은 자유로워진다.(그림 4-3) 연인의 모습을 하고서 당신의 통합된 자아를 비춰주는 이티 없이 깨끗한 거울에게 당신은 얼마나 큰 감사를 드려야겠는가!

그대와 형제는, 서로 떨어져 걸었고 어떤 곳으로도 이끌어주지 않았던 길고 무의미한 여행 뒤에, 함께 집으로 돌아오고 있다. 그대는 형제를 발견했으며, 그대는 각자의 길을 불 밝혀줄 것이다.…… 거룩한 관계는 시간을 단축시키는 수단이다. 형제와 함께 보낸 한 순간이 그대들

에게 우주를 회복시켜 준다.…… 그대와 형제들이 함께 있기에, 그대의 시간은 단축되었다.[18]

통합된 관계: 관계의 목적

통합된 관계를 만드는 데 필요한 것은 오직 하나, 바로 당신뿐이다. 이것은 '당신의' 꿈이기 때문이다. 즉 당신이 꾸는 꿈의 주체는 오직 당신뿐이기 때문이다. 보편적 영감의 사고 체계를 따르기로 결심할 책임은 전적으로 당신에게 있다. 따라서 통합된 관계에 들어간다고 해서 통합된 자아를 향한 여행을 시작하기로 결심했다고 다른 사람들에게 꼭 알려야 하는 것은 아니다. 이는 설교도 아니요, 다른 이의 잘못을 교정해 주는 것도 아니다. 모든 작업은 마음속에서 이루어진다. 통합된 관계는 어떤 만남이나 관계에서든 당신이 상대 안에 있는 당신 자신을 알아볼 때 일어난다.

그러한 통합된 관계의 시작은 단 한 순간(소중한 지금 순간)에 일어날 수 있다. 그 순간, 보편적 영감의 에너지가 들어와, 사랑의 현존을 알아차리지 못하게 막는 우리 안의 장애물들을 제거하는 작업을 시작한다.

통합된 관계는 상대의 특정한 태도나 신념에 상관없이 누구하고든, 몇 살에든, 언제든 시작될 수 있다. 우리한테 요구되는 것은 관계 안에 들어가 그 관계를 변형시키고자 하는 굳은 의지와 자세이다. 우리가 진실로 준비되어 있을 때 사람과 기회는 기적처럼 나타날 것이다. 그 사람은 부모, 자녀, 친구, 연인, 심지어 낯선 사람일 수도 있다. 이 작업을 시작한 쪽이 우리라면, 우리는 상대의 잘못을 용서하는 법을 배우면서 먼저 자신의 망상적 신념을 살피는 일부터 혼자 해나갈 수 있다. 처음에는 우리가 용서 작업 대부분을 하는 것처럼 보일지 모르지만, 사실은 그럴수록 우리가 더 많은 연습을 하는 것이요, 오히려 그 점에 감사할 수 있다. 운동선수로 뛰려면 일정한 훈련 기간이 꼭 필요한 것처럼, 이 작업을 위한 훈련 기간도 결코 가외의 것이 아니다. 그러한 훈련 기간이 없다면 우리는 목표에 도달할 수 없다. 이런 마음으로 훈련에 임할 때, 우리는 감사함 속에서 이 작업을 할 수 있다. 이때 훈련은 용서를 배워나가는 과정이 되며, 이 연습을 통해서 우리는 말 그대로 용서를 가르치게 된다. 판단이나 교정이 아니라 직접 보여주는 방식으로 가르치는 것이다. 실제로 우리는 우리가 가르치는 것을 배우며, 또 무엇을 배우든 그것을 가르친다.

특별한 관계를 포기하고 통합된 관계 속으로 함께 들어간 초기에, 우리는 종종 불일치와 갈등으로 가득해 보이는 난관에 맞닥뜨리곤 한다. 그것은 특별함이라는 과거의 각자 다른 목적이 그 반대의 목적, 즉 통합된 관계에 동참한다는 공동의 목적으로 너무 갑작스럽게 대체되었기 때문이다. 앞서 '갈등의 해소' 부분에서 말했듯이, 관계의 동력이 변함에 따라 우리는 더 이상 예전에 하던 역할을 하지 않게 되는데, 이는 처음에는 다소 불편하게 마련이다. 예전의 특별한 행동 패턴들이 통합된 목적에 헌신한다는 새로운 각오와 충돌하기 때문이다. 이 초기의 난관은 꽤 급진적인 마음 변환의 시기로 때때로 몹시 불편하게 느껴진다. 우리는 우리가 받아들인 것이 에고의 사고 체계와는 정확하게 반대되는 것임을, 그리하여 혼란의 시간이 있을 수밖에 없음을 기억해야만 한다. 관계 맺기의 진화에 대해 더 알고 싶다면, 뒤이은 5장의 '신뢰 발달의 여섯 단계' 부분, 특히 1단계에서 4단계까지를 참고하라. 4단계에 도달할 때쯤이면, 우리는 통합된 관계를 이루었거나 이루는 과정중에 있을 것이다.

혼자 있을 때의 원상회복

아마도 에고를 원상태로 되돌리는 가장 빠른 길은 통합된 관계 안에서 찾아지겠지만, 이 거룩한 과정에 함께할 수 있는 중요한 사람을 갖지 못하는 상황도 있을 수 있다. 어떤 이유에선가 혼자 있다고 해도, 당신은 여전히 평화의 유일한 장애물, 즉 에고를 원상태로 되돌릴 수 있다. 아주 간단한 방법은, 마음의 평화가 위협받을 때 스스로 PIQ(현존Presence, 탐구Inquiry, 비약적 용서Quantum Forgiveness) 공식을 연습하는 것이다.(5장 참조) 당신만의 특별한 용서의 기회가 과거, 당신 자신, 하느님, 당신이 처한 상황이나 환경에 집약되어 있음을 알게 될 것이다. 무엇보다도 당신은 결코 혼자가 아님을 기억하라. 보편적 영감이 당신과 말 그대로 함께 있다. 당신은 오직 '귀를 기울여' 당신 안의 두려움이나 의심이 녹아 없어지는 것을 느끼기만 하면 된다. 이것이 진리이다.

상상할 수 있는 가장 큰 선물

두 사람이 무조건적인 사랑의 극치를 주거나 받는 상태에 있다면 그것이야말로 우리가 몸을 입고 있는 동안 근원을 알 수 있는 상태에 가장 가까이 다가선 것이리라. 우리가 에고 반응을 관대히 보아 넘기고 다른 사람의 '진짜' 욕구가 실은 우리 자신의 욕구라는 더 깊은 진실을 볼 수 있을 때, 그때는 기적이 그 둘의 욕구를 한꺼번에 충족시켜 주는 때이다. 두 사람 모두 에고 인식의 상당한 부분이 사라지는 선물을 받게 되며, 죄 없이 순결한 상태의 기억이 되돌아온다. 사랑의 현존을 알아차리지 못하도록 가로막던 장애물이 하나 더 사라지는 것이다.

많은 이들이 명상을 통한 각성이나 예지몽 등 일종의 신비적 경험을 한다. 그러나 신비적 경험이란 순전히 일시적인 '상태'에 불과하다. 그러한 상태는 우리가 곧 도달할 영적 발전의 실제적 '단계'를 높여주지 못한다. 도처에서 뉴에이지 가르침이 급증하면서, 우리는 특정 '영적 상태'를 추구하는 것이 좋다는 식의 이야기를 많이 듣게 되었다. 이러한 영적 경험들이 우리에게 '고양된 행복감'이나 성취감을 주기는 하지만, 그것들은 일시적인 경험—따라서 망상이다—일 뿐이어서 매일매일의 용서 수업을 진척시키는 데는 별로 도움이 되지 않는다.

우리는 몇 날, 몇 달 혹은 몇 년을 그와 같은 '상태' 속에서 보낼 수 있다. 그러나 어느 날엔가는 '현실로' 돌아와야만 하며, 우리의 영적 발전 단계가 요구하는 특정한 수업들을 삶 속에서 살아내야 한다. 이 한 가지 요건을 빠져나갈 수 있는 방법은 없다. 우리는 주의분산이라는 에고의 전략을 통해 이 자명한 사실을 지연시킬 수 있을 뿐이다. 그렇게 할수록 고통만 더해지겠지만 말이다. "에고를 놓아버리는 것 이외에 생사의 순환을 벗어날 수 있는 탈출구는 어디에도 없다." 그리고 이 자유는 삶이 주는 가르침을 배우라고 우리 앞에 탁월한 솜씨로 마련되어 있는 관계와 상황 속으로 들어감으로써만 실현된다. 우연한 사고도 없고, 문제도 없으며, 당신이 만나지 말았어야 할 사람도 없다.

이 우주 안과 밖을 통틀어 오직 하나만이 존재하며, 당신이 바로 그 하나이다. 다만 아직 그 사실을 모를 뿐이다. 당신의 삶에 나타난 한 사람 한 사람 모두가 곧 당신이라는 사실을 끊임없이 알아차리고 그에 응답할 때, 당신 자신과 우주가 치유되기 시작한다.

당신은 아무런 기대 없이, 아무런 판단 없이 사랑받고 또 사랑해 본 적이 있는가? 당신이 어떤 실수를 저질러도 여전히 당신을 비난하지 않고 받아들여 주는 사랑을 받아본 적이 있는가? 누군가 당신에게 그 어떤 것도 요구함 없이 그저 당신을 사랑하는 것만으로 행복해하면서, 진심으로 당신을 순결한 사랑의 순수한 반영으로 보아주고 알아봐 준 적이 있는가? 만일 당신이 아주 정직한 사람이라면, 아마 "아니오"라고 말할 것이다. 우리 대부분은 아직 이 정도의 깨어 있는 사랑을 받아보지 못했고, 그런 사랑을 주는 것에도 익숙하지 못하다. 이것이 바로 우리가 그런 사랑을 경험하지 못하는 정확한 이유이다. 즉 그런 사랑을 주어본 적이 없기 때문이다!

아무런 조건 없이 '모두 주고' '모두 용서'한다면 모두 잃고 말 것이라고 에고는 믿는다. 엄청나게 많은 것을 희생하고 포기해야 할 것이라고 말이다. 에고는 우리가 서로 분리되어 있다고 믿기에, 만일 당신이 '모두 주고' '모두 용서'하면 당신이 갖고 있던 것이 줄어들거나, 최악의 경우는 아무것도 남지 않은 빈털터리가 될 것이라고 생각한다. 바로 여기에 인식을 완전히 뒤집을 기회, 기적적인 변화의 기회가 있다. 상대와의 조건 없는 사랑이라는 매우 값진 경험을 하기 위해 당신에게 필요한 변화는 단 하나뿐이다. 그 변화의 결과는 영원히 이어질 것이며, 두 사람 모두의 치유라는 거룩한 목적을 가진 관계를 더욱 단단하게 만들어줄 것이다. 만일 이러한 차원의 사랑을 바란다면, 당신의 인식에 필요한 변화는 오로지 하나, 바로 타인은 없다는 것을 아는 것이다. 당신이 바로 그이다. 사랑, 용서, 인내, 믿음, 허용, 받아들임, 판단치 않음 등 무엇을 주든 그것은 당신에게로 돌아온다. 결국 존재하는 것은 사람들과의 만남 하나하나에 반영된 '당신'뿐이기 때문이다.

이제 더는 한 순간도 에고를 믿지 말라! '모두 주고' '모두 용서'하는 위험을 오롯이 감수해 본 적이 있다면, 당신은 피상적인 에고 정체성을 넘어 당신의 참모습을 보는 사람에게 사랑받는 기쁨이 얼마나 큰지 알 것이다. 용서받은 이가 사랑의 눈길로 우리를 바라볼 때, 우리는 우리 자신이 용서받고 사랑받는다는 사실을 깨닫는다. 이와 같은 깨어 있는 사랑을 맛보고 나면, 당신은 두 번 다시 에고의 온갖 거짓 사랑에 안주하지 않을 것이다. 당신의 삶은 모두에 대한 당신의 조건 없는 사랑을 거울처럼 되비쳐

줄 것이다.

다른 사랑은 존재하지 않는다. 무엇을 주든 그것은 우리 자신에게 주는 것이며, 우리는 우리가 보는 것에 더 힘을 쏟는다. 이런 마음을 품을 때 우리는 에고를 원상태로 되돌리고 원래 우리가 있던 장엄한 사랑의 실존 속으로 돌아올 수 있다. 이런 생각을 실생활에 적용하는 것이 집으로 돌아가는 가장 빠른 길이다. 정말로 이를 미루길 바라는가?

통합된 관계는 개인적으로든 집단적으로든 지상에 천국을 세울 수 있도록 하는 가장 훌륭한 촉매제이다. 서로에게서 오직 진리만을 보기로 마음먹은 두 사람의 이러한 결합 안에서 신비로운 전이가 일어난다. 이 깨어 있는 사랑의 확장을 통해서라면 어떤 병증도 치유될 수 있다. 과거의 이런저런 중독들도 자발적으로, 힘들이지 않고 끊게 된다. 사실은 중독이 우리를 놓아주는 것처럼 보인다.

우리가 바라고, 행위하고, 몰두하는 모든 것은 우리의 욕구를 명확히 채워줄 단 한 가지를 위한 거대한 구실인지도 모른다. 우리가 지금과 같은 모습으로 살면서 갖는 모든 욕구는 종국에는 한 가지 대답에 의해 풀릴 것이다. 그것은 바로 사랑이다. 우리가 곧 그것임을 알게 될 그 사랑 말이다. 그리고 이것이 상상할 수 있는 가장 큰 선물임을 우리는 알게 될 것이다.

5 · 신뢰의 발달
: 에고를 원상태로 되돌리기

　　근원에 대한 신뢰는 통합된 자아로 깨어나겠다는 목표를 이루는 데 가장 중요한 조건이다. 영적 발전의 초기 단계에서는 많은 사람들이 여전히 에고를 믿고 따른다. 온전함을 향한 여행은 에고에게 품었던 믿음을 거둬들여 근원에게로 옮기는 여정이다. 앞서 말했듯이 이는 대개 긴 시간에 걸쳐 단계별로 점차적으로 이루어지는 깨어남의 과정이다.

　　가장 기본적인 형태의 영적 성장이란 에고 대신 통합된 자아를 신뢰하는 법을 배우는 것이며, 이것을 깨달았다면 다음 과정으로 옮겨갈 준비가 되었다고 할 수 있다. 우리를 앞으로 나아가지 못하게 붙잡거나 가로막는 것은 그것이 무엇이건 변화되거나 제거되겠지만, 이는 종종 대립물을 통해 우리한테 드러날 것이다. '대립물'이 없다면 어떻게 진실로 가치 있는 것과 그렇지 않은 것을 구별할 수 있겠는가?

　　근원에 대한 신뢰는 순진한 맹목적 믿음이 아니다. 이는 개인적 책임과 절대적 확신 간에 균형을 잘 이루고 있다. 이러한 신뢰는 에고의 내적 갈등을 알아차리는 데서, 그리고 우리에게 가장 유익한 것을 마음속에 '항상' 간직하고 있는 근원에 자발적으로 항복하는 데서 나온다. 무슨 일로 불안감이나 실망감이 들든, 그 순간 신뢰는 그것이 늘 최고의 선을 위한 것임을 상기시켜, 왜 우리에게 그런 일이 벌어졌는지 깨닫게 해준다. 모든 것이 언제나 완벽하다는 것을 알 수 있는 지혜는, 우리가 필요로 하는 것은 늘 받지만 그것이 꼭 에고의 욕구를 충족시키는 것은 아닐 수 있다는 걸 믿는 데서 나온다.(6장의 그림 6-1 '우리에게 필요한 것과 우리가 원하는 것' 참조) 우리는 "나는 나에게 가장 유익한 것을 알지 못하며" 그것은 오직 보편적 영감만이 안다는 사실을 꾸준히 상기해야 한다.

신뢰―우리에게 놀라운 자유를 주는―를 키우는 유일한 방법은 에고를 항복시키는 것이다. 신뢰를 키우는 과정에서 우리는, 자기가 인식하는 것이 무엇인지 이해하지 못하고 "왜 그렇게 해야 돼요?" "그건 무슨 뜻이에요?"라고 끊임없이 묻는 어린아이와 같다는 사실을 인정해야 한다. 세상을 보던 낡은 방식에 의문을 제기할 때 우리가 할 것은 한 가지뿐이다. 보편적 영감이 우리와 늘 함께하는 내면의 안내자이며, 모든 것을 새로운 관점으로 보도록 도와달라는 우리의 청에 늘 응답해 준다는 사실을 계속 떠올리는 것이다.

우리는 정말이지 "우리에게 가장 유익한 것이 무엇인지 모른다!" 그래서 우리는 이 진실을 인정하는 바로 그 순간부터, '우리'가 가장 유익한 것이라고 생각하는 바를 보편적 영감에게 보이며 끊임없이 그의 안내를 청해야 한다. 오직 그럴 때만 신뢰의 단계들을 저항 없이 밟아 나아갈 수 있다. 《기적 수업》에는 우리가 에고의 미숙한 인식에서 성숙한 통합된 자아로 옮겨가는 데 도움을 줄 훌륭한 비유가 나와 있다.

어린이들은 무서운 유령이나 괴물, 용 등을 인식하고 공포를 느낀다. 만일 그들이 신뢰하는 누군가에게 자기들이 인식하는 것의 의미를 묻는다면, 그래서 현실의 편에서 자신들의 해석이 사라지도록 기꺼이 내버려두면, 그들의 두려움도 그 해석과 함께 사라진다. 아이가 유령을 커튼으로, 괴물을 그림자로, 용을 꿈으로 해석을 바꾸도록 도움을 받으면, 그는 더 이상 두려워하지 않고, 그 자신의 두려움에 즐거워하며 웃음을 터뜨릴 것이다.…… 왜냐하면 두려움은 현실에 있지 않고, 현실을 이해하지 못하는 어린아이들의 마음 안에 있는 것이기 때문이다. 그들을 무섭게 하는 것은 그들의 이해하지 못함일 뿐이니, 그들이 참되게 인식하는 법을 배우면, 그들은 두렵지 않게 된다.[1]

신뢰의 발달: 과정

이제 에고를 원상태로 되돌리는 과정을 통해 신뢰를 키우는 여러 단계에 대해 설명하겠다. 이는《기적 수업: 교사용 편람》의 '신뢰 발달' 부분에 기초한 것이다.[2]

'신뢰 발달' 부분은 사랑의 현존을 알아차리지 못하게 가로막는 장애물을 제거하도록 도와주는 안내 부분이다. 이 사랑이라는 문을 통해 신뢰가 들어온다. 그리하여 우리는 두려움 없이 에고를 버릴 수 있다. 이 안내 부분은 우리가 '원상회복'이라는 지속적인 과정을 더 잘 이해하도록 돕기 위해 만들어졌다. 근원에 신뢰를 두는 법을 익혀갈수록 에고는 그만큼 더 사라질 것이다.

이 과정의 각 단계는 놀랍도록 넓고 분명한 인식을 가져다준다. 우리는 단계를 밟아나갈수록, 좋은 행동 대 나쁜 행동 식의 에고의 이원성 인식에 덜 투자하게 된다. 또한 우리가 진리에 더 가까이 다가가게 하는 것은 모두 '좋은' 것이요, 그로부터 멀어지게 하는 것은 전부 '나쁜' 것임을 더욱 잘 알게 된다. 물론 궁극적으로 깨어남의 순간에는 이러한 구분조차 완전히 사라진다.

각 단계에는 겹쳐지는 부분이 있을 것이다. 예를 들어 아직 3단계와 씨름을 하고 있는 동안에도 4단계로부터 많은 통찰을 얻을 수 있다. 때로 반복 순환에 사로잡히는 일도 있을 것이다. 특히 첫 세 단계 동안에는, 예를 들어 희생을 인식하라는 등의 에고의 유혹이 생길 수 있다. 때로는 과정을 잘 밟아나가고 있다고 생각했지만, 실제로는 예전의 양상을 반복하면서 과거의 숨은 의도들을 더욱 강화시키는 일도 일어난다.

신뢰 발달 과정의 각 단계에서 보편적 영감의 안내대로 에고를 버려가다 보면 우리의 현실 인식은 바뀔 것이고 진화할 것이다. 예컨대 두 사람이 같은 사건을 경험했다 하더라도 각자가 처해 있는 발달 단계에 따라 자기 상황을 각각 다르게 인식할 것이다. 가령 1단계에 있는 사람은 5단계에 있는 사람이 (보편적 질서에 따라) 진실하게 행동한 것을 공격으로 받아들일 수 있다. 다시 말해 적어도 5단계에 도달해서 거짓 겸손이라든지 희생의 개념 같은 것을 극복한 사람의 진실한 행동과 진심어린 말이, 시작 단계에 있는 사람의 에고에게는 무심하거나 무례하거나 공격적인 것으로 해석되는 일도 있다.

영적 진화란 에고의 관점에서 '좋은' 행동(가령 선행을 하는 것)을 하는 것과는 무관하며, 오로지 보편적 영감의 사고 체계 안에 있는 평화로부터 나오는 진실함하고만 관련이 있다. 에고를 완전히 내려놓으면 두려움과 한계, 혼란의 뿌리가 뽑힌다. 이러한 것들을 놓아버리기만 한다면 우리는 기적에 눈을 뜰 것이다.

에고를 원상태로 되돌리기 위한 PIQ 공식

PIQ '공식'은 평화가 위협받을 때 평화의 상태로 재빨리 돌아오게 도와주는 마음 들여다보기 도구이다. 이 주제는 이 책에서 여러 가지 방식으로 다루어질 것이다. 영적 성장에는 자기를 알아가는 것이 포함되는데, PIQ 공식은 당신이 주변 세상에 왜, 어떻게 반응하는지 들여다볼 수 있도록 돕기 위해 만들어진 것으로, 당신이 힘들어하는 문제들을 또렷하게 보여줄 것이다.

PIQ란 다음과 같은 뜻이다.

· 현존Presence: 과거나 미래에 대한 생각에서 '지금 순간'으로 마음을 돌리는 것. 지금 순간만이 유일하게 실재하는 순간이며, 따라서 당신이 관심을 가져야 할 유일한 순간이다.

· 탐구Inquiry: 강력하고 철저한 자기 조사. 자신이 가진 생각과 믿음에 의문을 제기하면서, 투사로 인한 불편한 결과의 '원천' 혹은 원인이 무엇인지 스스로 생각해 내는 것이다. 예를 들어 이렇게 자문해 볼 수 있다. "이 순간 존재하는 현실은 무엇인가? 나는 '지금 있는 그대로의 현실'에 저항하고 있는가?" 평화를 잃고 혼란스러워하는 이유가 '저기 바깥의' 다른 사람이나 환경, 사물, 상황에 있는 것처럼 보일지 몰라도, 그것은 실은 그 바깥 대상에 대해 당신 마음이 내린 해석 때문에 일어난다. 그러한 생각에 온전한 책임을 지고, 재해석을 위해 보편적 영감에게 그 생각을 맡겨라. 이는 당신에 의해서 세상이 존재하는 것이지, 이미 존재하는 세상이 당신에게 주어지는 게 아니라는 걸 알게 해준다. 오직 당신만이 생각을 변화시킬 힘을 갖고 있다. '저기 바깥'의 그 누구도, 그 무엇도 당신 마음에 힘을 미칠 수 없다.

· 비약적 용서Quantum Forgiveness: 자신의 잘못과 타인의 잘못을 판단하거나 비난하지 않고, 관대히 보아 넘기기로 선택하는 것. 당신이 상대의 그 무엇을 용서하든, 상대를 용서함으로써 당신 또한 용서받는다는 사실을 스스로에게 상기시킨다. 당신은 주는 것을 받는다. 이로써 당신 마음속의 무의식적 죄의식 덩어리가 점차 지워지며, 그에 따라 보편적 영감이

당신의 삶을 기적처럼 변화시킬 수 있게 되고 당신의 에고는 소멸된다.

　　에고에 충성하던 습관을 치움에 따라 통합된 자아에 대한 우리의 신뢰도 커진다. 이 전 과정은 우리가 지금껏 진실이요 사실이라고 믿도록 철저히 훈련받아 온 것들을 완전히 뒤집는 과정이다. 우리로 하여금 사랑과 신뢰, 평화, 기쁨, 영의 충만함을 인식하지 못하게 제한하던 장애물은 모두 치워진다. 이는 재학습, 재훈련, 재교육의 경험이다. 이는 우리가 에고와의 동일시를 깨뜨리도록 돕는 여섯 단계의 과정으로 되어 있다. 이 전체 여정에서 우리를 힘들게 할 수 있는 유일한 부분은 '지금 있는 그대로의 현실'에 대한 우리의 저항이다. 우리는 무의식적으로 무엇이든 익숙한 것에 매달린다. 우리는 (개인적으로나 전 세계적으로나) 에고의 지극히 편협하고 전도된 신념 체계 아래서 너무 오래 살아온 나머지 이제는 그 신념 체계가 해롭든 해롭지 않든 이치에 맞든 맞지 않든 상관없이 그것에 매달리게 되었다. 다시 말하지만 우리는 가장 유익한 것이 무엇인지 모른다. 그러기에 더 높은 차원의 안내를 요청하지 않을 수 없다.

　　만일 에고의 '앎'이 아무 의미도 없다는 것을, 즉 우리가 실재의 보편적 질서에 대해 '아무것도' 모른다는 것을 전적으로 인정하는 열린 마음을 가지고 있고 그 과정을 깊이 신뢰한다면, 우리는 두려움에서 사랑으로 거의 아무런 저항 없이 옮겨가게 될 것이다. 그러나 안타깝게도 저항은 거세다. 특히 에고 소멸 과정의 초기에 더 그러하다. 지금껏 너무도 익숙하게 지내온 '친구'인 에고를 떠나보내기가 두렵기 때문이다. 우리가 저항하는 가장 큰 이유가 무엇인지 숙지해 둔다면, 그러한 장애물을 알아보고 신뢰를 키워가는 데 도움이 될 것이다.

신뢰 발달의 여섯 단계 : 개괄

이 개괄은 단계별로 당신이 나아길 길을 밝혀줄 대략적인 로드맵이
으로, 내면의 통합된 자아를 찾아가는 당신을 격려하고 도와주기 위한 것
이다.

1. 원상회복

"그들(하느님의 교사들, 그대들)은 먼저 '원상회복의 시기'라고 할 수
있는 것을 거쳐야만 한다. 이는 꼭 고통스러울 필요는 없지만, 대개는 고
통스럽게 경험된다. 모든 것을 잃어버린 것처럼 느껴지며, 지금껏 가치를
두었던 것들이 일순간에 무가치해졌다는 것이 처음에는 거의 이해되지 않
는다. 인식하는 자가 모든 것을 전과 다른 관점으로 보아야 하는 지점에
있지 않다면, 어떻게 가치의 부재를 인식하겠는가? 그는 아직 내적으로
전적인 변환을 이루어낼 만한 지점에 와 있지 않다. 그래서 계획은 때로
외적인 환경으로 보이는 것들의 변화를 요청할 것이다. 이러한 변화들은
늘 유익한 것이다. 하느님의 교사는 이 정도까지의 학습을 마쳤을 때 두
번째 단계로 넘어가게 된다."[3]

이 첫 번째 단계는 대개 관계의 파탄, 사고, 실직, 경제적 어려움, 정
체성의 위협, 혹은 누군가의 죽음과 같이 우리를 깨우는 경종과 함께 시작
된다. 이 위기 지점은 삶의 방향을 바꾸기 위한 전환점이자, 우리 삶에 보
편적 영감을 불러내는 중요한 순간이다. 이로써 우리 인식 안에서 원상회
복 과정이 시작된다.

때로 이 단계는 지금까지 살아온 삶의 무의미함에 강하게 대비되는
영적 경험에 의해서 촉발되기도 한다. 그러한 경험은 더 높은 길을 추구하
도록 만드는 동기가 된다.

모든 고통과 불편함의 책임이 자신에게 있으며 그 현실을 만들어내는 당사자가 바로 자신이라는 개념이 조금씩 이해되기 시작한다. 새로운 사고 체계에 대한 저항도 곧바로 따라온다. 그 결과 에고의 신념 체계 안에 내재되어 있던 내적 갈등이 과거 어느 때보다도 더 크게 드러난다.

2. 가려내기

"그 다음으로 하느님의 교사는 '가려내기의 시기'를 거쳐야 한다. 여기에는 언제나 적잖은 어려움이 따르는데, 삶에서 일어나는 변화들이 늘 유익하다고 배웠기에, 이제 그는 모든 것을 결정함에 있어 그것이 유익함을 더해주는지 아니면 유익함을 방해하는지를 먼저 보아야 하기 때문이다. 그는 그가 전에 가치 있다고 여겼던 것들 가운데, 전부는 아니더라도, 상당수가 자신이 배운 것을 이 새로운 상황에서 활용하는 데 훼방꾼 역할만 할 뿐임을 알게 될 것이다. 그는 지금껏 실제로는 아무 가치도 없는 것들을 가치 있다고 여겨왔기 때문에, 상실과 희생의 두려움에 관한 가르침을 광범위하게 적용하지 못할 것이다.

모든 일과 사건, 만남, 환경이 그에게 유익함을 준다는 것을 이해하기까지는 상당한 배움이 필요하다. 이 망상의 세계 속에서 어느 수준의 현실이 그에게 주어지느냐는 오로지 그 모든 일과 사건, 만남, 환경이 어느 정도의 유익함을 주느냐에 달려 있다. '가치'라는 말은 이외에 어떤 것에도 적용될 수 없다."[4]

이 단계에서는 변화란, 아주 사소해 보이는 것이든 아니면 인생을 송두리째 무너뜨릴 정도의 것이든, 늘 배울 만한 유익한 가르침이라는 걸 알게 된다. 우리는 가치 없는 것과 가치 있는 것을 가려낼 수 있게 되며, 비록 상실과 희생에 대한 두려움이 남아 있기는 하지만, 가치 없는 것은 버리고 가치 있는 것은 간직하게 된다. 이런 점에서 1단계와 겹치는 부분이 있다.

3. 놓아버림

"하느님의 교사가 거쳐야 하는 세 번째 단계는 '놓아버림relinquish-ment의 시기'라고 부를 수 있을 것이다. 만일 이것이 바라는 것의 포기로 해석된다면, 엄청난 갈등을 유발할 것이다. 하느님의 교사들 중 이 고통에서 완전히 벗어난 사람은 거의 없다. 그러나 이 분명한 단계가 취해지지 않는 한, 가치 없는 것에서 가치 있는 것을 구분해 내는 일은 아무런 의미가 없다. 따라서 2단계와 3단계가 겹치는 기간에 하느님의 교사는 진리를 위해 자신의 가장 큰 이익을 희생하도록 요구받는다고 느끼기 쉽다. 그는 그러한 요구란 절대 있을 수 없다는 사실을 아직 깨닫지 못했다. 그는 가치 없는 것들을 실제로 포기할 때에만 이 점을 알 수 있다. 이를 통해서 그는, 고통이 따르리라 짐작했던 곳에서 아무 걱정근심도 없는 행복한 마음을 발견하고, 무엇인가를 요구받는다고 생각했던 곳에서, 자신을 위한 선물을 발견하게 된다."[5]

이 단계에서는 특별한 관계를 바라는 에고의 역기능적 측면을 놓아버리는 법을 배운다. 이 시기는 "진리를 위해 자신의 가장 큰 이익(에고의 눈으로 볼 때 가장 바람직하고 가장 가치 있어 보이는 것)을 희생하도록 요구받는다고 느끼는"[6] 시기로 인식될 수 있다. 만일 그렇다면 어마어마한 갈등이 생겨날 것이다. 하지만 우리는 가치 없다고 깨닫게 된 것을 놓아버리면서, 예전이라면 고통스러울 것이라 짐작했던 경험에서 행복과 걱정근심 없이 가벼워진 마음을 느끼고 있음을 깨닫는다.

4. 안정

"이제 '안정의 시기'가 온다. 이것은 하느님의 교사가 온당한 평화 안에서 잠시 쉬는 고요한 시간이다. 이제 그는 배운 것들을 종합한다. 이제 그는 그가 배운 것들의 가치를 알아보기 시작한다. 그것의 잠재력은 참으로 엄청난 것이며, 하느님의 교사는 이제 그의 길이 끝까지 죽 뻗어 있다고 느끼는 지점에 와 있다. '그대가 원하지 않는 바를 그만두고, 그대가 원하는 바를 계속하라.' 분명한 것은 얼마나 단순한가! 그리고 얼마나 쉬운가! 하느님의 교사는 이 휴식 기간이 필요하다. 그는 아직 자신이 생각하는 것처럼 많이 오지는 않았다. 그러나 그가 길을 더 나설 준비가 되었을 때 그 곁에는 강력한 동반자들이 함께할 것이다. 이제 그는 다시 길 떠나기에 앞서 잠시 쉬면서 강력한 동반자들을 모은다. 그는 여기서부터는 혼자 가지 않을 것이다."[7]

이 시기는 가치 없는 것을 놓아버리는 데 사실 아무런 희생도 필요치 않음을 알게 되는, 따라서 아무 갈등도 없는 통합의 시간이다. 우리는 이 새로운 사고 체계의 힘을 깨닫고, 우리 앞길에 아무 장애물도 없음을 보기에 이른다. 이것은 예전의 사고방식 안에서는 늘 발생했던 커다란 고통과는 완전히 다른, 극도의 행복감을 준다. 평화가 되살아난다. 통합된(거룩한) 관계들을 만들어 '강력한 동반자들'을 모아들이며, 여기서부터는 '그들과 함께' 길을 간다. 다시 말해 다른 이들을 우리와 하나로, 즉 그들이 곧 우리인 것으로 보기 시작하고, 이에 따라 그들을 집을 향해 가는 여정의 동반자로 보게 되는 것이다. 만약 동반자 없이 혼자라면, 비약적 용서를 통해 보편적 영감이라는 모습으로 나타나는 강력한 동반자들을 만나게 될지도 모른다.

5. 불안정

"그 다음 단계는 '불안정의 시기'이다. 이제 하느님의 교사는 자신이 진정으로 무엇이 가치 있고 무엇이 가치 없는지를 몰랐다는 사실을 이해해야만 한다. 그가 지금껏 배운 것은 자신이 가치 없는 것을 원하지 않는다는 사실, 그리고 가치 있는 것을 원한다는 사실뿐이었다. 그러나 자신의 분별 능력으로는 둘 사이의 차이점을 깨달을 수 없었다. 그의 사고 체계에서 중심을 차지하고 있는 희생이라는 개념 때문에 그는 올바른 판단을 내릴 수 없었다. 그는 자발성을 익혔다고 생각했지만, 이제 그 자발성이 무엇을 위한 것인지 모른다는 것을 본다. 이제 그는 오래, 아주 오랫동안 도달 불가능한 상태로 남아 있을지도 모르는 상태에 도달해야만 한다. 그는 모든 판단을 내려놓고, 어떤 상황에서든 오로지 그가 진실로 원하는 것이 무엇인지만을 묻는 법을 배워야 한다. 지금까지의 각 단계들을 매우 성실히 거쳐 오지 않았다면 진실로 어려운 작업이 될 것이다!"[8]

이 단계에서는 모든 판단을 멈추는 법을 배운다. 즉 우리가 무엇을 원하는지(우리 자신의 가장 큰 유익함이 무엇인지)를 스스로 결정하지 않고, 우리가 진실로 원하는 것이 무엇인지 드러내 보여달라고 보편적 영감에게 청하는 법을 배운다. 이 단계에서 불안함을 느끼는 것은, 우리에게 나타나는 모든 상황에 이 원리를 적용하는 법을 배우기까지 끝도 없는 시간이 걸릴 것 같기 때문이다. 이 단계는 마침내 보편적 영감의 의지에 완전히 항복하고, 전에 에고의 의지에 두었던 모든 마음을 놓아버리는 단계이다. 이 단계를 마치려면 매우 강력한 의지로 깨어 있어야 하고 동시에 끈기가 있어야 한다.

6. 성취

"그리고 마침내 '성취의 시기'가 온다. 지금껏 배운 것이 하나로 통합되는 시기이다. 전에는 그저 그림자처럼 흔들려 보이던 것들이 이제 단단하게 여물어서, 평화로울 때는 물론 모든 '돌발 상황'에서도 의지처가 된다. 진정한 평정이 찾아온다. 정직한 배움과 생각의 일관성, 완전한 변환이라는 결과가 뒤따른다. 이것은 진정한 평화의 단계이다. 왜냐하면 여기에 천국의 모습이 오롯이 반영되어 있기 때문이다. 여기서부터 천국으로 가는 길이 열리며, 길은 평탄하다. 사실 천국은 바로 여기이다. 마음의 평화가 이미 완성되었는데 누가 어디 다른 데로 가겠는가? 그리고 누가 더 좋은 어떤 것을 찾아 평정을 바꾸려 하겠는가? 이보다 더욱 탐나는 것이 있을 수 있겠는가?"[9]

그림 5-1은 신뢰를 키우는 과정의 각 단계에서 기대할 수 있는 에고 내려놓기—잘못 알고 있던 정체성을 내려놓기—의 정도를 보여준다. 없어진 구슬들의 양은 에고 내려놓기의 정도와 일치한다. 다시 말해 팔찌가 더 많이 열려 있을수록, 에고 내려놓기도 그만큼 더 진행되었음을 뜻한다. 또한 팔찌가 열리는 것은 우리가 투사하기를 멈추는 정도와도 연관된다고 말할 수 있다. 정체성 착각의 팔찌가 얼마나 닫혀 있느냐에 따라 우리는 다음의 것들을 그만큼씩 더 경험한다.

· 자신을 근원과 분리된 존재로 인식하고, 다른 이들과도 분리되어 서로 다른 존재로 인식하며, 따라서 통합된 자아와도 분리된 존재로 인식한다.
· 이원성, 즉 너와 나, 좋음과 나쁨, 다른 이들에 대한 의심과 불안을 비롯한 모든 형태의 두려움을 인식한다.

1단계 : 원상회복

2단계 : 가려내기

3단계 : 놓아버림

4단계 : 안정

5단계 : 불안정

6단계 : 성취

그림 5-1 에고 내려놓기의 여섯 단계

- 에고와, 에고(저항, 집착, 판단)에 의해 생기는 어두운 측면(무의식적인 죄의식)을 관대히 보아 넘기지 못한다.
- 에고와 (개인의 정체성, 집단의 정체성에 대한) 망상을 믿는다.
- 에고의 신념(분리, 개인적 정체성, 죄의식 등)에 지배된다.
- 시간, 생각, 감정, 무엇인가를 갖거나 무언가가 되는 것에 지배된다.
- 잠재력이 제한된다.
- (세상과 자기 자신, 다른 이들을 외부에 있는 존재로 봄으로써) 피해자 의식을 갖는다.
- 경제력, 사랑, 건강, 생명력, 풍부함이 부족하다고 느낀다.
- 혼돈, 갈등, 희생, 애씀을 경험한다.
- 불신을 가지며, 거짓 안전감을 찾는다.
- 특별함, 거짓 가치감, 관계의 제한을 경험한다.
- 특별한 사랑 또는 특별한 증오(조건적인 사랑)를 경험한다.
- 행복해지기 위해 다른 사람이나 외부의 영향력에 의존한다.

정체성 착각의 팔찌가 얼마나 열려 있느냐에 따라 우리는 다음의 것들을 그만큼씩 더 경험한다.

- 통합된 자아와 근원을 알아보고 받아들이는 능력과, 그에 따르는 자유.
- '지금 있는 그대로의 현실'을 받아들임. 마음속의 기쁨과 열정.
- 우리가 인식하는 바(우리가 개인적으로나 집단적으로 만들어내는 현실)에 개인적 책임을 느낌.
- 우리의 현실을 공동 창조하는 능력.
- 근원과 통합된 자아(진리)에 대한 신뢰.

- 비약적 용서를 실천하고, 다른 이들에게서 보이는 에고의 잘못을 관대히 보아 넘겨주는 능력.
- 통합된 의지(직관)를 받아들이며, 그것과 융합됨.
- 사랑, 평화, 기쁨, 영의 충만함.
- 고통, 통제, 그리고 미래를 계획하는 일로부터 자유로워짐.
- 감정적 동요, 강박적 사고, 우리가 갖고 있지 않거나 원하는 것을 가져야 한다는 욕구, 혹은 우리 아닌 다른 무엇이 되어야 한다는 욕구로부터 자유로워짐.
- 시간의 제약으로부터 자유로워짐.
- 삶의 모든 면에서의 자유로워짐.
- 사랑의 확장을 통해 다른 이들의 마음을 치유하는 능력.
- 삶의 목적이 충족됨.
- 진짜 욕구와 에고의 욕망이 하나됨.
- 열린 마음, 유연함, 솔직함, 친절함, 부드러움, 관용, 인내, 방어하지 않음, 신뢰, 사랑을 너그러이 베풂.
- 깨어 있음, 창조성, 삶에 대한 열정.

에고를 원상태로 되돌리기

우리 대부분에게 에고 내려놓기 과정은 시간이 걸리는데, 이는 분리된 자아를 만들어낸 신념과 배경을 원상태로 되돌리기까지 필요한 시간이다. 지금껏 배운 것을 버리는 과정은 우리의 무한한 통합된 자아를 덮고 있는 막을 벗겨내기 위해 반드시 필요한 단계이다. 진리보다 에고의 망상에 더 높은 가치를 두면서 평화롭게 혹은 생산적으로 살 수는 없다. 우리를 옭아매는 에고의 육중한 사슬들을 하나씩 끊어버릴수록 "진리가 참되며, 그 외에는 어떤 것도 참되지 않다"[10]는 말의 의미를 더욱 분명하게 깨닫게 된다.

　이 장의 도입부에서 우리는 신뢰 발달 단계들이 에고와의 동일시를 없애는 과정이며, 이를 통해 우리를 고통스럽게 하고 제한하는 것의 뿌리가 무엇인지 점차 알게 될 것이라고 했다. 이 과정이 진행되는 동안 우리는 대개 자신에게 가장 큰 유익함이 무엇인지 거의 혹은 전혀 알지 못한다. 왜냐하면 지금까지 우리는 에고의 통제에 따라 무엇이 중요한지를 인식해 왔기 때문이다. 에고는 태생적으로 진정으로 가치 있는 것이 무엇인지 알아보는 능력이 없다. 그래서 우리로 하여금 무의미한 것을 가치 있다고 확신하게 만들고는 한다. 그 오류가 분리라는 생각을 더욱 부추기기 때문이다.

　우리가 잠시도 잊지 말고 연습해야 하는 가장 중요한 태도는 "나는 나에게 가장 유익한 것을 알지 못한다" "나는 어떤 것이 왜 있는지 그 이유를 모른다"[11]는 것이다. 이는 우리가 잊지 말아야 할 매우 중요한 생각이다. 에고의 인식은 진리에 관한 한 정반대로 되어 있으며, 그 결과 망상에 불과한 현실을 믿고 또 보기 때문이다.

　겸손과 열린 마음은 소중한 특성이다. 에고를 내려놓는 여정은 우리를 '알지 못함'의 차원으로 무작정 데리고 들어간다. 이는 알고 또 통제해야 한다는 에고의 강박적 요구와는 완전히 반대되는 것이다. 에고는 의지할 진리의 중심이라는 것이 없다. 분리와 특별함에 대한 에고의 강박은 거짓 가치감과 거짓 안전감을 더욱 키운다. 그 반면 통합된 자아는 모든 변화가 처음에는 비록 힘들더라도 반드시 유익함을 준다는 것을 절대적으로 믿는다. 통합된 자아는 자신이 무한히 안전하고, 안정적이며, 가치 있다는 것을 안다. 따라서 통제하려는 강박에 집착할 필요도 느끼지 않고, 외부 원천으로부터 사랑받고 보호받아야 한다는 필요도 느끼지 않는다. 통합된 자아는 알지 못함을 인정할 때 진리가 스스로를 드러낼 자리가 주어진다는 것을 알고 있다. 우주적 질서 안의 보편적 지성 혹은 진정한 지식은 우리가 에고의 '지성'에서 풀려난 만큼, 정확히 그만큼만 깨달아진다. 그것은 우리가 알지 못함과 지금 순간 알아차림이라는 미지의 바다 속으로 용감히 뛰어들 때만 진실로 이해할 수 있는 역설이다. 그때 진리가 홀연히 자신을 드러내며 무한한 지식—진정한 지혜—이 기억에서 되살아난다.

알지 못함을 인정하는 것은 진정한 지식을 얻기 위한 필수 조건이다. 우리가 사실이라고 믿는 현실의 99.9 퍼센트는 전혀 사실이 아니기 때문이다. 현대의 양자물리학은 세상의 본성이 망상이라는 생각을 입증하고 지지하고 신뢰를 보내주는 것으로 보인다. 양자물리학자들은 단단한 물질, 예를 들어 우리의 몸, 가구, 차, 건물과 같은 것들의 99.9 퍼센트가 비어 있는 공간이라는 사실을 발견해 냈다. 그것들은 실제로 진동하는 에너지이지, 결코 단단한 물질이 아니다! 그러나 우리는 그 반대, 즉 우리와 이 우주의 모든 것이 바위처럼 단단한 실재라고 믿도록 교육받아 왔다.

이는 우리가 에고 내려놓기 과정을 통해서 버리고 다시 배워야 할 혹은 동일시에서 벗어나야 할 거짓 지식이 그만큼 많다는 뜻이다. 이런 말을 하는 것은 사람들에게 충격이나 실망을 주기 위해서가 아니다. 오히려 그 반대로 우리가 알지 못함을 솔직하게 인정할 때 길이 훨씬 더 쉬워진다. 실제로 우리는 거의 아무것도 모르는 상태로 이 원상회복의 여정을 시작했다. 이 사실을 받아들일 때 저항이 크게 줄고, 그 결과 두려움과 의심도 그만큼 줄 것이다.

이 시기에 우리가 사용할 수 있는 아주 값진 도구가 두 가지 있다. 하나는 PIQ 공식, 즉 현존-탐구-비약적 용서의 공식이고(앞부분을 참조하라),

다른 하나는 에니어그램이다.(3장의 '자기 발견의 강력한 도구: 에니어그램'을 보라.) 에니어그램은 우리가 각자 현실을 어떻게 바라보고 그것에 어떻게 반응하는지 깨닫게 해주며, 우리의 잠재력을 가로막는 문제들을 어떻게 극복할 수 있는지 그 방법을 알려준다. 우리는 연습을 거듭하면서, 우리가 통합된 자아와 완벽한 일치 속에 있다는 절대적 확신을 가지고 성장한다.

원상회복에 따를 수 있는 어려움

6장에서 설명하겠지만, 신뢰 발달의 여섯 단계를 거치는 동안 에고 내려놓기 과정은 갈등으로 점철될 수도 있다. 특히 1단계와 2단계가 그러하다. 이는 에고의 사고 체계와는 정확하게 반대되는 새로운 사고 체계를 받아들이는 과정이기 때문이다. 통합된 자아의 사고 체계를 받아들이기 시작하면 에고는 곧장 싸움을 걸어오고, 그에 따른 갈등이 우리 안에서 느껴지는가 하면 바깥으로 반영되어 나타나기도 한다.

특별한(조건적인) 관계에서 통합된(조건 없는) 관계로 옮겨갈 때, 가장 먼저 뚜렷하게 반응을 보이는 사람들은 기존의 가까운 관계 안에 있는 사람들이다. 초기의 변화는 대개 혼란과 오해, 그리고 비난—에고의 죄의식 투사를 통해 만들어지는—을 불러온다. 또 처음에는 두려움을 더 크게 느낄 수도 있지만, 이러한 부조화는 이해와 신뢰가 깊어짐에 따라 점차 사라질 것이다. 에고 내려놓기라는 난제를 풀어가는 데는 시간과 헌신, 관용, 인내, 친절함, 부드러움, 그리고 사랑이 필요하다.

영적 변화를 도모하는 모든 이들에게 에고 내려놓기는 이루기 어려운 숙제처럼 보일 수 있다. 그러나 꼭 그렇지만은 않다. 에고를 놓아버린다는 것은 우리 마음을 빼앗는 세상의 모든 일을 단념하거나 부정한다는 것이 아니라, 에고의 가치를 부분적으로 또 총체적으로 식별해 내고 재설정한다는 것이다. 이는 우리 안의 무한한 잠재력을 발견하기 위한 여정일 뿐이다.

에고 내려놓기는 과거 그리스도교에서 신비한 죽음으로 부르기도 했는데, 이는 주로 당대의 위대한 성인과 신비가에게만 국한되었다. 그러나 이제 우리는 더 높은 의식의 시대에 들어섰고, 인류와 지구를 구할 책임은 선택된 소수가 아니라 대중에게 맡겨졌다. 에고 내려놓기 과정을 받아들여 우리 자신과 이 행성을 치유하는 것은 우리에게 내려진 지상명령이다. 그런 만큼 우리는 이 지구에 온 '유일한' 목적이 영적인 것임을 발견하고 깨닫게 될 것이다. 무한한 본성, 통합된 자아에게 돌아가는 것이야말로 인간으로 태어나 이생에서 할 수 있는 가장 강력하고 가장 유익한 행위이다. 깨달음을 얻는다는 것은 곧 자유로워지는 것이며, 기쁨과 사랑, 평화, 영의 충만함 안에서 꽉 차게 사는 것이다. 이 상태에서는 불가능한 것이 없다. 또한 모든 마음이 하나로 합쳐져 있으므로 기적들이 뒤따른다.

이 변형 과정은 일종의 원상회복이다. 한정되고 제약이 있는 모든 것을 원상태로 되돌리는 것, 우리의 잠재력을 틀어막던 것들을 모두 놓아버리는 것이다. 에고를 원상태로 되돌리지 않고서는 누구도 자신을 치유하거나 통합할 수 없다. 많은 이들이 에고를 내려놓지 않아도 되는 지름길을 찾으려고 시도해 왔고, 지금도 여전히 그런 시도를 하고 있다. 우리는 종종 영적인 월반을 하고 싶은 유혹을 받기도 하지만, 그것은 결국 우리를 더욱더 깊고 큰 고통으로 몰아넣을 뿐이다. 겸손함만이 경험에 대한 우리의 저항을 누그러뜨린다. 우리는 무엇이 가치 있고 무엇이 가치 없는지 더 깊이 이해한 다음 다시 시작하게 된다.

다음은 에고를 온전히 내려놓았을 때 따르는 결과들이다.

- 진리를 알아볼 수 있다.
- 가치 있는 것과 가치 없는 것을 구분할 능력이 생긴다.
- 통합된 자아가 모든 생각과 감정과 행동을 이끈다.
- 상황에 반응하는 사람이 아니라 상황을 이끄는 사람이 된다.
- 선과 악 등의 이원성을 더는 인식하지 않는다.
- 육체, 정신, 감정의 충동에 더는 끌려 다니지 않는다. (고통은 피하고 행복은 추구하는 그 계속되는 순환이 끝난다.)
- 존재의 상태가 이제 행위와 하나가 된다. 평화가 목적이 된다.
- 살아있는 공동 창조자가 된다.

지금까지 배워온 것을 원래 상태로 되돌린다—더 정확히 말하면 '버린다'—는 계획은 많은 시험과 숙제를 내 우리가 전에 에고의 망상에 투자했던 것들을 거두어들일 수 있도록 도와준다. 우리가 삶 속에 더 많은 빛을 요청하는 바로 그 순간 보편적 영감은 응답을 하고, 우리는 해방을 향해 에고 내려놓기의 여정을 시작한다.

이제 우리는 우리의 인식력과 잠재력을 크게 해치던 믿음과 집착을 내려놓는 법을 배운다. 역기능적 믿음은 하나도 남김없이 재고의 대상이 될 것이다. 사물과 사람, 지위, 장소 등 우리가 자신과 잘못 동일시해 온 모든 것이 수면으로 떠오르고 변형될 것이다. 에고 내려놓기가 진행되는 동안 재조정을 위한 시간에는 가속이 붙고 강도도 더 세어진다. 이 시기가 지금까지 우리 삶을 무의식적으로 이끌어왔던, 저 깊은 곳의 상처들을 드러내는 데 매우 유익하다는 사실을 기억하면 도움이 될 것이다. 이 시간은 방어와 부정, 낡은 회피의 습관을 내려놓고 진리를 청해 받아들이는 시간이다. 의식했든 못했든 감정적·정신적으로 져온 수많은 짐들이 특별한 관계라는 테두리 안에서 인지되고 변형될 것이다. 당신을 자극해서 폭발하게 만드는 방아쇠들은 대개 당신의 핵심 상처와 관련된 감정을 끄집어내는 사람이나 환경이다. 이 시기에 공격받고, 배신당하고, 버려지고, 모욕당하고, 무능해지고, 무가치해졌다고 느끼는 것은 흔히 있는 일이다.

이 기간에, 특히 길을 잃었다거나 혼자라는 느낌이 들 때는, 우리가 겪는 이 힘겨움이 실은 위장된 축복임을 기억하며 더 큰 그림을 보려고 노력하라. 우리를 힘들게 하는 사람과 상황, 환경은 모두 전에 반응하던 것과는 다르게 대처해 보라고 우리를 초대하는 '선물'이다. 그것들은 훨씬 더 힘을 실어주는 방식으로 자신들을 바라보고 대하라고 가르친다.

만일 저항하거나, 부정하거나, 판단하거나, 방어하거나, 비교하거나, 비판하거나, 비난하고 있는 자신을 발견하면, 바로 멈춘다. 모든 만남 뒤에는 진리가 숨어 있으며, 각 단계들은 그 진리를 밝혀줄 것이니, 정신을 차리고 그 단계들을 통과하라. 스스로에게 "내가 어떠한 믿음을 붙잡고 있는가?" "그것들이 내 감정과 행동에 어떤 영향을 주고 있는가?" 물어볼 수도 있다. 이때 우리가 할 일은 매번 다시 선택하는 것뿐이다. 즉 이번에는 다르게 바라보겠노라고 선택하는 것이다. 앞서 말했듯이, '지금' 순간에 존재해서 자신의 생각과 감정을 관찰한다면 알아차림의 감각을 예민하게 키울 수 있다.

만약 뭔가를 찾고 노력하는데 좌절감이 든다면, 그것은 에고 스스로 자기가 '힘든 일'을 하고 있다고 믿는다는 표지이다. 노력해야 한다는 생각은 에고이며, 에고는 망상이다. 우리는 사랑의 현존을 알아차리지 못하게 가로막는 장벽들을 제거하는 중이지, 깨닫기 위해 애쓰고 있는 것이 아니다. 애쓴다는 것은 압력을 행사한다는 것이며, 압력을 행사하는 것은 에고의 일임을 늘 명심할 필요가 있다. 우리는 이미 티 없는 완전함 속에 있는 통합된 자아이다. 우리가 지금 하는 일은 그저 그 참자아를 뒤덮고 있는 것들을 제거하는 일이다. 에고와 더욱 동일시되는 위험을 피하려면, 매일 우리가 할 일이 깨달음을 얻는 것이 아니라 근원의 종이 되는 것임을 상기할 필요가 있다.

필요한 것은, 에고의 지식이란 우리를 이 몸이라는 형상에 붙잡아두는 덫이라는 사실을 온전히 깨달아 알고 겸손해지는 것이다. 에고를 초월한다는 것은, 진리를 바라보기 위해 기존에 알고 있던 것을 내려놓는다는 것이다. 진리를 손에 넣으려 혹은 그것에 도달하려 애쓸 필요가 없다. 그것은 이미 여기 있다. 우리는 그저 진리에 대한 방어를 내려놓고 '지금 있는 그대로의 현실'에 대한 저항을 멈추기만 하면 된다. 알고 있던 것, 한계가 있는 것을 포기하면, 진리가 보이기 시작할 것이다. 진리를 보기 시작할 때 우리는 진리를 살기 시작하고, 그러면 우리가 곧 진리임을 깨닫게 된다.

에고 내려놓기의 시작은 종종 영적 명현 현상으로 나타난다. 이는 우리에게 대중 의식과 집단적 조건화, 그리고 오래도록 품어온 자기 한계를 떨치고 나오기를 촉구하는 원상회복의 과정이다. 그것은 실로 알지 못하는 것, 제한 없는 것 혹은 절대적인 것을 받아들이기 위해 알고 있던 것(익숙한 것)과 한계가 있는 것을 떠나보내는 일종의 결별 과정이다. 우리는 에고의 거짓 안정 속에서 사는 대신, 알지 못함의 절대적 자유를 신뢰하게 된다. 우리는 이 원상회복 과정에 항복할 때 얼마나 큰 자유가 되살아나는지 모른다! 알지 못함을 껴안음으로써, 매순간 우리에게는 '진정한' 앎이 허용된다. 이때 우리는 알지 못함, 계획하지 않음의 가치를 제대로 알게 된다. 그러나 우리는 알지 못함을 몹시 불편해하며 그에 저항하려는 경향이 있다. 이 저항은 초기에 더욱 강해서 변화와 변형으로 인한 불편함이 더욱 커지는 것처럼 느껴질 수 있다. 저항은 늘 내면의 갈등을 만들어내고, 이는 우울로 이어진다. 이 시기에 우울한 느낌이 많이 든다면, 이것은 의료 조치가 필요한 심리적 우울증이라기보다는 일종의 영적 명현 현상일 가능성이 훨씬 더 높다.

이러한 영적인 명현 현상은 우리가 이 과정의 희생양이 아니며 따라서 무력하지 않다는 사실을 알고 있다는 점에서 다른 명현 현상과는 다르다. 깊은 중심에서 우리는 진리와 사랑을 삶 안에 초대했음을 알고 있다. 우리는 그 과정에 때로는 힘든 변형의 작업이 포함될 수 있음을 잘 알고 있다. 우리는 우리가 에고를 내려놓는 과정에 있다는 것도 알고 있다. 우울한 기분이 들 때 필요한 것은 신뢰이다. 무력감이라는 에고의 감정에 사로잡히지 않기 위해서는 신념과 용기가 요구된다. 기억하라. 모든 것은 완벽히 통합된 질서 속에서 드러날 것이다. 우리가 해야 하는 몫은 다만 자기 정직, 지금 순간에 깨어 있음, 그리고 목적에의 헌신뿐이다.

사회적 고립: 원인과 결과

이제 영적 성장은 우리의 모든 생각과 감정과 행동에 개인적으로 책임을 지는 것임을 알게 되었다. 우리는 처음의 생각에서부터 나중의 행동에 이르기까지 우리 삶의 원인은 바로 자신임을 이해했다. 우리는 우리가 세상을 보는 방식에 책임이 있다. 그리고 모든 결과가 우리의 인식에서부터 비롯되었음을 안다. 이것을 알 때에만 우리는 영적 깨달음을 향해 나아갈 수 있다. 어떤 개인적 책임도 지지 않는 대중 의식에 합류하기를 거부할 때 우리는 사회적으로 고립된다. 대부분의 사람들은 근본적인 차원에서 세상의 희생양으로 남아 있다. 모든 고통의 원인이 어디에 놓여 있는지를 진실로 알지 못하기 때문이다. 그들은 자신이 겪는 비참함의 원인이 무엇인지 질문을 던질 생각조차 하지 않는다. 마치 집단 무의식이라는 주문에라도 걸린 듯 이 모든 나쁜 결과들이 임의의 혼돈에서 왔고, 모든 좋은 결과들 역시 임의적인 보상이라고 믿는다.

현실의 원인은 우리 자신이며, 따라서 이 현실은 우리 각자가 투사한 결과라는 생각은, 많은 이들에게 사뭇 위협적인 것으로 보일 수 있다. 사교 활동과 매일의 대화에 참여하는 것은 종종 원상회복 초기 단계의 믿음이나 가치와 커다란 대조를 이루는 수가 있다. 우리는 우리의 인식 속에서 일어난 이 근본적 변화 때문에, 솔직히 말해 시간과 에너지의 낭비일 뿐인 무의미한 대화에 더 이상 참여할 수 없을 정도로 의욕을 잃어버렸다는 사실을 돌연 발견하게 된다. 우리는 더 이상 가짜가 되기 싫고, 참자아 앞에서 거짓된 모습으로 살고 싶지 않다. 따라서 우리는 이 시기에 자신을 소모시키는 모든 사회적 접촉으로부터 물러나고 싶어 한다.

가까운 관계의 경우 기존의 관계 방식을 새로운 통합된 사고 체계에 좀더 일치시키려는 과정에서 어려움이 생길 수 있다. 과거의 관계 방식이 조건적이었다면, 우리에게 숙제는 공격이나 판단, 죄의식 없이 진리를 관계 안으로 가져오는 것이다. 진리를 따르는 것이 다른 사람에게는 마치 사랑을 거두어들이는 것처럼 보일 수도 있다. 우리 대부분은 '에고 달래기'에 중독되어 있으며, 그것을 사랑으로 착각한다. '에고 달래기'를 멈출 때 관계가 불안정해질 수 있는데, 이때 보통 상대에게 한바탕 화를 퍼붓는다든지 자신의 기분을 투사하는 일이 잦다. "실재하는 어떤 것도 위협을 받지 않는다"면, 지금 이렇게 진짜 관계를 맺어나가다 보면 결국은 긍정적인 변화가 이루어질 것이다. 만일 상대가 이 변화를 거절한다면, 그것은 애초에 이 관계를 유지하는 데 필요한 진정한 존중과 사랑이 부족했기 때문이다.

우리에게 힘을 주던 신념이 다른 사람들과 공유되지 못하고, 그래서 이들로부터 지지받지 못한다고 느낀다면, 우리는 한동안 자신은 물론 이 신념에 대해서도 회의가 생길 수 있다. 그때 우리는 당신이 맨 처음에 했던 맹세를 기억하라고 말하고 싶다. 또한 지금 이 순간 당신은 영적으로 앞선 사람이며, 당신 마음이 열려 있지 않았다면 애초에 당신 가슴속에서 들려온 그 깨어나라는 '부름'을 듣지 못했을 것이라고 말해주고 싶다. 우리의 자유는 우리가 그 부름에, 또 통합된 자아에 대한 기억에 한결같이 응답하느냐의 여부에 달려 있다.

일, 직업, 흥미

때로 우리는 일이나 직업과 관련해 중요한 결정을 해야 할 때가 있다. 통합된 자아에 더욱 일치되어 살고자 할 때, 우리는 희생과 특별함이라는 에고 망상이 주는 거짓 유익함에 대한 집착을 내려놓을 수 있는지 시험을 받게 된다. 만일 에고를 내려놓기 전에 일이나 직업에 자신을 희생하고 있었거나 뭔가 내적 갈등이 있었다면, 우리는 변화에 직면할 가능성이 매우 높다. 하지만 그 변화는 언제나 우리에게 힘을 가져다주는 변화이다. 에고 내려놓기 과정에는 모든 내적 갈등을 파악해서 그 불씨를 키우는 문제점들을 파헤쳐보는 과정이 포함된다.

두려움에 근거하고 있는 부분들은 우리가 그것들을 다시 평가할 수 있도록 집중적으로 조명될 것이다. 때로 예전의 취미, 흥미, 심지어 열정조차도 이제는 중요치 않게 여겨질 수 있다. 이러한 변화는 늘 우리를 도우려는 목적으로 일어나는 것으로, 과정이 더 진행되기 전까지 지혜는 모습을 드러내지 않을 것이다. 전에 우리에게 거짓된 자아 정체감과 안전감을 주던 것들이 모두 변형되거나 제거되기를 요구받을 것이다.

에고 내려놓기 과정이 좀더 진척되면, 현재 우리의 필요에 적합하지 않은 일들은 계속해 나아가기가 어려울 것이다. 왜냐하면 이 두 현실은 서로 배타적이기 때문이다. 이 강도 높은 시기에는 보통 에고 내려놓기 과정이 지닌 엄청난 가치를 존중하고 이해하는 비슷한 마음의 사람들과 함께 보내는 게 가장 좋다.

몸

때로는 에고를 포기하는 것에 몸이 반응하기도 하는데, 병을 앓는 것이 바로 그것이다. 이런 일이 일어났을 때는 비록 무의식적일지라도 몸이 에고의 지시에 반응해서 일어난 일임을 알고 기억한다면 도움이 된다. 몸이 아플 때는 언제나 지금 순간에 깨어 있고자 노력하면서 통합된 자아에게 "내 몸이 말하는 것이 무엇인가요? 내가 겪고 있는 내적 갈등이 무엇인가요? 어떻게 하면 평화로 돌아갈 수 있나요?"라고 묻는 것이 좋다.

명료함을 청하라. 그리고 병에 어떤 의도나 목적이 없다는 집단 의식적인 에고의 믿음에 안주하지 말라. 몸의 아픔에는, 우리가 그것을 겪을 필요가 있는 한, 커다란 지혜와 가르침이 있을 수 있다. 앞서 언급했듯이 우리가 에고와 과도하게 동일시하는 영역(몸, 육체적 쾌락과 중독)에서는 어디서든 변형이 일어날 수 있다. 예를 들어 '명현 현상'이 일어나는 시기에 병은 금연, 체중 감량, 건강한 생활 습관 들이기 등의 긍정적 결과로 이어질 수 있다. 통합된 자아에 대한 신뢰가 커지고 에고를 더욱 오롯이 내려놓을수록 우리는 몸의 한계 너머에서 모든 사람이 완벽하고 하나로 일치되어 있음을 알게 된다.

가장 큰 교사는 누구인가?

기쁨을 추구하고 고통을 피하려는 우리의 에고는, 가장 큰 교사는 에고가 생각하는 방식의 사랑과 지지를 베풀어주는 이들이라고 말할 것이다. 에고는 우리에게 시련을 주는 사람, 우리로 하여금 방어적이거나 공격적인 행동을 하게 만드는 사람이 큰 교사임을 제 스스로는 결코 알지 못할 것이다. 거북하다든지, 자신이 옳다고 생각된다든지, 화가 난다든지 하는 우리의 반응을 보면 누가 그런 사람들인지 알아볼 수 있다.

우리를 좌절시키고, 화나게 하고, 상처를 주고, 혼란스럽게 하고, 또 우리를 저버리는 이들은 우리의 가장 큰 교사들이다. 이들은 연인일 수도 있고, 가족이나 친구, 동료, 부모, 자녀, 심지어 낯선 이일 수도 있다. 이들은 우리로 하여금 다양한 반응을 하도록 자극하면서 우리의 안정을 뒤흔들어놓는다. 이처럼 우리를 '짜증나게 하는' 사람들, 때로는 우리를 마치 고문이라도 하는 듯한 사람들은 우리의 자유와 해방에 강력한 열쇠를 쥔 사람들이다. 이렇게 시련을 주는 행동이 없다면 우리의 에고는 쉽게 자기만족감에 빠질 것이고, 마침내는 오직 우리를 무너뜨리는 것 말고는 관심이 없는 거대한 괴물로 자라난다. 이 교사들과의 만남을 통해서 우리는 이들의 '공격적인' 행동 이면의 대조되는 것들을 보고 많은 것을 배운다. 이 여행을 계속 하면서 의식이 성장하다 보면 우리는 이들이 우리 삶에서 중요한 존재들임을 알게 된다.

많은 수의 교사들이 갈등을 통해 지식을 전해주지만, 때로는 사랑을 통해 우리를 가르치는 교사를 만나기도 한다. 이들은 우리를 용서하고 우리 잘못을 관대히 보아 넘겨주기로 선택하는, 우리 삶에 있어서 아주 특별한 사람들이다. 그들은 우리의 인간적인 잘못에도 아랑곳 않고 우리를 사랑해 왔고 앞으로도 계속해서 사랑해 줄 이들이다.

교사 중에서도 가장 위대한 교사는 아마도 조건 없는 사랑을 행하는 사람일 것이다. 에고의 조건 없이 한결같이 사랑하는 사람을 보기란 매우 드문 일이다. 우리는 모두 조건 없이 받아들여지고 용서받기를 갈망한다.

그리고 용서를 받을 때 믿기 어려울 정도로 큰 해방감을 느낀다는 것도 알고 있다. 용서 행위는 용서하는 자와 용서받는 자 모두에게 크고 긍정적인 영향을 끼친다. 다른 사람의 잘못을 관대히 보아 넘겨주는 것은 변형의 힘이 가장 강력한 선물로서, 여기에는 가장 순수한 형태의 사랑을 가르칠 수 있는 힘이 들어 있다. 그것은 사랑의 현존을 알아차리지 못하게 가로막는 장애물을 제거할 때 가능하다. 모든 인간의 중심에는 조건 없이 사랑받고 싶은 바람이 있다. 이것은 에고와 에고가 믿는 가치를 통해서는 결코 가능하지 않다.

상대의 잘못을 관대히 보아 넘김으로써 에고를 뛰어넘고 의심하기를 멈추기 위해서는, 그리하여 기적을 시작하기 위해서는 단지 한 사람만 용서하면 된다. 용서의 기적은 활용할 수 있는 모든 가르침 도구 중에서 가장 위대하다. 하지만 에고의 관점에서는 가장 받아들이기 어려운 것이리라. 위대한 교사들은 거의 아무것에도 저항하지 않는다. 그들은 방어하는 대신, 진리에 굳게 헌신한다. 그들은 사람들을 이끌어주되 그들을 통제하거나 비난하는 일이 없고, 그들에게 충성심을 요구하지도 않으며, 그들로부터 우월감이나 인정, 사랑을 얻으려고도 하지 않는다. 그들은 "실재하는 어떤 것도 위협을 받지 않는다"[12]는 것을 알기 때문에 아무것도 방어하거나 보호하려고 하지 않으며, 그렇게 함으로써 우리 자신의 통합된 자아와 완전함을 확증해 준다.

진리를 구하는 자로 시작했다가 진리를 전하는 교사가 된 이들 중 에고를 내려놓기 직전에 멈추어 서는 이들도 많다. 그들은 에고를 내려놓는 데 엄청난 희생이 필요하다고 인식하고 저항하다가, 여정의 마지막 문턱을 넘지 못하고 오랫동안 매우 제한되고 구속된 상태로 머무른다.

우리는 사람들에게 수많은 변형의 지식을 가르치면서도 자기 에고의 죽음이라는 마지막 문턱은 넘지 않으려 하는 수백 수천 명의 영적 교사들을 볼 수 있다. 이들이 자신의 에고를 온전히 내려놓지 않는다면, 거꾸로 학생들에게 자신의 에고를 주입해 그들의 영적 발전을 지연시킬 위험이 있으므로 이 점을 주의해야 한다.

치유된 교사는 에고를 내려놓은 이들이다. 이들이 에고를 내려놓았음은 그 겸손함을 보면 알 수 있다. 이들은 삶의 예시들을 통해 가르치며, 에고의 방식을 훤히 꿰뚫어보기 때문에 에고의 유혹을 받지도 않는다. 따라서 치유된 교사란 모두가 공유하고 받아들이는 절대적 신뢰만을 그대로 되비쳐주는 깨끗한 거울과도 같다.

따뜻하고 친절하고 부드러우며 다른 사람들에게 힘을 북돋아주는 사람이라면 대부분의 구도자가 이상적 교사의 전형으로 바라볼 것이다. 많은 이들이 바라는 학습 환경이나 상황이란 천상의ethereal 아름다움과 보살펴주는 따뜻한 손길로 가득 찬 곳일 것이다. 그러나 원상회복의 여정을 갓 시작한 대부분의 사람들은 과격하거나 때로는 잔혹하기까지 한 상황이나 사람을 꼭 만난다. 그런 상황이나 사람은 모두 한 가지 목적을 가지고 있다. 그 목적이란, 보편적 영감을 향해 우리의 인식을 고쳐달라고 스스로 청할 때까지 우리 에고를 계속 뒤흔들고 괴롭히고 충격을 주기 위해서이다.

에고 망상을 부숴버리기 위해서는 참을 수 없는, 심지어 아주 지독한 사람과 환경이 필요하다! 에고는 때로 다방면으로 극단적인 대결을 부추기는데, 그러한 상황이야말로 에고의 지배력을 풀고 그 자리에 진정한 인식이 들어설 수 있게 하는 최고의 기회이다. 우리가 의식 속으로 보편적 영감을 초대하지 않으면, 에고는 우리를 깊은 잠 속에 계속 붙잡아둔다. 거기에서는 매일매일 악몽이 우리를 위협한다. 우리는 자신과 주변 사람들이 만들어낸 세상의 조건, 법칙, 매일매일의 두려움을 인식함으로써, 그것들에 교묘하게 속아 넘어가고 그 안에 완전히 갇히고 만다. 이것은 우리가 그 안에서 견디고 또 살아남으려 애를 쓰는 짙은 안개와도 같다. 우리는 대부분 이 짙은 안개를 의식하지 못한 채 그것을 '삶'이라고 부른다. 이 깊은 잠에서 빠져나와 진정한 삶 속에 다시 태어나 사는 것은 오직 에고와의 동일시를 깨뜨림으로써만 가능하다. 있을 수 있는 시련 중 가장 큰 시련이면서 우리의 완전한 해방이 놓여 있는 곳이 바로 에고 내려놓기 과정이다. 에고를 내려놓는다는 것은 인간의 그 어떤 업적보다도 위대하다. 이를 통해 우리는 숭고한 공동 창조자가 되고, 기적의 변형을 이루는 승리자가 된다.

어쩌면 우리는 에고를 초월하는 것만이 우리가 태어난 유일한 이유이며, 에고를 초월할 때까지 삶은 망상의 순환이리라는 것을 이미 알고 있다. 이것을 올바로 볼 수 있다면 우리가 만나는 모든 고난과 혹독한 교사들을 배움의 값진 도구로 볼 수 있을 것이다. 이러한 마음을 가질 때 우리는 온갖 저항을 잠재울 수 있고 변형을 앞당길 수 있다. 에고의 인식을 굴복시킬 때까지 우리는 여전히 생각과 믿음과 감정—이들은 사고와 갈등, 질병, 재난 등으로 표현된다—으로 우리 삶을 통제하는 에고의 주문에 걸려 있는 셈이다.

에고를 원상태로 되돌리는 목적은 사랑을 온전히 알아보고, 받아들이며, 소중히 여기는 것이다. 이 목적을 이루기 위해서는 결국 에고의 망상, 두려움과 죄의식에 대한 집착을 놓아버려야 한다. 그때에만 사랑을 온전히 알고 또 받아들일 수 있다. 이 변환 과정을 통해서만 통합된 자아의 씨앗이 에고라는 단단한 외피를 뚫고 나와 꽃망울을 터뜨리며, 자유롭게 된다. 그것은 땅거죽 위로 솟아 올라와 빛과 아름다움이 가득한 세상에 새로이 태어난다. 오직 이때에만 에고의 껍데기에서 풀려나온 이 씨앗이 잠재력을 완전히 싹틔우며 옹글게 피어날 수 있다.

에고 내려놓기 과정은 보편적 영감, 즉 통합된 자아의 목소리에 대한 절대적 신뢰로 우리를 데려간다. 이 목소리 말고는 어디에도 우리 마음을 어루만져 주는 목소리가 없다는 걸 우리는 알게 된다. 우리는 모든 생각과 의도를 이 힘에 맞추고, 날마다, 아니 일분일초마다 그 힘에게 묻고 의지한다. 다른 어떤 노력도 필요하지 않다.

이 통합된 자아와 함께 흘러갈 때, 우리 삶은 그 일치됨에 대한 경이로운 반영이 된다. 모든 사람, 사물, 환경이 통합된 조화의 손길 아래 있음을 알기에 깊은 평화가 찾아든다. 에고의 항복은 희생이 아니다. 지옥을 지상천국과 맞바꾸었다면 과연 그것을 희생이라 부르겠는가?

이제 준비가 된 우리에게 필요한 기도는 이것이다. "저를 망상으로부터 자유롭게 해주소서. 제가 바른 마음가짐을 갖게 하소서." 진심과 열정을 갖고 기도를 드린다면 이 단순한 요청은 반드시 이루어질 것이다. 이 기도를 통해 우리의 목적지가 확실해지며, 집으로 돌아가는 이 여정의 순간순간마다 우리는 인도를 받을 것이다. 에고 내려놓기 과정을 마칠 때 우리는 놀라운 선물을 받겠지만, 우리는 그 선물에 집착하지 않을 것이다. 에고를 내려놓음으로써 잃었다고 생각했던 모든 것이 예전의 망상을 벗은 순수한 모습으로 돌아와 있음을 볼 것이다.

에고의 자존심: 망상

자존심이라는 욕구를 부추기는 동력은 불행하게도 또 당연하게도 에고이다. 앞서 설명했듯이 이 망상적 자아는 분리의 욕구, 특별해지고 싶은 욕구를 양분삼아 힘차게 자라난다. 우리 삶에서 망상적 특별함으로 점철된 모든 부분은 재평가와 수정을 요구받을 것이다. 에고라는 접착제로 간신히 버티던 저 불건강한 버팀대들은 하나도 남김없이 해체를 요구받을 것이다.

'자존심'이라는 에고의 용어는 에고가 스스로를 속여 그런 것이 실재한다고 받아들인 것으로, 잠시 자신의 이기적인 욕구를 약화시킨 것에 불과하다. 이 '자존심'은 언제나 에고의 존재에 대한 인지된 위협을 가리키는 용어, 곧 스트레스로 변하기 쉽다.…… 에고는 자기가 완전히 스스로에게 근거하고 있다고 믿는 마음의 신념이다.…… 에고는 스스로보다 더 큰 무엇(근원)인가에 의해 거부당한 것처럼 인식한다. 이것이 자존심이라는 에고의 용어가 망상적일 수밖에 없는 이유이다."[13]

깨달음은 세상에 가해질 수 있는 가장 큰 위협이다. 하지만 오늘날 영성을 사고파는 시장에서 이 중요한 사실은 너무 자주 간과되는 것 같다. 사실 영적 변형이라는 이름 아래 많은 이들이 자신을 개선하려고 많은 시간과 노력을 기울이고 있다. 그러한 자아 개선의 궁극적 의미가 무엇인지 질문하지 않은 채로, 혹은 그 자아가 살아가는 세상의 전체 관점에 대해 의문을 던져보려는 생각도 하지 않은 채로 말이다.[14]

에고는 늘 자신을 개선하고 부풀리고 만족시킬 방법을 찾는다. 이는 거짓 가치감을 유지하기 위한 것으로, 저 자신을 의미 있고 가치 있게 보이기 위한 시도이다. 그러나 그것은 이미지이지 진리가 아니다. 진리는 실재하는 어떤 것도 위협받을 수 없다고 말한다. 따라서 '실제로 존재하는' 그 무엇도 개선되거나 부풀려지거나 만족될 필요가 전혀 없다. 에고의 망상일 뿐인 이 세상에서 통합된 자아가 바라는 것은 단 하나, 바로 에고를 내려놓는 것이다. 통합된 자아는 단 하나뿐인 참된 의지, 곧 통합된 의지를 드러냄으로써 에고 동일시의 마지막 흔적까지 깨끗이 쓸어내며, 그렇게 해서 우리는 그것이 바로 우리 자신의 자아임을 깨닫게 된다.

에고에 대한 의심 키우기

우리가 마음을 바쳐온 모든 에고 영역은 난관에 부딪히고 변형이 될 것이다. 능력, 관계, 물질, 지위, 신체 등에 연관된 에고의 속성들은 치유와 변형을 위한 집중 대상이 될 것이다. 에고 내려놓기의 필수 조건은 삶의 거의 모든 영역에서 자기를 의심해 보는 것이다. 우리의 삶, 믿음, 가치의 모든 망상적 측면들에 대해 의심하고 회의하는 것은 이 경우에 명백히 도움이 된다. "나는 아무것도 모른다"라고 자주 말할수록 우리는 그만큼 더 통합된 자아에게 가까워진다. "나는 나에게 가장 유익한 것을 알지 못한다"라는 말도 상당히 큰 도움이 된다. 무슨 일이 있어도 의심해서 안 되는 한 가지는 통합된 자아를 의심하는 것이다. 이는 근원을 의심하는 것이며, 모든 사람과 상황이 가치 있는 것과 가치 없는 것을 깨닫게 도와주는 존재들이라는 보편적 신뢰가 부족한 것이다.

에고를 내려놓는 경험으로부터 우리가 배우는 것은 자존심이라는 것이 아무런 의미도 없으며, 단지 진리로부터 우리 눈을 멀게 할 뿐이라는 사실이다. 우리는 에고가 공들여 온 것들이 사라지거나 변형되는 것을 직접 경험할 때 이를 진실로 깨닫게 된다. 에고를 내려놓으면 자존심이 위협을 받거나 완전히 사라져버리는 것처럼 보이는 것은 바로 이 때문이다. 이 (거짓된) 자존심을 비롯해 에고를 지탱시켜 주던 버팀대가 모두 무너지고 우리가 더 이상 자신을 망상과 동일시하지 않게 되는 순간 우리는 새로 태어난다. 이제 우리는 내면의 평화, 무한한 신뢰, 그리고 놀라울 정도로 증대된 능력을 갖게 된다.

이 점을 기억하라. 우리가 에고를 원상태로 되돌려놓는다는 개념을 받아들인다면, 우리와 가장 가까운 사람들 역시 그 영향을 받을 것이다. 에고는 변화에 의해 위협받는다고 느끼기 때문에, 우리는 가까운 이들의 저항에 맞닥뜨릴 수도 있다. 이것은 흔한 일이다. 집단적인 의식에서 한 발짝 떨어져 나올 때 우리는 자신과 관련된 많은 사람들에게 유익한 통찰을 줄 수 있는데, 그런 통찰 가운데는 뭔가 삶의 조정을 요구하는 것들도 있다.

예를 들어 자꾸 삶의 피해자인 양 패턴을 반복하는 오랜 친구가 있다고 하자. 우리는 그 친구의 에고상을 지지해 줌으로써 자기도 모르게 그 친구가 스스로 살아갈 힘을 빼앗고 있었다는 걸 깨닫게 되었다. 이에 우리는 태도를 바꾸어 그 친구가 힘을 얻을 수 있는 새로운 방식으로 그를 도와주기로 한다. 어쩌면 이렇게 진정한 사랑을 보여줌으로써 우리는 그 친구에게 자기 현실에 스스로 책임을 진다는 것이 무엇인지를 가르쳐줄 수도 있다. 친구는 이제 무엇이 더 가치 있는지, 즉 우정이 더 가치 있는지 아니면 피해자 정체성을 갖는 것이 더 가치 있는 것인지를 선택해야만 한다.

에고 내려놓기 과정에 들어서면 삶의 거의 모든 영역이 바뀔 수 있다. 이때는 우리가 집단적인 에고의 신념과 가치로부터 떨어져 나오고 있는 중이기 때문에, 일시적으로 사회적으로 고립되는 현상이 생기기도 한다.

6 ·   에고 내려놓기의 여섯 단계

       에고를 원상태로 되돌리는 과정에서 우리는 영적 성장의 몇 단계를 거치게 된다.《기적 수업》에는 우리의 인식에 심오한 변형을 가져오는 이 중요한 시기에, 모든 것 안에 보편적 질서가 깃들어 있다는 믿음, 그리고 보편적 영감이 틀림없이 우리와 함께하며 우리를 이끌어준다는 믿음을 발전시켜 가는 여섯 단계[1]가 정리되어 있다. 5장에서는 그 여섯 단계를 개괄적으로 소개했고, 이제 6장에서는 이를 좀더 깊이 있게 살펴볼 것이다. 이 6장의 내용은 에고 내려놓기 과정에서 겪게 되는 경험들의 길잡이 역할도 해줄 것이다. 나아가 이 중요한 시기에 우리 안에서 그리고 타인과의 관계에서 전형적으로 일어나는 변화들에 대해서도 깊이 살필 수 있도록 도움을 줄 것이다. 불안정을 야기할지도 모르는 경험과 변화에 대해 미리 언질을 받는다면, 자신이 옳은 길을 가고 있는지 의심이 들 때 그 불안감을 진정시키는 데 도움이 될 것이다.

       삶의 방향을 급진적으로 돌려서 에고를 원상태로 되돌리겠다는 결심은 때로 깊은 환멸감이나 위기감에서 나올 수도 있다. 예를 들어 사랑하는 사람의 갑작스런 죽음 같은 개인적 비극을 겪고 그런 결심을 할 수 있다. 또 아래와 같은 경우에 상실이나 변화를 경험하고 에고와의 동일시가 정점에 달한 상태에서 그런 결심을 할 수도 있다.

- 연인 관계나 가족 관계 등에서
- 직업, 가족, 사회적 지위에서
- 물질적 부나 재산에서
- 자아상, 몸(노화 등), 성격에서
- 몸과 마음의 건강(장기간의 우울이나 의욕 상실)에서

이때 삶의 위기는 대부분 우리의 주의를 환기하는 일종의 경종 역할을 한다. 그것은 우리의 신념과 가치관에 의문을 던지게 하고, 과거의 방식에서 벗어나 삶을 이끌어갈 더 나은 방법과 세상을 바라보는 더 나은 길을 찾으라고 주장한다. 우리는 다양한 방식으로 두려움과 갈등에 대처하는 법을 익히면서 무의식적으로 살아가다가, 결국 실망과 상실, 그리고 삶을 뒤바꿀 정도의 변화에 맞닥뜨리고, 결국 견디기 힘든 고통을 맛본다. 이러한 고통이 우리를 최면 상태에서 깨어나 행동에 나서도록 만들고, 궁극적으로는 삶의 '진정한' 목적에 깨어나도록 이끌어준다.

1단계 : 원상회복

이 첫 단계에서 우리는 우리의 핵심 관심사가 전적으로 달라졌다는 것을 아직 의식하지 못하기 쉽다. 지금까지 우리의 세계 인식은 분리에 근거해 왔고, 모든 문제에 대한 대답을 에고에 의존했다. 그 덕분에 혼돈과도 같은 삶 속에 '질서'가 유지되는 듯 보였다. 그러나 이제 깊은 환멸감이 우리를 덮치면서, 삶의 더 깊은 의미를 알고 싶다는 우리 안의 갈망이 일어난다. 이제 우리는 새로운 안내자를 찾고, 전과는 다른 답으로 당면한 어려움을 해결하고자 한다. 두려움과 혼란, 혼돈이 '더욱 강해지는' 듯 보이는 것이 이 시기이며, 특히 초기에는 더욱 그러하다. 그러나 이 국면은

진실로 커다란 기회이다. 우리는 자신의 나약함을 절실히 깨닫고 깊은 허무에 두려워 떨게 되어야 비로소 영혼의 탐색을 시작하고, 근원과 보편적 영감을 향해 소리치며, 순수한 의도로 그에게 도움을 구한다. 일시적으로 에고가 사라지고 진심으로 진리를 간청할 때, 우리의 이러한 나약함은 강함이 된다.

첫걸음

깨달음을 향해 첫걸음을 내딛을 때는 다음의 것들을 기꺼이 받아들이고 여기에 헌신해야 한다.

- 진리의 눈으로 보면 우리는 아무것도 모른다는 것을 인정하는 것.
- 진리를 배우는 데 방해가 되는 우리 안의 모든 장벽을 허무는 것.
- 자신의 제한된 정체성과 신념 등 그동안 실재라고 생각했던 거의 모든 것을 버리는 것.
- 날마다 자신의 현실을 만들어가는 것이 오로지 자신뿐임을 인정하면서 자기 삶에 온전히 책임을 지는 것. 이때 무력감이 끼어들 여지는 없다.
- 이 과정의 초기에 많은 두려움이 일어날 수 있다는 사실을 받아들이고, 그 두려움을 피하기보다 직면하는 것.
- 깨달음을 향한 변화들이 당시에는 불편하고 고통스러우며 두렵더라도 실은 모두 유익하다는 사실을 받아들이는 것.

한 가지 주의할 점은, 거의 모두는 아닐지라도 많은 영적 구도자와 교사가 아직 이 첫 단계를 마치지 않았다는 점이다. 영적 지식은 놀라우리

만치 많이 쌓았을지 모르지만, 그들의 에고는 아직 그대로 살아있다. 에고의 책략은 참으로 경악스럽다. 에고는 더 많은 영적 정보를 찾고 수집하면서 마치 자기가 깨달음을 얻은 것처럼 보이게끔 해주는 수단들을 바로바로 계발해 낸다. 자신은 물론 다른 누구라도 자기가 마치 깨달음을 얻은 양 믿게 할 속셈으로 그렇게 엄청난 영적 정보를 축적해 두는 것이다. 그러나 '깨달음을 얻은' 척하는 에고는 아직 원상회복의 과정을 시작도 하지 않은 것이다. 사실 나중에 폐기해야 할 신념들을 잔뜩 모은 것이기에, 오히려 정반대의 방향으로 달려가고 있는 셈이다! 그러니 지혜를 찾아 계속해서 밖으로 헤매는 에고의 망상을 조심해야 한다. 지혜는 '원상회복'의 과정을 통하여 드러나지, 지식을 더 많이 쌓는다고 드러나지 않는다.

첫 단계에 진입함으로써 에고를 버리고 원상회복하는 과정이 시작된다. 그 방법은 우리가 진실로 누구인지 밝혀질 때까지 자기 기만의 층들을 하나씩 벗겨내는 것이다. 우리는 모든 믿음과 가치관, 인식, 관계 들에 질문을 던져봄으로써 정말로 가치 있는 것과 그렇지 않은 것이 무엇인지 배우기 시작한다. 이는 우리가 처음으로 보편적 질서를 일별하는 지점으로, 이때 우리는 보편적 지성이 주는 변화들을 신뢰해야 한다. 여기에는 무력감이나 희생자 의식 같은 것이 끼어들 여지가 없다. 그런 것이 끼어들면 진리를 받아들일 기회가 사라진다.

비록 불편한 것이라 하더라도 모든 변화가 유익하다는 사실을 이해하고 받아들이도록 스스로를 격려하는 것 역시 이 시기에 해야 할 일이다. 우리가 원상회복의 과정 속에 있으며, 이것이 우리를 자유와 마음의 평화로 더 가까이 이끌고 있음을 한시도 잊지 않는 것이 현명한 태도이다.

이 단계들을 밟아나가면서 십중팔구 두 가지 상반되는 사고 체계, 즉에고의 사고 체계와 통합된 자아의 사고 체계 사이에 충돌이 빚어지고, 이 때문에 내적으로 큰 갈등에 직면하게 된다는 점을 우리는 잘 알고 있어야한다. 긴 세월 에고를 보호하고 돌보면서 무력감과 제한, 판단으로 중무장해 왔는데, 갑자기 존재의 토대 자체를 뒤흔드는 듯한 낯선 개념을 받아들이게 되었기 때문이다.

에고는 우리가 자신의 최고의 적을 껴안고 있다는 사실, 현실에 대한 책임이 오로지 우리 자신에게 있다고 우리가 인정한다는 사실에 분개한다. 에고의 적개심을 상상할 수 있겠는가? 궁극적으로 에고의 생명줄은 이런 것이다. 우리는 우리가 보는 세상의 희생양이고, 다른 이들이 우리를 공격할 수 있으며, 죄의식과 처벌은 당연한 것이요, 주는 것은 무엇인가를 빼앗기는 것이라는 망상적 신념! 그런데 이제 우리는 그 망상에 의문을 제기하며 그에 대한 믿음을 거두어들이기 시작한다. 따라서 여느 때처럼 텔레비전 뉴스에서 나쁜 소식들이 봇물처럼 쏟아지는 것을 보더라도, 우리는 그것을 조금 다르게 볼 수 있다. 어쩌면 그 피해자들이 범죄자로 보이는 이들의 희생양이라고 더는 생각되지 않을지도 모른다. 그 대신 피해자들이 깨어 있지 않은 의식으로 살고 있으며, 그 결과 자신의 불행한 현실을 만들어내고 있다고 볼지도 모른다.

에고는 자신의 정체성이 그 즉시는 위협받지 않으므로 우리가 이 생각을 저항 없이 받아들이도록 내버려둘 수도 있다. 그러나 에고에게 좀 더 도전적으로 보일 수 있는 시나리오가 또 있다. 연인 혹은 가장 친한 친구가 어느 날 쿵쾅거리며 들어오더니 당신을 본체만체한다. 화가 나 있는 게 분명하다. 당신은 당황스럽기도 하고 겁도 나고 화도 나서 묻는다. "왜 그래?" 돌아오는 대답은 "내버려둬. 말하고 싶지 않아!"이다. 이제 당신은 불안해지고, 그 즉시 두려움에 찬 생각이 올라올 것이다. '내가 뭘 잘못했다고?' '그가 나를 사랑하지 않는구나.' '이 상황이 너무 싫어!' '우리 이야기 좀 해, 당장!' 이처럼 극적인 상황에서 우리는 대부분 자기 생각을 명료히 알아차릴 수 있을 때까지 충분히 기다리지 못한다. 대개는 두려움에 찬 익숙한 생각에 휘말리고 또 그런 방식으로 대응한다.

이때 새로운 사고 체계를 가진 사람이라면 먼저 주의를 집중하고, 이어서 희생자가 되기보다는 자기 생각과 반응의 관찰자가 되는 쪽으로 의식을 옮길 것이다. 그러면 다음과 같은 점들이 떠오를 것이다.

① 상대에게 반응하지 않고, 내 안에서 올라오는 생각과 느낌을 관찰하자.
② '지금 있는 그대로의 현실'을 받아들이자. 지금 이 순간의 현실은 상대가 갈등 속에 있다는 것이다. 만일 내 생각이 현실과 다투고 있다면, 갈등을 하나 더하는 셈이다.
③ 이것이 누구의 일인지 알아차리고 받아들이자. 이 경우는 상대의 일인지, 아니면 내 일인지 알아차린다. 그리하여 상대의 바람을 존중하고, 그 생각을 머릿속으로 분석하는 일을 삼간다. 그렇지 않으면 상대방의 생각에 간섭하는 것이다. 그 생각은 내 일이 아니라 상대방의 일이다.

만일 이렇게 했는데도 역기능적인 생각이 너무 강해 떨쳐내기 힘들다면, 바이런 케이티의 '작업'[2]을 시도해 보라. 펜과 종이를 준비하고, 네 가지 질문을 스스로에게 던져본 뒤, '뒤바꾸기' 연습을 해보라.(부록 1 참조)

원상회복의 첫 단계에서 우리는 세상을 보는 이 새로운 방식에 열려 있기는 하지만, 이 초반기의 시련을 헤쳐 나갈 준비는 아직 되어 있지 않은 경우가 많다. 우리가 보고 겪는 현실이 투사의 결과라는 생각을 머리로는 이해할 수 있을지 모른다. 그러나 우리가 소중하게 여기는 관계, 물질적 소유, 신념 등 개인적 문제에 실제로 맞닥뜨리게 되면 자기도 모르게 이 생각을 잊어버리기 쉽다. 이 시련이 너무 버거워 그에 대한 책임을 질 엄두를 내지 못하는 것이다. 예를 들어 관계나 직장에서 위기에 부딪혔을 때, 에고는 문제가 '저기 바깥'에 있다는 예전의 관점을 고집한다. 이와 동시에 문제가 '실은' 자신의 생각과 믿음 안에 있다는 것도 깨닫기 시작한다. 이렇게 두 가지 반대되는 혹은 충돌하는 사고 체계의 목소리를 듣는 까닭에 우리는 갈등에 놓이게 된다.

우리는 '저기 바깥'에 있다고 보는 것들이 실은 자기 마음속의 생각과 신념의 반영일 뿐이라는 새로운 개념을 곱씹어보기 시작한다. 이는 모든 문제의 유일한 원인인 마음을 치유할 책임이 우리에게 있다는 걸 인정하는 것이 곧 우리의 일이라는 뜻이다. 우리의 초점은 이제 세상과 골칫덩어리 사람들을 바꾸려 하는 것에서 세상에 대해 우리가 생각하는 방식을 바꾸는 것으로 옮겨진다.

'믿음'이란 우리 마음이 무엇인가를 진실 혹은 사실로 받아들인 결과이다. 믿음은 우리가 그것에 결코 의문을 제기하지 않기 때문에 힘을 가진다. 실제로 그 진상이 조사되지 않은 믿음들에 의해서 세상이 형성되고, 우리 자신과 다른 이들에게 관계하는 방식이 구성된다. 아르유나 아르다는 그의 저서 《투명한 혁명 *The Translucent Revolution*》에서 이렇게 말한다.

우리는 전생은 믿을 수 있을지 모르나, 어제는 믿을 필요가 없다. 다시 말해 우리는 직접 경험으로 알지 못하는 것들에 대하여 믿음을 가지고 있다. 왜 그런가? 우리는 알지 못함에 머무르려 하지 않기 때문이다. 우리는 실재하는 것과의 깊은 연결로부터 단절되어 있다고 느끼기에 믿음을 필요로 한다. 동물, 어린아이, 투명한(깨어난) 사람은 그 어

떤 것도 믿을 이유가 없다. 그들은 지금 있는 그대로의 현실에 충실하기 때문이다.[3]

현재의 영적 발달 단계에서 우리는 우리가 생각과 믿음을 '의지적으로' 선택하며, 그것을 바깥으로 투사하고, 그것이 우리에게 되비쳐질 따름이라는 생각을 이해하기 시작했다. 우리는 눈에 보이는 이 현실이 우리 마음이 투사해 만들어낸 것임을 안다. 이는 우리가 죄의식→비난→두려움이라는 투사의 악순환을 깨뜨릴 힘을 가졌음을 의미한다. 이제 누군가 우리를 공격한다는 생각이 들 때 우리는 (그의 행동이 도움을 요청하는 것이라는) 진리를 보든지, 아니면 우리의 착각된 믿음을 강화할 따름인 반격으로 응수하든지 둘 중 하나를 선택할 수 있다.

문제가 외부의 영향으로 생긴다는 믿음을 버리고, 바로 우리 자신이 이 현실을 만든다고 이해하는 쪽으로 세계관을 조정하려고 할 때는 불편함이 따르기 십상이다. 우리는 평생 모든 문제의 원인이 바깥 세계에 있다고 착각해 왔고, 이를 근거로 판단과 비난, 공격, 방어에 대한 믿음을 정당화했다. 우리는 위협을 받을 때마다 자동적으로 그 원인이 우리와 분리된 별개의 무엇이라 여겼고, 현실과 싸웠으며, 다른 이들을 탓했다. 그러나 이제 우리는 세상이 작동되어 온 방식을 뒤집어서 보지 않으면 안 된다.

또 하나 주의할 점이 있다. 우리 문제에 대해 탓할 수 있는 누구도 '저기 바깥'에 존재하지 않는다는 사실, 예전에 생각했던 것처럼 자신이 희생양이 아니라는 사실, 또 이 현실을 만든 이가 바로 자신이라는 사실을 받아들이기 시작하면서, 우리는 잘못된 관계들에서 우리가 한 역할이 어떤 것이었는지를 보게 된다. 이제 처음으로 우리는 모든 문제에 대해 온전히 책임을 지지 않으면 안 된다. 그런데 이때 우리는 비난의 화살을 다른 이 대신 우리 자신에게 겨누기 쉽다. 그러나 진실은, 우리 바깥은 물론 우리 안에도 죄의식 같은 것은 존재하지 않는다는 것이다. 우리 자신을 포함해 '그 누구도' 비난해서는 안 된다는 원리를 이해하는 것이 그래서 중요하다. 또 그래서 우리는 우리가 다른 이들을 판단하거나 비난하지 않듯이 나 자신도 판단하거나 비난하지 않는 법을 배워야 하는 것이다.

사고 체계가 전환되는 초반기의 또 다른 증상은 격렬한 내적 '갈등'이다. 마음은 통일성을 필요로 하며, 우리가 어떤 일관된 사고 체계를 따르는 한 통일성은 상당히 잘 유지된다. 우리 대부분에게 지금까지 그것은 에고의 사고 체계였다. 하지만 이제 우리는 갑자기 에고의 사고 체계에 완전히 낯설고 반대되기까지 하는 새로운 사고 체계를 받아들여 마음을 풍랑 속으로 몰아넣고 있다. 이에 에고는 존재의 위협을 느끼고, 있는 힘을 다해 싸움을 걸기 시작한다. 에고는 이 상위의 사고 체계가 침입하기 전에는 자신이 그때그때 위안도 주고 힘든 상황에서 벗어날 기회도 주었노라고 강변하면서, 근원이라든지 다른 사람, 혹은 직업·가족·경제적 여건 같은 외적인 상황을 탓할 수 있었던 옛날의 편안하고 좋았던 시절로 돌아가자고 다시 한 번 우리를 꾄다.

에고는 또한 과거로 눈길을 돌려 그 당시의 누군가 혹은 무언가가 현재 우리의 불행에 책임이 있다고 주장하면서, 지금 우리가 평화롭지 못한 것을 방어한다. 에고의 모든 전략은 망상이다. 에고는 미래의 공상을 즐김으로써 현재 순간에 집중하지 못하게 하기도 한다. 에고는 미래에 평화롭기를 희망하는 것과, 현재 평화롭지 못한 데 책임이 있는 과거를 원망하는 것 사이에 우리를 붙잡아두고 계속해서 우리를 기만할 것이다. 우리가 지금 당장, 모든 순간에 평화를 경험할 수 있다는 사실을 보지 못하게 하려고 말이다.

아르유나 아르다의 《투명한 혁명》을 다시 보자. (아댜샨티의 말이다.)

우리의 내면이 분리되어 있는가? 만일 그렇다면 내일은 세계가 분리되어 있지 않으리라고 기대도 하지 말라. 우리가 우주에서 최선의 것을 지향하고 있는지 아닌지는 중요하지 않다. 진실로 중요한 것은 우리가 어떤 상태에서 행위하고 있는가이다.[4]

우리가 지금 에고의 목소리에 귀 기울이고 있는지 아닌지 식별할 수 있도록 도와주는 기준이 있다. 우리로 하여금 성장에 저항하도록 만들고자 에고가 즐겨 쓰는 주 전략을 미리 알아둔다면, 이 초기 단계의 주요 특징인 내적 갈등에 더 잘 대비할 수 있고, 상당 부분은 그런 갈등을 줄일 수 있을 것이다. 만일 다음과 같이 생각하거나 믿고 있는 자신이 보이면 그때는 잘못된 목소리를 듣고 있다고 보면 된다.

· 나는 평화롭고 행복할 거야, 만일……
 …… 그/그녀가 나를 더 사랑하기만 한다면.
 …… 새로운 연인을 만날 수만 있다면.
 …… 경제 사정이 나아지기만 한다면.
 …… 일이 이렇게 많지만 않다면.
 …… 더는 일하지 않아도 된다면.
 …… 내 삶의 목적을 찾을 수만 있다면.
 …… 친구들이 더 많기만 하다면.
 …… 건강이 나아지고 살이 더 빠지기만 한다면.
 …… 내가 바라는 칭찬과 인정, 확인을 받기만 한다면.

이때 우리는, 자기가 상상한 대로, 평화와 행복을 '미래'에만 얻을 수 있다고 믿는 셈이다. 이것은 '우리의 일'이다. (따라서 우리의 책임이다.)

· 나는 불행하고 괴로워. 왜냐하면……
　……아이들이 속을 썩여서.
　……연인이 나를 떠나서. 그래서 화가 나고, 버려진 것 같고, 사랑받지 못한 것 같고, 내가 사랑받을 만하지 않은 것 같아서.
　……직업을 잃어서.
　……지난주에 연인(친구, 동료, 가족)과 싸웠고, 그/그녀 때문에 기분이 아주 안 좋아서.

이 경우 우리는 평화롭지 못하고 행복하지 못한 까닭이 '과거' 사건에 있다고 믿는다. 이것 역시 '우리의 일'이다.

· 나는 화가 나. 왜냐하면……
　……엄마가 나를 열 받게 해서.
　……직장 동료가 신경질적이고 까다로워서. 그래서 나를 짜증나게 해서.
　……연인이 나를 충분히 사랑해 주지 않아서.
　……아이들이 계속 정신을 산만하게 해서.
　……이웃이 너무 수다스럽고 시끄러워서.

이때 우리는 문제의 원인이 '저기 바깥'의 '다른 누군가'에게 있다고 인식한다. 다른 이들의 생각과 행동은 '그들의 일'이다.

· 내 삶은 엉망이야. 왜냐하면……

   …… 내 기도는 결코 응답받은 적이 없으니까.

   …… 세상이 너무 이상해서 내가 나 자신이 될 수 없으니까.

   …… 우주가 너무 부족해서 내가 경제적으로 안정될 수 없으니까.

   …… 하느님이 나를 이렇게 만들었고, 그래서 내가 영적으로 더 진화
     할 수 없으니까.

이때 우리는 우리의 모든 문제에 대하여 '근원' 혹은 '세상'(환경이나
상황)을 탓하고 있다. 이것은 '근원의 일'이다.

· 나는 불행해. 왜냐하면……

   …… 나는 사람들이 좋아할 만한 데가 없으니까.

   …… 나는 사회 부적응자이니까.

   …… 나는 퇴짜 맞았으니까.

   …… 나는 어떤 일도 성공하지 못할 테니까.

   …… 나는 쓸모없고, 실패자인데다, 뭐 하나 잘하는 게 없으니까.

   …… 나는 매력도 없고 날씬하지도 않으니까.

   …… 나는 너무 나이가 들어서 아무런 가치가 없으니까.

이 경우 우리는 자신의 가장 가혹한 비판자이며 우리에게 닥친 일들
에 대하여 '우리 자신'을 탓하고 있다. 이것은 내면의 죄의식 망상이며, '우
리의 일'이다.

이러한 주장들은 실제로 그러한지 조사해 보지 않은 한갓 믿음에 불

과하다. 에고는 자신의 역기능적 사고 체계를 강화하기 위해 우리에게 끝없이 거짓 고발을 해댄다. 이처럼 갈등을 불러일으키는 생각이나 믿음이 떠오를 때는 케이티의 '작업' 연습(부록 1)이 도움이 될 것이다. 스스로에게 네 가지 간단한 질문을 던지고, 이어서 뒤바꾸기 연습을 해본다. 불편함이 오래가지 않기를 바란다면 내면의 갈등을 찾아내서 자세히 살펴야한다. 갈등에 저항하거나 갈등을 회피하고 부정하고 위장하려고 한다면 괴로움만 가중될 것이기 때문이다. 평화로 가는 유일한 길은 용기를 내 진리가 드러나기를 청함으로써 내적인—겉보기에는 외적인—갈등을 해소하는 것이다.

《기적 수업》에 따르면 에고의 전체 신념 체계를 떠받치고 있는 전제가 세 가지 있다고 한다. "…… 그대가 공격을 받고 있다거나, 그 대가로 그대의 공격이 정당하다거나, 그대가 그것에 결코 책임이 없다"[5]고 생각하는 것이다. 보편적 영감의 반응은 이와 정반대로서 우리에게 이렇게 말한다. "그대는 공격받을 수 없고, 공격은 어떤 정당성도 갖지 못하며, 그대는 자기가 믿는 것에 책임이 있다."[6] 진실로 오직 비실재인 것만이 파괴될수 있으며, 실재하는 것은 절대 파괴될 수 없다.

의식하든 못하든 우리는 분명 우리가 가진 믿음을 삶을 통해서 다른이들에게 가르친다. 그러면 다른 이들은 그 믿음을 더욱 강화하거나, 아니면 그와는 다른 신념 체계를 보여줄 것이다. 그러나 우리는 우리가 공격받을 수 있다는 망상을 극복하기 전까지는 이생에서 해방을 얻으리라 기대할 수 없다. 우리는 "실재하는 것은 절대 파괴될 수 없다"(따라서 어떤 방어도 필요하지 않다)는 진실을 머리로 이해할 수 있을지는 모르지만, 비약적 용서를 실천하지 않고서는 결코 그것을 '경험'할 수 없을 것이다. 간단히 말해 비약적 용서란 누군가 우리를 공격하는 것으로 보이는 행동이 위장된 '사랑의 요청'임을 아는 것이다. 이 진실을 온전히 껴안을 때, 우리는 온전함을 향해 나아가게 될 것이며, 전에는 결코 가능하리라 생각하지 못했던 평화를 경험하게 될 것이다.

투사라는 독

우리는 앞서 분리에 의해 어떻게 분열된 마음이 만들어졌는지, 근원으로부터 떨어져 나왔다는 믿음으로 인해 죄의식에 사로잡혀 있는 에고가 어떻게 제 분리된 실존을 정당화하는 데 몰두하는지 이야기했다. 에고는 우리로 하여금 모든 사람, 모든 것이 분리되어 있으며 서로 다르다고 믿게 만들기 위해 투사라는 속임수를 쓴다. 우리가 부정하고 억압하고 분리시키고 내치는 모든 것은 바깥에 있는 사람들과 상황, 환경으로 투사되며, 그러면 우리는 자신의 한 면(예를 들어 게으름이나 화)이 다른 사람에게서 나타나는 것을 (무의식적으로) 보고 곧바로 그들을 판단한다. 다시 말해 다른 사람들한테서 보이는 것에 반응하는 그 보기 싫은 면은 사실은 우리 마음 또는 성격의 감추어진 부분, 인정하고 싶지 않은 부분이다. 우리가 남을 훈계한다면 곧 그만큼 자신을 비밀스레 비난하고 있는 것이며, 그렇게 함으로써 자신에 대한 진리—즉 자기 사랑—를 거두어들이는 것이다. 우리가 다른 이의 추한 면을 바라보면 바라볼수록 우리는 그만큼 더 자기 안의 추한 면에 비밀스레 집착하는 것이다. 이는 자유를 얻는 것과는 거리가 멀다! "그대는 그대가 투사하는 것과 관계를 끊고, 따라서 그것이 더 이상 그대의 것이라고 믿지 않는다."[7]

이 모든 투사 아래에 숨어 있는 믿기 힘든 진실은 바로 우리가 우리 바깥의 다른 이들을 판단하고 있는 것으로 보이지만, 실제로는 그때마다 우리 자신을 판단하고 있다는 것이다. 화를 내고 분통을 터뜨리고 좌절할 때마다, 우리는 무의식적으로 자신을 공격하고 있다. 그래서 직장의 동료나 연인, 가족과 어떤 식으로든 갈등을 겪을 때 그토록 기분이 가라앉고 낙심하게 되며 기운이 빠지는 것이다. 다른 이들에 대한 부정적인 판단을 믿고 또 정당화할 때마다 우리는 자기도 모르게 자신의 생명력을 고갈시킨다. 우리가 다른 이들을 보고 불쾌하다고 여기는 면은 모두 우리 자신의 숨은 측면이다. 다른 이들의 이런 면을 공격하는 것은 우리 자신을 분리시키는 것이요 치유를 가로막는 것이다. 죄의식을 투사하는 유일한 목적은 분리와 혼돈이라는 망상을 계속 살아있게 만드는 것이다.

다른 이들을 판단할 때 우리는 스스로에게 자신은 죄가 없다고 말하고 있으며, 무엇보다 먼저 우리 자신을 공격하고 있다는 사실을 숨기려 애를 쓴다. 투사하지 않는다면 상대에게든 자기 자신에게든 화를 느낄 리 없다. 이것이 바로 타인과 자신에 대한 애초의 순결한 인식을 한꺼번에 파괴하는 에고의 방식이다. 투사에 대해 시간을 갖고 논리적으로 생각해 본다면 그것이 얼마나 불합리한 것인지 명확히 알 수 있다. 우선 투사는 우리가 자신의 좋아하지 않는 어떤 부분을 부정하고 억압하면서 시작된다. 그 다음 판단을 통해 자신의 좋아하지 않는 점을 타인에게 투사하며, 그렇게 함으로써 그것이 내 것이 아니라고 부인한다. 이 전체 동력이 맞물려 우리는 분리 및 타인에 의한 공격을 경험하게 된다. 만일 우리가 죄의식의 투사가 대부분의 경우 파괴적이긴 하지만 가끔은 화를 내는 것이 정당하다고 믿는다면, 우리는 착각하고 있는 것이다. 투사는 늘 파괴적인 망상이며, 모든 불행의 근본 원인이다. 그것은 이 세계 안에서 혼돈으로 보이는 모든 것의 뿌리이다. 우리 바깥에서 부조화를 본다고 믿을 때마다, 우리는 자신을 공격하고 있고 사람들로부터 우리를 분리시키고 있다. 여기에 예외는 없다. 어떤 종류의 투사든 그것은 늘 거짓말이다. 투사를 빨리 그만둘수록 우리는 그만큼 더 빨리 평화를 경험하게 될 것이다.

죄의식을 투사할 때 우리는 그것을 다른 사람들에게 투사하기도 하고(많은 경우 그렇다), 자기 자신에게 투사하기도 한다. 더 이상 다른 사람이나 다른 것을 탓할 수 없을 때 에고는 자신을 탓하기 시작한다. 예컨대 자신이 무지하다고, 굼뜨다고, 나쁘다고 비난한다. 안을 향하든 바깥을 향하든, 우리는 판단하고 탓하고 화를 내는 방식으로 공격한다. 다른 말로 하면 죄의식의 투사는, 다른 이를 판단하는 것이든 자신을 판단하는 것이든 어느 경우에나 스스로에게 독극물을 주사하는 것과 같다. '자기'를 비난하는 것은 남을 탓하는 것만큼이나 해롭다. 자기 비난이 계속되면 우리는 독으로 가득 차 시름시름 앓다가 결국 죽고 만다. 우리 대부분은 의식하지 못하는 가운데 이 독에 흠뻑 젖은 상태이지만, 계속해서 안팎으로 손가락질하기를 멈추지 않는다. 그러면서 감정적으로든 신체적으로든 왜 자신이 점점 죽어가고 있는지 의아해한다. 몸이란 마음의 통제를 받기 때문에, 판단의 투사로 인한 고통을 크게 받지 않을 수 없다. 만일 우리가 지금 무슨 짓을 하고 있는지 깨닫는다면 당장 그 행위를 멈추지 않을 수 없을 것이다. 투사로 인한 독을 스스로 거둬낼 때 우리 몸은 확연히 치유되고 훨씬 더 건강해질 것이다. 이 통찰이야말로 안과 밖을 모두 치유하는 경이로운 도구이다.

죄의식의 부재

신뢰 발달의 초기 단계를 지나는 여정은 마치 죄의식이 더욱 부풀려지는 과정처럼 보인다. 모든 문제가 자기 마음으로부터 나온다는 사실을 인정하게 되면서 우리는 자기가 창조한 삶에 스스로 책임을 지려 하기 때문이다. 우리가 느끼는 죄의식은 모두 에고의 것이다. 에고가 하는 일은 두려움과 분리를 부추기는 것이기 때문이다. 죄의식 안에 있을 때 우리는 자신을 사랑으로부터, 그리고 연결로부터 분리시킨다. 근원은 오직 사랑만을 창조하였고, 우리는 분열된 마음으로 사랑과 평화, 기쁨이 아닌 모든 것을 만들었다. 고통을 만든 것은 근원이 아니라 우리이므로 그것을 치유할 힘도 우리에게 있다. 미래의 어느 때가 아니라 바로 지금, 이 순간에 말이다. 그것이 어떻게 가능할까? 그것은 우리가 에고의 법칙을 따를 것인지 아니면 통합된 자아의 법칙을 따를 것인지 매순간 결정할 수 있다는 사실을 알아차리고 또 받아들임으로써 가능하다. 우리는 "내 생각들에 어떤 면이 있는가?" 하고 자문해 볼 수 있다. 만일 우리가 다른 사람이나 자신에 대해 가혹한 판단을 내리고 있다면, 이때 우리가 할 일은 그 생각들을 그저 보편적 영감 앞에 드러내 보이는 것이다. 이 순간에 요구되는 것은 단 하나, 판단을 하지 않는 것, 그리고 그 판단으로 인해 우리 안에 끊임없이 주입되는 독극물을 제거하겠다는 진심어린 바람이다.

만일 판단을 내려놓기가 너무 어렵다면, 어쩌면 우리는 자신이 옳다는 생각에 중독되어 있는지도 모른다. 에고는 '옳음'을 사랑한다. 다른 이들을 제치고 이기는 것을 사랑한다. 가장 뛰어나고, 가장 영리한 자로 보이고 싶어 한다. 신뢰의 초기 단계로 들어간다는 것은 무엇보다도, 매순간 평화를 최우선 순위로 놓아야 함을 의미한다. 이를 위해서 우리는 자기 생각을 잘 관찰해야 하고, 흔들릴 때마다 의식적으로, 의도적으로 평화를 선택해야 한다. 예를 들어 직장 동료가 거만하게 행동하면서 자기가 옳고 따라서 우월하다고 인정해 주기를 바란다고 해보자. 당신에게는 두 가지 선택지가 있다.

① 외부의 누군가가 자신한테 적대적임을 발견한 에고는 스스로를 방어하라고 촉구하면서, 당신이 옳고 우월하며 그는 틀렸고 열등하다는 점을 그 사람이 깨닫게끔 해주라고 유혹한다.

② 통합된 자아라면 당신한테 적대감을 보이는 그를 관대히 보아 넘기기로 선택할 것이고, 그의 거만한 행동은 실은 사랑이나 치유에 대한 요청이 위장되어 나타난 것에 불과하다고 스스로에게 상기시킬 것이다.

다른 이의 어리석은 에고 행동에 맞서서 대결하려고 든다면, 우리는 내면의 더 거센 공격에 직면하고 분리 또한 더욱 촉진될 것이다. 스스로에게 더 많은 독을 주입하게도 될 것이다. 그러나 이 직장 동료의 잘못을 관대히 보아 넘기기로 결심하고 망상 뒤의 진리를 보려고 노력한다면, 우리는 스스로를 깊이 치유하게 된다. 우리는 이 작은 행동으로 원인과 결과를 뒤바꾸었을 뿐 아니라 상대방의 마음까지 치유되도록 도왔음을 깨닫지 못할 수도 있다. 이런 점은 그 즉시는 분명히 드러나지 않을 수도 있다. 그 직장 동료는 한동안은 계속해서 불합리하고 거만하게 행동하는 것처럼 보일 수 있다. 하지만 결국은 사랑이 승리한다. 뜻을 굽히지 않는다면 우리는 기적 같은 변형들, 곧 우리 자신의 내적 변형의 반영들을 보게 될 것이다. 한번 시도해 보라. 사실이다!

앞으로는 되갚아주고 싶다는 유혹이 들거든 스스로에게 이렇게 물어보라. "나는 옳은 사람이 되고(망상을 지속시키고 독으로 고통받고) 싶은가, 아니면 진실로 평화(해방과 진정한 행복)를 원하는가?"

때로 에고는 상대방의 잘못을 용서하고 관대히 보아 넘겨야 하는 쪽도 늘 자기요, 화를 참는 쪽도 자기라고 확신하거나, "이건 공평하지 않아.

왜 내가 늘 더 관대해야 해?" 하고 불평할 수 있다. 그 이유는 당신이 더 깨어난 사람이어서 그렇다. 당신은 바른 마음을 갖겠다고 선택할 정도로 의식이 깨어 있는 사람이다. 당신은 스스로 결정을 내릴 수 있는 사람이요, 당신에게 선택권이 있음을 알고 있다. 따라서 깨어 있는 선택을 하는 것, 곧 사랑을 선택하는 것은 당신에게 달려 있다. 당신 주변의 많은 이들이 아직 에고와 통합된 자아 중 한 쪽을 스스로 선택할 수 있다는 것을 알지 못할 수 있다. 만일 그렇다면, 지금으로서는 그 사실을 인정하고 받아들여라. 에고 내려놓기 과정에 들어서지 않았다면 에고가 곧 자신의 정체성이라고 믿을 것이므로, 이러한 관점에 서 있는 한은 선택지가 있을 수 없다.

지금까지 배운 원리들을 삶으로 살아낸다면, 당신은 이제 예시를 통해 가르칠 수 있는 훌륭한 기회를 얻은 셈이다. 당신 바깥에서 인정받고자 하지 말라. 스스로 자신을 인정하는 법을 배워라. 그렇지 않으면 누군가가 당신이 필요로 하는 것을 주지 않을 때 그 사람을 원망하는 잘못을 저지르게 될 것이다. 이것이 초기 단계에서 흔히 빠지는 함정이다. 바로 그래서 분한 느낌이 들거나 화가 났을 때, 종이와 펜을 들고 바이런 케이티의 '작업'을 해보는 것이 중요하다. 이 간단한 방법을 통해 우리는 평화의 상태로, 최상의 상태로 되돌아갈 수 있다.

우리는 어떤 순간이건 내면에서 두 개의 목소리를 듣는다. 더 크고 먼저 들리는 것은 에고의 목소리이다. 그 다음으로 들리는 더 부드러운 목소리는 통합된 자아, 곧 보편적 영감의 목소리이다. 우리는 연습을 거쳐 결국에는 통합된 자아의 목소리를 자동으로, 노력을 들이지 않고도 듣고 따르게 될 것이다. 기억하라. 에고의 목소리는 투사하고, 통합된 자아의 목소리는 우리를 확장시킨다. 하나는 두려움과 분리를 부르고, 하나는 평화를 부른다.

이 세상에서 진정한 행복을 찾는 유일한 방법은 우리가 꼭 알아야 하는 것, 곧 우리가 진실로 누구인가 하는 것을 다른 이들도 알게 해주는 것이다. 우리가 누구인지 알기 위해서 우리에게 필요한 것은 무엇인가? 우리한테는 우리가 알고 싶지 않은 모습들이 있다. 결점 있고, 불완전하고, 배신을 잘하고, 비열하고, 이기적이고, 약하고, 반항적이고, 쓸모없고, 부족하고, 부정不淨하고, 비뚤어져 있고, 의지할 곳이 없고, 미숙하고, 무신경하고, 건강하지 못하고, 무지하고, 기만적이고, 정직하지 못하고, 냉담하고, 빈궁하고, 가치 없고, 무력하고, 어리석고, 위선적이고, 자기 중심적이고, 의리 없는 모습들이다. 진실을 말하자면, 이런 특징 중 어느 것도 진실로 우리의 진정한 모습이 아니다. 그러나 우리는 부모, 가족, 친구, 동료에게서 이러한 모습들을 너무도 빨리 찾아낸다. 신문을 읽거나 텔레비전을 볼 때도 우리와 아무 상관없는 사람과 상황에 대해 판단하기를 즐긴다. 우리는 다른 이들에게서 이런 추악함을 보고, 그들을 은근슬쩍 때론 공공연히 비난한다. 이러한 유희가 얼마나 어리석고 무익한 것인지 알겠는가? 우리는 사랑, 받아들임, 이해, 용서를 원한다고 말한다. 그러나 그것을 바깥에서 찾아 헤매다가 길을 잃고 만다. 이에 더해, 부정적인 것을 남들에게 투사함으로써 내면의 독을 더 두텁게 쌓아간다. 자신이 간절히 바라는 것, 곧 조건 없는 사랑과 이해, 받아들임, 용서 같은 것을 남에게 공공연히, 망설임 없이 주기를 거부한다.

우리가 무엇이며 누구인지 아는 가장 빠른 방법은 그것을 다른 사람들 안에서 찾아보는 것이다. 조건 없는 사랑과 기쁨, 평화, 받아들임, 이해, 용서, 바로 이것이 진짜 당신이다! 이 세상의 한 사람 한 사람이 우리 자신의 일부이며, 시공간 안에서 분리된 것처럼 보일 뿐임을 깨닫기 전까지 우리는 결코 이 사실을 알지 못할 것이다. 우리가 다른 이들의 잘못을 관대히 보아 넘기고, 스스로를 위해 마음 깊이 갈구하는 모든 것을 다른 이들에게 줄 때에만, 오직 그때에만 이 명백한 망상을 뛰어넘는다. 이것을 삶 속에서 몸소 실천함으로써 우리가 진실로 누구인지를 깨닫기 시작하며, 깊은 사랑과 기쁨을 경험한다. 우리 바깥에서 추악함을 보기를 멈출 때, 모든 존재 안에 있는 진실, 즉 사랑을 볼 것이다. 다른 이들에게서 무죄함을 볼 때, 우리는 자신 안의 무죄함을 볼 것이다.

주는 것이 곧 받는 것이다: '얻는다'는 개념을 내려놓기

여정의 초기 단계에서 우리는 삶에서 무엇이 진정으로 가치 있는지를 배우기 시작한다. 지금까지는 에고가 무엇이 '가치 있는지'를 정했고, 또 그것을 좇았으며 표현해 왔기에 우리는 무엇이 진정으로 가치 있는지를 알지 못했다. '가치 있는'이라는 꼬리표 속에는 관계, 사람, 몸, 소유물과 물질적 대상, 신념, 이미지나 정체성, 인정, 직업적 성공, 건강, 경제적부 등이 포함되어 있다.

《기적 수업》은 순수한 의도를 갖고 꾸준히 실천해 나아간다면 우리를 전적인 기쁨과 평화의 삶으로 이끌어줄 간단한 원리를 가르쳐준다. 바로 "가지려면 모두에게 모든 것을 주라"[8]는 것이다. 진화의 관점에서 볼 때, 이 원리를 실천하는 것은 우리의 시공간 연속체 안에서 지금까지 알려진 것 중 깨달음으로 가는 가장 빠른 지름길에 속한다. 이는 에고에게는— '얻는다'는 개념에 정확히 반대되므로—완전히 낯선 생각이기 때문에 우리는 이를 간과하거나 그다지 중요하지 않은 것으로 흘려버리기 쉽다. 그러나 그 중요성을 과소평가해서는 안 된다. '갖는다'는 개념을 내려놓는다는 것은 다른 말로 하면 "소유란 받는 것이 아닌 주는 것에 기초를 둔다"[9]는 사실을 알게 된다는 것이기 때문이다. 우리는 이 원리를 실천함으로써 무엇이든 주는 것을 받게 된다는 사실을 깨닫게 된다. 우리는 사랑을 확장할(줄) 때마다 사랑을 받는다. 친절할 때마다 친절함을 받는다. 그리고 진심으로 용서를 해줄 때마다 용서를 되돌려받는다.

'받기 위해 주는 것'밖에는 알지 못하는 에고는 《기적 수업》이 가르치는 이 원리를 이해할 길이 없다. 에고는 무엇인가를 주는 것은 희생이고 '잃어버리는 것'이라고 가르치며, 무엇인가를 손에 넣고 애써 지켜야 자신이 안전하다고 여긴다. 남과 나누지 않고 오로지 자기 혼자서만 갖고 싶어하는 것은 어떤 것도 실재하지 않으며, 따라서 결국 잃어버리고 만다는 점을 에고는 깨닫지 못한다. '실재하는' 모든 것, 즉 진정한 가치를 가진 것(하나됨, 합일, 사랑, 기쁨, 평화)은 오직 나눔(내어줌)을 통해서만 늘어날 수 있다. 이 세상의 모든 것은 사물이든 사람이든, 돈이든 그 핵심에서 보면 하나같이 순수한 에너지이다. 무엇인가를 우리에게 특별하게 만드는 것은 그 순간 우리의 인식일 뿐이다. 만일 무엇인가를 손에 넣기 위해 에고의 '얻는다'는 개념을 사용한다면, 우리는 그것을 손에 넣기 위해 애쓰고, 그것을 위해 희생하며, 그것을 우리에게서 행여 빼앗아갈지도 모르는 사람이나 사물을 위협한다. 우리는 그 목표물을 잃어버리거나 빼앗기는 일이 없도록 그 보호에 아주 많은 투자를 한다. 그러나 보호해야 할 필요가 있다면 그것은 이미 실재하는 것이 아니며, 따라서 무가치한 것이라는 사실을 우리는 아직 깨닫지 못한다.

이 세상에서 진정 가치 있는 것은 오직 나눔을 통해서만 늘어난다. 이것이 보편적 진리이다. 만일 우리가 사랑과 공감, 용서, 이해, 받아들임을 준다면 이러한 특성들은 우리 안에서, 우리 삶에서, 또 우리 주변 사람들의 삶 속에서 배로 늘어난다. 주는 자가 무엇을 주든 그는 똑같은 것을 돌려받는다. 받는 자가 조건 없는 사랑이라는 우리의 선물을 알아차리지

못하거나 깨닫지 못해도 우리는 여전히 돌려받는다. 준다는 것은 그 기적
이 행해지는 데 시간의 구애를 받지 않는 무한 속의 행위이다. 당신이 무
엇인가를 진심어린 마음으로 주었을 때 설령 거절을 당하거나 무시를 받
더라도 결코 낙심하지 마라. 당신의 행위는 시간과 공간 밖으로 그 즉시
울려 퍼져서, 창조와 확장을 영원히 거듭해 나아간다는 사실을 늘 기억하
라. 당신이 한 번이라도 무엇인가를 줄 때 그것이 얼마나 많은 사람들에
게 영향을 끼치는지 당신을 미처 다 알 수 없을 것이다. 당신의 그 행위는
사랑이 되어 우주 전체로 퍼져 나아간다.《신과 나눈 교감 *Communion With
God*》의 저자 닐 도널드 월시 Neale Donald Walsh는 "소유란 받는 것이 아닌
주는 것에 달려 있다"는 원리를 따를 때 일어나는 놀라운 결과를 아래와
같이 적확하게 설명했다.

모든 것이 충분하다는 것을 알 때 너희는 다른 이들과 경쟁하기를 멈
춘다. 사랑, 돈, 섹스, 권력, 혹은 네가 충분하지 않다고 느꼈던 모든
것을 갖기 위한 경쟁을 너희는 멈춘다.
경쟁은 끝난다.
이것이 모든 것을 바꾸어놓는다. 너희는 이제 원하는 걸 얻기 위해
다른 이들과 경쟁하는 대신, 너희가 원하는 것을 주기 시작한다. 더 많
은 사랑을 쟁취하기 위해 싸우는 대신, 더 많은 사랑을 내어준다. 성공
하기 위해 기를 쓰는 대신, 모두가 성공하고 있는지 확인하기 시작한
다. 권력을 그러쥐는 대신, 다른 이들에게 힘을 주기 시작한다.
애정, 관심, 성적 만족, 정서적 안정을 추구하는 대신, 그 모든 것의
원천이 바로 너희 자신임을 발견한다. 진실로, 너희가 원해왔던 모든
것을, 이제 너희는 다른 이들에게 공급해 준다. 무엇보다 가장 큰 경이

로움은 너희가 줌으로써 받는다는 것이다. 너희는 갑자기 너희가 내어 주는 것들이 무엇이든 그것들을 모두 '더 많이' 갖게 된다.

그 이유는 분명하다. 너희가 한 것이 '도덕적으로 옳다'거나 '영적으로 깨달음을 얻은' 행동이라거나, 혹은 '하느님의 뜻'이어서 그러하다고 생각하면 오산이다. 그것은 아주 간단한 진리와 관련이 있다. 바로 "이 방 안에 다른 이는 아무도 없다"는 진리 말이다.

오직 하나의 우리만이 존재한다.[10]

에고의 궁극적인 항복은 우리가 과연 "주는 것이 곧 받는 것"이라는 원리를 삶으로 살아내고 익히느냐에 달려 있다. 이것이 굳건한 토대가 될 때 우리는 더욱 힘차게 해방을 향해 나아갈 수 있다. '얻는다'는 개념은 에고에게 가장 포기하기 어려운 원칙에 속한다. 대부분의 경우 에고가 살아남는 것은 우리가 '얻는다'는 개념에 투자하기 때문이다. 미리 말해두자면, 우리가 "주는 것이 받는 것"이라는 생각을 받아들이기 시작하면, 그때부터 에고는 눈치 채기 어려울 정도의 아주 미묘한 반감에서부터 노골적인 격분에 이르기까지 다양한 형태로 자신이 분개하고 있음을 표현할 것이다.

에고를 내려놓는 목적은 최상의 현실을 보지 못하게 가로막는 장애물을 제거하기 위해서이다. 최상의 현실 안에서 우리는 우리가 이미 사랑이며, 사랑, 평화, 기쁨, 영의 충만함 같은 필요로 하는 모든 것을 이미 끝없이 받고 있음을 알게 된다. 이 사실을 이해하고 몸으로 겪는 가장 좋은 방법은 확장을 연습하는 것이다. 즉 어떤 식으로건 되돌려 받겠다는 목적 없이, 나누고 주는 것이다.

가치 있는 것과 가치 없는 것을 가리는 매우 효과적인 방법이 있다. 그것은 (앞서 5장에서 언급했듯이) '대조'를 통한 것이다. 원상회복의 단계들을 밟아나가는 과정에서 과거에 가치 있다고 여겼던 것들과 지금 진정으로 가치 있다고 여기는 것들이 달라졌는지 짚어보고 대조해 보면 우리는 많은 통찰을 얻을 수 있다. 사실 우리는 전에 집착했던 많은 것들이 단지 가치가 없는 것일 뿐만 아니라 아주 파괴적이기까지 하다는 것을 보게 된다. 대조는 우리의 해방을 돕는 보편적 영감의 방법 중 하나이다.

'얻는 것'과 '갖는 것'에 우리 문화가 얼마나 중독되어 있는지 한번 살펴보자. 주는 것에 대해 스스로 어떻게 믿고 있는지 주의 깊게 살펴본 적이 있는가? 에고가 갖고 있는 믿음의 중심에는 '갖는 것'은 '얻는 것'을 통해서만 가능하다는 개념이 있다. 무엇인가를 얻기 위해서는 어느 정도 타인을 조종해야 하며, 이는 가까운 관계에서 가장 잘 드러난다. 특별한 관계를 시작할 때 우리는 에고가 사랑을 거래와 동일시하며, 거래할 가치가 있는가를 보고 사랑을 줄지 말지 결정한다는 것을 어렵지 않게 알 수 있다. 예를 들어 배우자가 전화도 없고 설명도 없이 늦게 오면 우리는 이 행동을 공격으로 판단하고 그에 대한 반격의 일환으로 사랑을 접거나 냉담함이나 거리두기로 응수한다. 그러나 배우자가 집에 일찍 들어오고 거기에 깜짝 선물이라도 가져오면 그에 대해 '사랑'과 행복으로 반응을 보인다.

다시 말해 에고의 세계에서 우리는 욕구가 충족되면 '사랑'을 주고, 욕구가 위협받거나 충족되지 않으면 증오를 준다. 그러니 우리가 이러한 일상의 일들을 통해 서로에게 가르치는 것이 무엇이겠는가? 지금은 상대를 사랑했다가 조금 뒤에는 화를 내거나 미워한다면, 우리는 사랑과 증오가 동전의 양면처럼 공존하며, 사랑이란 변덕스럽고 특정 조건의 충족 여부에 따라 변할 수 있다고 가르치는 것이다. 우리는 얻는 것에 무의식적으로 꺼들리며, 이는 늘 실망과 불행으로 이어진다. 에고는 각본을 짜고 계획을 세우고 상대를 조종함으로써 끊임없이 무엇인가를 얻으려 한다. 그래서 사랑조차 조건적인 것, 구매를 통해 얻는 것이 되어버린다. 스스로 갖고 있지 않다고 믿는 무엇인가를 얻으려면 늘 대가를 지불해야 하는 것이 에고이다.

잘 인식하지 못하지만, 연인 관계는 결핍이나 부족에 대한 믿음에 근거하고 있다. 자신이 불충분하고 부적당하다고 믿기에 자기 바깥에서 관심과 인정, 이해, 확인, 사랑을 찾으며, 스스로 필요하다고 생각하는 것이 만족스러울 만큼 채워지지 않으면 자동으로 화를 내거나 좌절한다. 상대방이 나의 욕구를 충족시켜 주지 못한다고 생각될 때 우리는 어떻게 반응하는가? 우리는 상대방에 대한 관심과 인정, 이해, 확인, 사랑을 거두어들인다. 먼저 공격을 인식하고, 그 다음 반격하는 것이다.

또 다른 예로, 우리는 연인을 기쁘게 해주기 위해 무엇인가를 구상한다. 그러나 그렇게 하려면 자기가 어떤 역할을 해야 하지, 자신에게 진실하거나 솔직해져서는 안 된다고 느낀다. 결국 답례로 어느 정도의 인정을 받을 수 있다면 약간의 희생을 하는 것은 필요한 일이라고 결론 내린다. 그러나 상대방이 반응을 보이지 않으면 이 협상은 실패하고, 우리는 화를 낸다. 이어서 우리는 사랑을 접고, 둘 사이에는 일시적인 분리가 찾아온다. 어떻게 이런 일이 일어날 수 있을까? 우리는 사랑이 마치 수도꼭지처럼 틀거나 잠글 수 있다고 믿도록 길들여졌기 때문이다.

그러나 사랑은 결코 비틀거리지도 않고 죽지도 않으며 시들지도 않고 수축되지도 않는다. 그것은 끊임없이 그리고 영원히 확장되며, 늘 우리 안과 우리 주변에 있다. 에고가 햇빛을 가리는 먹구름처럼 사랑을 가리고 있어 그 사실을 보지 못할 뿐이다. 해는 결코 사라지지 않지만, 구름이 햇

빛을 가리면 어둠이 생기는 것과 같다. 두텁고 무거운 구름처럼 에고는 사랑이 우리 앞에서 눈부시게 뻗어나가는 것을 보지 못하도록 가로막으며 우리의 삶과 세계를 어둡게 만든다. 그래서 특별한 관계를 유지하기 위한 협상, 즉 부족과 결핍에 대한 믿음을 기반으로 한 그 협상이 두 사람에게서, 그리고 우리의 삶에서 사랑을 차단할 수 있는 것이다.

온전함으로 가는 여정의 첫 단계는 사랑의 현존을 알아차리지 못하게 가로막는 이러한 장애물을 치우는 것이다. 우리는 가치 있는 것과 가치 없는 것을 가려내는 법을 배워야 하고, 이로써 우리의 착각을 알아보고 제거할 수 있어야 한다. 이 과정을 통해서 우리는 과거 우리가 사용하던 '가려내기' 방법이 사랑이 아니라 두려움에 근거하고 있었음을 알게 된다.

관계의 탈바꿈

신뢰 발달의 이 초기 단계에 있는 우리가 누군가와 특별한 관계를 맺고 있는 상황이라면, 그 관계가 불가피하게 변형을 겪게 되리란 걸 머지 않아 발견할 것이다. 사실 우리의 사고 체계가 바뀐다는 신호는 주로 관계 안에서 느껴진다. 에고의 사고 체계가 결국 그와 반대되는 체계로, 즉 세계와 완전히 새롭게 관계 맺는 방식으로 서서히 대체되는 중이기 때문이다. 지금까지 우리의 관계는 '주고받는'(협상) 법칙에 근거해 있었다. 이제 우리는 우리가 보는 세상을 우리 스스로 만들었으며, 주는 것이 '곧' 받는 것임을 알아가고 있다. 이 초기 단계에는 모든 관계의 토대요 방향이었던 것 자체가 뒤집어지기 때문에, 더 정확히 말하면 올바른 면이 위로 올라오기 때문에, 좌절과 혼란, 화와 같은 것들이 훨씬 심해질 수 있다. 《기적 수업》은 관계 변화의 이 초기 단계에 "관계가 불안해지거나, 끊어지거나, 매우 괴로운 것"[11]이 될 수 있다고 설명한다.

많은 이들이 이런 물음을 던진다. "왜 이 여정의 시작은 그토록 어려운가요?"《기적 수업》에 따르면 이 초기의 어려움은 다음과 같은 이유로 꼭 필요하다.

목표를 향해 더 천천히 다가가는 것이 더 친절한 것은 아니다. 그 경우 대조가 명확하지 않고, 에고에게 느린 단계 하나하나를 자기 좋은 쪽으로 재해석할 시간을 주기 때문이다. 오직 의도적인 급진적 변화만이 관계 전체의 목적에 대한 마음의 완전한 변화를 가져올 수 있다. 이 변화가 발전해서 목표점에 다다를수록, 그것은 더욱 유익하고 기쁜 것이 된다. 그러나 초기에는 상황이 매우 불안정할 수밖에 없다.[12]

에고는 참으로 교묘하게 우리를 속인다. 이를 결코 과소평가해서는 안 된다. 우리는 마치 바다 위로 드러난 빙산의 일각만 보듯이 에고의 극히 일부분만 볼 뿐이다. 우리는 의식 아래에 숨어 있어 눈에 보이지 않는 거대한 에고 덩어리는 과소평가한다. 에고의 사고 체계를 해체하려면 눈에 보이는 부분만이 아니라 의식 아래 숨어 있는 거대한 에고 덩어리까지 초기에 뒤집어엎어야 한다. 이 초기 단계에서는 상반되는 두 가지 사고 체계—에고의 사고 체계와 통합된 자아의 사고 체계—를 대비시켜 보여주는 무수한 기회와 마주칠 것이며, 그 결과 둘 사이의 차이점을 경험으로 알게 될 것이다. 우리는 둘 중에서 어느 하나를 아직 선택하지 않았으므로, 이 대비되는 경험에서 엄청난 갈등을 겪게 된다. 이 갈등이 견딜 수 없을 정도가 되고 관계에서 원치 않는 것들을 보게 될 때, 대개 이것이 동기가 되어 우리는 진리 쪽을 선택하고 긍정적인 변화를 받아들이게 된다.

초반기에 관계 안에서 겪는 시련 가운데서도 가장 힘든 경우는 아마도 연인 관계에서 겪는 시련일 것이다. 우리의 목표가 몹시 급진적인 것이기에, 우리의 관계 방식 역시 변할 것이고 의심과 두려움, 혼란이 빚어질 것이다. 이때 우리가 자신의 두려움을 투사한다는 사실을 잊어버리면, 우리는 두려움을 상대에게 있는 것으로 보고 갈등을 더욱 악화시키며, 결국 그것을 공격으로 인식하고 반격하게 된다.

이 시기가 동요와 갈등, 혼란으로 점철될 가능성이 상당히 높다는 걸 미리 알고 있다면 우리는 의식적으로 미리 평화를 선택할 수 있다. 이제는 갈등과 혼돈이 끼어드는 순간, 우리의 감정과 생각의 관찰자가 될 것인지, 아니면 에고에게 정신을 빼앗겨 관계를 위태롭게 만들 것인지 선택할 수 있는 것이다. 일단 이 초기의 혼돈이 불가피한 것임을 알았다면, 우리는 이 혼돈의 유일한 목적이 관계의 탈바꿈이란 사실을 스스로에게 상기시킬 수 있다. "이 시점에서 많은 관계가 깨지며, 또 다른 관계 안에서 낡은 목표(받기 위해 주는 에고의 속셈)의 추구가 재개된다."[13]

우리는 이제 혼돈 속에서 길을 잃어버릴 수도 있는 관계를 그만두라는 커다란 유혹을 느낀다. 그러나 상황을 배움의 기회로 볼 수도 있으며, 조금 더 면밀히 살펴본다면 과거가 망상이었음을 볼 수도 있다. 이 아직 미성숙한 단계에서 관계로부터 빠져나올 경우, 우리는 익숙한, 역기능적인 사고 체계로 되돌아가려고 할 가능성이 크다. 이 시기는 단련의 시기로, 저항하기보다는 받아들이는 것이 더 낫다. 우리가 느끼는 불편감은 모두 그 순간의 '지금 있는 그대로'에 대한 저항으로부터 나온다.

만일 이 시기에 관계가 너무 힘들고 고통스럽다면, 관계라는 도구가 이생에서 해방을 얻는 가장 빠른 길이라는 사실을 떠올리면 위안을 얻을 수 있을지 모르겠다. 《기적 수업》은 죄에 맞서 싸우는 데 일차적 관심을 두는 서양 종교는 물론 오랜 명상과 묵상을 강조하는 동양 종교 모두 시간이 많이 드는 방식, 미래에 초점을 맞춘 방식을 따른다고 지적한다. 이 두 길은 목표를 이루기 위하여 길고 긴 완성의 과정을 거쳐야 한다고 주장하는 경향이 있다.

이 수업은…… 시간을 단축시키는 것을 목표로 한다. 그대는 그대가 받아들인 목표를 향해 더 먼 길로 돌아가려고 할지도 모른다. 죄에 맞서 싸움으로써 구원에 이르기는 극히 어렵다. 증오하고 경멸하는 것을 거룩한 것으로 만들고자 한다면 엄청난 노력이 필요하다. 또 육체로부터 벗어나기 위해 평생에 걸친 묵상이나 오랜 기간의 명상이 꼭 필요한 것도 아니다. 그런 시도들은 모두 그 목적 덕분에 결국은 성공할 것이다. 하지만 그 수단들은 지루하고 시간도 너무 오래 걸린다. 왜냐하면 그것들은 모두 미래를 바라보면서 그때는 지금의 무가치하고 부적합한 상태로부터 벗어나리라고 기대하기 때문이다.

그대의 길은 저들의 길과 목적은 같더라도 수단이 다를 것이다. 거룩한 관계는 시간을 단축시키는 수단이다.[14]

따라서 우리가 최상의 현실에 도달하기로, 이생에서 사랑, 평화, 기쁨이라는 우리의 목적을 이루기로 결심한 이상, 자유를 향한 이 여정에서 우리가 맺고 있는 지금의 관계들이 얼마나 값진 것인지 떠올린다면 좋을 것이다. 앞서 말했듯이 시작이 가장 힘든 부분이므로, 이 초기 변화의 시기에는 자신과 상대방에게 믿음을 갖는 것이 중요하다. 일단 초반의 혼란을 넘어서면 관계가 사랑 속으로 더 깊이 성장했음을 알게 될 것이다. 상상했던 것보다 훨씬 더 안전하고 풍요로우며 다채로운 모습으로 말이다.

이 장의 첫머리에서 우리가 세상과 관계를 더 잘 맺는 데 도움이 될 수 있는 몇 가지 위기를 예시로 들었다. 예컨대 연인과의 헤어짐, 정체성의 위기, 직업의 상실, 개인적 비극, 사고, 질병 같은 것이 처음에는 위기일 수 있다. 그러나 이것이야말로 삶이 더 나은 방향으로 변화하기 시작하는 전환점이다.

첫 단계는 원상회복의 시기이며, 그러한 만큼 그로부터 회복되는 데 얼마간의 시간이 걸린다. 한동안 경험의 부정적인 면만 보이는 경우도 잦다. 이는 몇 달, 심지어 몇 년이 걸릴 수도 있다. 그러나 결국 우리 마음 안에 알아차림의 빛이 비추어진다. 우리는 관계에서 겪은 변화들이 초기에는 비록 고통스러울지 몰라도 결국에는 유익했음을 깨닫기 시작한다. 일어나는 모든 일에는 더 높은 차원의 이유가 있다는 진리를 점점 받아들이기 시작하고, 마침내 이 사실을 깨닫는 순간 두 번째 단계인 '가려내기'로 넘어갈 준비가 된다.

에고 내려놓기: 필요한 것과 원하는 것

신뢰로의 여정을 시작할 때 우리가 원하는 것과 우리에게 필요한 것이 완전히 동떨어진 별개의 것 같다는 사실을 발견하게 될 것이다. 많은 면에서 실제로 그러하다.(그림 6-1) 우리에게 필요한 것으로는 용서, 받아들임, 허용함, 신뢰, 사랑과 같은 가치에 대한 가르침들이 있다. 그 반면 우리가 원하는 것은 보통 에고의 집착, 즉 우리의 제한된 신념과 의견, 조건으로 나타난다. 우리가 의식적으로 높은 가치를 두고 바라는 것 대부분은 통제력을 유지하려는 에고의 욕구에서 나온 것이다. 에고 내려놓기는 놓고 버리는 과정이다. 에고의 통제를 놓아버림에 따라 우리 삶에서 통합된 의지의 영향력과 인도는 더욱 커질 것이다.

외부 환경의 변화가 일어나기 쉬운 1단계에서 3단계에 이르는 동안,

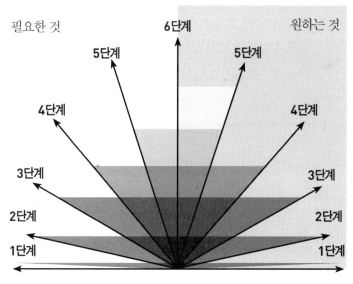

필요한 것

6단계

5단계

4단계

3단계

2단계

1단계

원하는 것

6단계

5단계

4단계

3단계

2단계

1단계

필요한 것 : 용서, 받아들임, 허용함, 신뢰, 사랑과 같은 가치에 대한 가르침들이 있다.
원하는 것 : 에고의 집착, 즉 우리의 제한된 신념과 의견, 조건으로 나타난다.

1단계 : 우리에게 필요한 것과 우리가 원하는 것이 상충하는 각도가 가장 크다.
2단계 : 과정이 진전되어 갈수록 둘 간의 유사점이 나타나기 시작한다.
3단계 : 우리에게 필요한 것과 우리가 원하는 것을 자발적으로 통합하는 연습을 한다.
4단계 : 이 지점에서 커다란 평화를 경험하며, 필요한 것과 원하는 것을 일치시키기가 더 쉬워진다.
5단계 : 마지막 에고 집착들이 떨어져나감에 따라 필요한 것과 원하는 것이 거의 일치된다.
6단계 : 이 단계에서 우리는 통합된 의지가 곧 우리의 의지이며, 우리에게 필요한 것과 우리가 원하는 것이
하나임을 안다. 갈등이 존재하지 않는다.

그림 6-1 우리에게 필요한 것과 우리가 원하는 것

아직 신뢰가 부족한 우리는 이 새로운 사고 체계를 받아들이려는 열의는
있어도, 한편으로 우리에게 필요한 것이 충족되지 않았다고 착각할 수 있
다. 그러나 사실은 그렇지 않다. 우리는 자신에게 가장 유익한 것이 무엇
인지 알지 못한다. 그런데 하물며 우리에게 필요한 것이 무엇인지 어떻게
알겠는가? 에고는 자신의 욕구가 충족되어야 한다고 요구할 것이고, 만일
충족되지 않으면 저항이 내적인 갈등—감정적인 것, 신체적인 것 혹은 정

신적인 것—으로 표출될 것이다. 이때 우리는 자신이 '지금 있는 그대로의 현실'에 저항하고 있음을 보게 된다. '또다시' 현실과 싸우는 것이다! 이런 일이 일어날 때는 갈등이 인다든지 실망감이 든다는 사실을 최대한 빨리 알아차려라. '지금 있는 그대로의 현실'의 희생양이 되었다는 생각이나 감정이 들 때 그 생각이나 감정을 잘 관찰하라. 당신이 지금 '원하는' 것이 당신에게 꼭 '필요한' 것이 아닐 수도 있다는 사실을 기억하고, 비록 에고는 모든 게 자신의 방식대로 되기를, 그것도 지금 당장 이루어지기를 바라더라도, 지금 이러한 데는 충분한 이유가 있음을 기억하라. 만일 필요하다고 생각되는 것을 받지 못하고 있다면, '지금 있는 그대로의 현실'에 항복할 수 있게 해달라고 보편적 영감에게 도움과 인도를 청하라.

이 첫 단계에서는, 에고가 바라는 것과 우리에게 최고선인 것이 정반대되는 것처럼 보이기 쉽다. 예를 들어 '특별함'을 바탕으로 유지되던 예전의 우정 관계가 깨어지는 것처럼 보일 수도 있고, 안정감은 있었지만 지루하고 재미없던 직업을 접게 될 수도 있다. 에고는 그래도 여전히 그 친구와의 관계가 지속되기를 원할 것이고, 그 직업을 유지하기를 바랄 것이다. 에고는 진리에 대하여 조금도 알지 못하기 때문이다. (더 높은 지혜의 관점에서 볼 때) 이 초기 단계에 우리는 자신에게 필요한 것을 받게 되지만, 그것이 위장된 모습의 축복임을 아직 보지 못할 수 있다.

환경의 희생양처럼 느껴진다면 스스로에게 다음과 같은 진리를 상기시키자. 재클린 스몰의 말이다. (《인간 삶의 신성한 목적》에서 다시 인용.)

만일 우리가 인간이 되는 법을 배우기 위해(스몰의 열두 가지 원리 중 제1 원리) 영적인 존재로 여기에 왔음을 기억할 수 있다면, 우리는 결코 우리에게 일어나는 일들을 자신의 진정한 모습과 혼동하지 않을 것이다.

아니, 가장 고통스러운 때라도 이렇게 물으며 삶에 열심히 몰두할 것이다. "여기에는 나를 위한 어떤 가르침이 있을까?" "이 상황에서 내 영혼의 의도는 무엇일까?" 이렇게 함으로써 우리는 진화의 사다리를 더 높이 올라간다. 폭풍이 모든 것을 휩쓸고 지나갈 때도 우리는 그 위에서 폭풍에 휩쓸려가는 것들을 바라보는 법을 배울 수 있다. 이러한 삶의 방식은 열정적인 영혼들 안에서 아름답게 체화된다. 한낱 세상의 경험에 그칠 수도 있었던 것에서 거룩한 의미를 발견해 가는 것은 강렬한 기쁨을 준다. 그것은 우리에게 근원에 연결되어 있다는 느낌을 준다. 조건들이 우리를 규정하도록 내버려두지 않을 때, 우리는 이 여정 자체와 사랑에 빠질 수 있다. 당신 자신은 옴짝달싹할 수 없는 상황에 처했다고 느낄지 몰라도, 당신 안의 신성한 불꽃은 당신의 만개滿開를 위해 꾸준히 당신을 이끌고 있다.[15]

2단계 : 가려내기

이 단계에서는 사실상 모든 변화가 유익하다는 것을 서서히 알게 된다. 가려내기 단계에서 우리는 변형하거나 정리해야 할 환경, 사람, 상황, 습관, 태도에 맞닥뜨리게 된다. 에고는 여전히 변형을 상실이라고 굳게 믿기 때문에, 우리는 변화를 희생으로 해석하고 그에 저항하기 쉽다. 비록 그것이 실제로는 사실이 아니라 할지라도 말이다. 또한 지금껏 갖고 있던 나쁜 버릇들이 진리를 따르겠다는 자신의 새로운 다짐과 일치하지 않음을 분명히 깨닫게 된다. 그리하여 과거의 나쁜 버릇을 놓아버리기로 결심할 수도 있는데, 이것을 희생으로 본다면 이는 고통스러운 경험이 될 수 있다.

예를 들어 일이나 부모 역할에 지나치게 집착해 그것들이 자신의 정체성인 양 혼동해 왔다면, 일을 그만두거나 아이들이 집을 떠날 때 정체성

상실의 위기에 직면할 수 있다. 일단 이 초기의 위기에서 벗어나면 외견상의 상실이 실은 여러 면에서 유익했음을 깨닫게 될 것이다. 어쩌면 직업이란 자기 바깥에서 인정받고 칭찬받기를 추구해 온 일 중독자 혹은 완벽주의자의 가면이었을지도 모른다. 이제 그 사람은 내면에서 인정받기를 구하며, 그 결과 가족과 더욱 가까워진다. 아마도 이제는 바깥으로 주의를 분산하거나 바깥으로부터 스트레스를 받는 일이 없어졌으므로, 창조성이 깨어나 개인적으로 훨씬 더 충만한 목적이 펼쳐지기 시작할지도 모른다. 그러나 이 새로운 목적을 좇기 위해서는 아직 손봐야 할 부분이 많다.

이 단계에서 요구되는 탈바꿈은 대부분 희생으로 보일 가능성이 높다. 우리는 실제로 이 변화들을 겪고 그것이 유익함을 직접 확인하기 전까지는 모든 변화가 유익하다는 것을 이해하지 못한다. 그 유익함을 확인하고 나면 우리는 훨씬 의심이 줄면서 새로운 관점에서 변화를 보게 된다.

이런 태도를 익히면서 우리는 더욱 힘을 받기도 하지만, 이때 에고의 새로운 저항이 올라와 더 큰 시련이 닥치는 것처럼 느껴질 수도 있다. 이 시점이 되면 절망적이고 무력한 기분이 들면서, 이도저도 할 수 없다는 점 때문에 근원을 탓하고 싶은 유혹이 든다. 그러나 화가 난다거나 희생양이 된 듯한 느낌이 든다면 이는 에고가 당신을 쥐고 흔들고 있다는 증거이다.

이 단계의 목적은, 우리가 인식하는 모든 현실을 마음을 통해 우리 자신이 만들고 있음을 진실로 이해하는 것이다. 책임자는 우리 자신이다. 우리는 다른 이들이나 상황, 환경의 희생양이 아니다. 만일 행복하지 않다면 그 책임은 우리에게 있으며, 바꿔야 할 것은 우리의 생각이요, 외부 상황의 변화는 요청할 수도 있고 요청하지 않을 수도 있다.

나는 내가 보는 것에 책임이 있다.

내가 경험하는 감정을 선택하고

내가 성취할 목표를 결정한다.

또 나에게 일어나는 듯이 보이는 모든 일은 내가 청한 것이고,

나는 내가 청한 것을 받는다.[16]

이 단계에서는 고통을 일으키는 것은 오직 우리 자신의 생각이라는 진리가 마음에 들어오기 시작한다. 우리는 우리의 생각에, 의식적으로, 백 퍼센트 책임을 지고, 어떤 비난도 하지 않기로 다짐해야 한다. 우리가 이 현실을—한때만이 아니라 '늘'—만든다는 것을 알기까지는 시간이 걸린다. 처음에는 삶의 특정 영역에서만 이 사실을 보게 되며, 대부분의 삶의 영역은 여전히 우리가 책임질 필요 없이 외부의 영향력에 의해 결정되는 것처럼 보인다.

우리의 모든 내적 갈등은 내면에서 두 개의 반대되는 사고 체계가 작동하고 있는 데서 생겨난다. 우리는 삶의 어떤 영역에서는 통합된 자아에 따라 적극적으로 살아가지만, 다른 한편에서는 여전히 에고 망상의 많은 부분을 실재로 여기고 붙잡고 있다. 예를 들어 우리는 오랫동안 갈등을 빚어온 사람과 마침내 평화를 이루었지만, 같은 날 굼뜨게 움직이는 가게 점원을 보고 벌컥 화를 낼 수도 있다. 평화를 넓혀나가는 것이 우리에게 평화를 가져다준다는 것을 배워가고는 있지만, 아직 이 원리를 모든 상황에 적용할 만큼 숙달되지는 않았다.

우리는 "주는 것이 받는 것"이라는 개념을 받아들인 지 얼마 되지 않았음을 기억해야만 한다. 에고는 "갖는 것은 주는 것의 반대"라는 그 견고한 주장을 한 치도 양보하지 않은 채 "어떻게 뭔가를 주는 것이 갖는 것일 수 있느냐?"고 고집스럽게 묻는다. 우리 마음속에서는 분명 두 가지

상반되는 사고 체계가 동시에 작동하고 있다. 때로 우리는 "주는 것이 받는 것"임을 이해하고 실천하며 그 기쁨을 누리기도 하지만, 때로는 그것이 말도 안 된다고 소리치면서 진리를 무효화하는 에고의 목소리를 듣는다! 이때 우리는 대립하는 두 신념 사이에서 갈등하고 혼란에 빠진다. 이 딜레마가 일시적일 뿐임을 믿고 안심하라. 그리고 오로지 보편적 영감의 사고 체계만을 이해하고 받아들이고 실천한다면 평화가 곧 회복될 것이다. 이를 위해서는 시간과 훈련이 필요하다.

외부로부터 어떤 실망과 갈등을 느끼든 그것은 모두 우리 안에서 일어난 두 사고 체계의 갈등이 밖으로 드러난 결과이다. 이때 우리가 할 일은 스스로에게 솔직해지는 것이다. 그리고 길을 잃었다고 생각되는 때를 알아차리고 인정하는 것이다. 만일 내적으로든 외적으로든 갈등이 나타나거든 종이와 펜을 가지고 자리에 앉아 바이런 케이티의 네 가지 질문, 즉 '작업'을 하고, 다시 깨어 있는 정신과 평화로 돌아오라. 또한 'PIQ'(현존-탐구-비약적 용서) 공식을 활용할 수도 있다. 바른 마음의 상태로 돌아오게 해달라고 보편적 영감에게 요청하는 것만으로도 놀라운 효과가 있다. 보편적 영감은 늘 우리의 외침을 늘 듣고 대답을 한다.

두려움을 불러일으키는 조건들이 없어지게 해주소서

우리는 앞서(2장의 '두려움과 지금' 부분에서) 두 종류의 두려움을 언급하면서, 그 중 하나가 긴급 상황에서 나오는 두려움이라고 했다. 이는 '맞서 싸우거나 도망가기'라고도 하는 우리 안에 내재된 심리적 반응으로서, 생명을 위협하는 위험에 갑작스럽게 맞닥뜨렸을 때 일어난다. 한편 (생명을 위협하는 다양한 두려움까지 포함해) 모든 두려움이 마음에서 기원한다는 것을 아는 우리에게 더욱 친숙한 형태의 두려움은 과거나 미래에 대한 걱정에서 생기는 심리적 두려움, 매일매일 집중 포화처럼 쏟아지는 두려움들이다. 에고는 우리를 이러한 걱정거리들에 마음을 쏟도록 해, '지금 순간'—지금 순간이야말로 두려움으로부터 자유로워지는 지점인데도—으로부터 이탈하게끔 만든다. 이런 식으로 에고는 우리에게 발각되지 않은 채로 계속해서 통제력을 유지할 수 있다.

우리가 겪는 거의 모든 걱정과 근심, 갈등과 두려움은 에고의 불안감, 손상될지 모른다는 우려에서 나온다. 한낱 망상에 지나지 않는 에고는 진정한 자기 중심이 없으며, 따라서 존재에 위협이 된다고 여겨지는 모든 것을 샅샅이 통제함으로써 자신을 끊임없이 방어해야만 한다. 에고는 자신의 특별함—즉 집착의 대상, 믿음, 가치—을 위협할지도 모르는 것은 무엇이든 회피하거나 부정하거나 방어하거나 억압하거나 공격하거나 조종하거나 혹은 위장한다. 통제하되 발각되어서는 안 된다는 에고의 임무는 실로 막중하다. 에고는 자신이 우리 삶의 일분일초, 하루 24시간, 한 주 내내, 아니 평생을 통제하고 있다고 생각한다. 에고가 활동을 멈추는 유일한 순간은, 우리가 능동적으로 생각과 반응을 관찰하고 바로잡을 때, 모든 생각을 멈추고 지금 순간의 의식적 알아차림 속으로 들어갈 때뿐이다. 진리에 대한 신뢰가 충분히 커지면 우리는 우리의 자유가 이 에고의 통제를 놓아버리는 데 있다는 걸 받아들일 수 있다.

에고가 온갖 심리적 두려움(걱정, 근심, 통제욕, '지금 있는 그대로의 현실'에 대한 저항)을 유발하는 것이 사실이라면, 에고는 틀림없이 우리가 겪는 모든 두려움과 갈등의 원인일 수밖에 없다. 근원과 보편적 영감은 망상을 보거나 인지할 수 없으며, 두려움은 망상 중에서도 최고의 망상이다. 우리는 두려움이 실재하며 '저기 바깥'의 무언가에 의해 만들어진다고 믿도록 길들여져 왔기 때문에, 대개 두려움 자체가 사라지게 해달라거나, 두려움을 낳는 외부 원인이라고 생각되는 것들이 없어지게 해달라고 청한다. 예를 들어 몸이 아픈 친구가 있으면 병이 치유되게 해달라고 청한다. 혹은 감당하기 힘든 일을 해야 하는 상황이라면 그 일 자체가 사라지거나 조금 쉬워지게 해달라고 청한다. 이 두 경우는 모두 두려움을 부정하는 요청이다. 두려움의 원인으로 보이는 것(병, 상실, 시련)이 없어지게 해달라는 청은 이루어지지 않는다. 왜냐하면 두려움 자체도 또 그것에 대한 우리의 투사도 모두 실재가 아니기 때문이다. 망상을 실재로 여겨서는 그 망상을 치유할 수도 근절할 수도 없다. 만일 온 마음으로 두려움에서 풀려나기 원한다면 우리는 먼저 그 원인을 식별해야 한다. 원인이란 어떤 식으로든 우리 마음속에 있지 바깥에 있지 않다. 사람이건 사물이건 상황이건 우리 안에서 두려움을 끌어내는 것은 두려움이라는 근본 원인의 증상일 뿐이다. 만일 우리가 두려움을 불러일으킨 조건들(분리를 택한 우리의 '선택')로부터 자유로워지기 원한다고 자각했다면, 우리는 그 증상을 보편적 영감에게 맡길 수 있고, 보편적 영감은 그 증상을 처리해 줄 것이다.

두려움을 느낀다는 것은 에고의 생각이 우리를 지배하게 내버려두었다는 명백한 증거이다. 두려움이 일 때 바로 그것을 없앨 수 있는 치료법은 의식적으로 깨어서 우리의 생각이 바른 마음 상태로 돌아오게 해달라고 청하는 것이다. 그러면 평화가 우리 마음으로 돌아올 것이다. 두려움의 진짜 원인을 우리의 통합된 자아가 맡아서 없애도록 하는 것이다.

두려움에 차 있을 때 그대는 잘못된 선택을 한다. 그것이 그대에게 그 책임이 있다고 믿는 이유이다. 행동을 바꾸려 하지 말고 마음을 바꿔라. 이것은 자발성의 문제이다. 마음의 차원 이외엔 안내가 필요하지 않다. 교정이란 변화가 가능한 차원에서만 일어난다. 변화는 증상의

218 |

차원에서는 일어날 수 없다.

두려움을 교정하는 것은 그대의 책임이다. 두려움에서 벗어나게 해 달라고 청할 때, 그대는 실은 두려움에서 벗어나려 하지 않고 있는 것이다. "그 대신 그대는 두려움을 불러일으킨 조건들(그릇된 마음가짐)에 대해 도움을 청해야 한다."[17]

두려움에서 놓여나기를 원한다면 두려움을 불러온 조건들을 빛 앞으로 데려가 제거할 수 있도록, 그리하여 우리가 바른 마음의 상태로 돌아갈 수 있도록 청해야 한다. 모든 갈등은 에고가 어떤 것, 어떤 결과를 바랄 때 생긴다. 이와 달리 통합된 자아는 우리에게 무엇이 필요한지 정확히 알고 있다. 이 두 가지 사고 체계는 완벽하게 반대되며(하나는 거짓이고, 다른 하나는 우리의 자연스러운 상태이다), 이것이 '모든' 갈등의 원천이고, 그에 따라 두려움이 생겨난다. 우리의 자연스러운 상태, 곧 통합된 의지와 조화 속에 있지 않을 때 우리는 결코 행복할 수도, 충만할 수도 없다.

갈등은 분열된 마음에서 일어나며, 그 방식은 다음의 두 가지 중 하나이다. ① 우리는 서로 충돌하는 두 가지 혹은 그 이상의 일을 동시에 혹은 연속해서 하기로 선택한다. 혹은 ② 정말로 '하고 싶은' 것이 아니라 '해야만 한다'고 생각하는 것을 한다. 이때 우리는 자신의 진실과 반대되게 행동하고 있기 때문에 이 두 상황 모두 커다란 긴장을 만들어낸다. 우리는 자신에게 정직하지도 않고, 진짜 본성에 충실하지도 않다. 이런 방식으로 우리는 서로 충돌하는 생각과 행동을 만들어내며, 그 대가로 두려움을 만들어낸다. 어느 경우든 갈등을 느낀다면, 그것은 우리가 에고의 목소리를 듣기로 선택했다는 표지이며, 치료법은 우리의 생각이 바른 마음 상태로 돌아오게 해달라고 청하는 것이다.

시간, 생각, 감정

이 초기 단계들을 거치면서 두려움이나 갈등이 일 때마다 '현실 확인'을 위해 활용할 수 있는 참고 기준이 있다. 이 과정은 짧은 시간 안에 마칠 수 있는데, 이 과정을 거치면 우리는 다음과 같은 것을 할 수 있다.

- 평화가 사라졌음을 알아차리고 내적으로든 외적으로든 갈등을 인식하게 된다.
- 평화가 사라졌음을 솔직하게 인정한다. 그리고 즉시 청한다. "나에게 두려움을 일으킨 조건들이 없어지게 해주소서." 이 요청은 우리를 바른 마음 상태로 되돌려준다.
- 어떤 행동이 평화/사랑을 되살리는 행동이며, 따라서 진리에 따르는 행동인지, 혹은 어떤 행동이 공격/방어를 요구하며, 따라서 에고를 보호하려는 어리석은 행동인지를 가늠한다.
- 요청되는 행동을 실천에 옮긴다.

앤드류 코헨은 《천국과 지상 껴안기*Embracing Heaven and Earth*》라는 책에서 이렇게 설명한다.

인간 경험의 근본적인, 그러나 가장 혼란스러운 측면 세 가지는 시간이 흐르고, 생각이 일어나며, 감정을 느낀다는 것이다.

에고 망상이라는 고통스러운 감옥을 만들어내는 것은, 우리의 경험이 이 근본적인 세 요소에 의해 늘 영향을 받고 또 여기에 깊이 예속되어 있다는 사실이다.[18]

어느 때든지 길을 잃었다고 느끼거나 화가 나거나 슬프다면 그것은 우리가 시간, 생각, 감정과 역기능적 관계를 경험하고 있기 때문이다.

1. 시간

만일 우리가 시간이라는 것에 갇혀 있다면, 미래가 오기를 기다리며 무엇인가를 기대하는 생각과 감정을 경험할 것이다. 우리는 미래가 지금 순간보다 더 나으리라고 믿고 미래에 투자한다. 그럼으로써 지금 여기에 존재하기를 회피하며, 따라서 이 순간에 일어나고 있는 모든 것으로부터 분리된다. 지금 여기에 존재하지 않으므로 우리 자신과 다른 사람들, 주변, 그리고 더 높은 인도와도 우리는 함께하지 못한다. 우리는 삶 그 자체 속에 존재하지 않는다.

다시 말해 불안이나 두려움을 느낄 때, 우리는 최상의 현실이 나중이 아니라 '바로 지금' 가능하다는 사실을 깨닫지 못하고, 현재를 피해 지금보다 더 낫다고 생각되는 미래로 금세 옮겨가 버린다. 그러나 우리에게는 벗어나야 할 것도 없고, 벗어나서 갈 곳도 없다. 우리에게 주어진 숙제는 지금이 우리에게 무엇을 주든 그것이 늘 껴안을 기회임을 깨닫는 것이다. 우리가 받을 보상은 지금 여기에서만, 지금 여기에 의식적으로 존재함으로써 온다. 모든 대답은 이 소중한 한 순간 안에 들어 있다. 지금 순간 하나하나마다 우리에게 지금 당장 필요한 것이 모두 갖추어져 있다. 부족하다거나 두렵다고 보는 것은 언제나 에고이며, 에고는 우리에게 지금은 옳지 않다고, 나중이 좋을 것이라고 말한다.

2. 생각

우리는 우리의 생각들이 아니다. 생각에 그것이 갖는 모든 의미를 부여하는 것은 우리 자신이다. 우리는 생각과는 독립적으로 존재한다. 갈등으로부터 자유로워지려면 생각하고 있는 자신을 관찰해야 하며, 생각이 곧 자기 자신인 양 혼동해서는 안 된다. 코헨의 말을 다시 인용해 보자.

> 객관적으로 볼 때 우리 안에 있는, 우리에 대한 생각들은 마치 사진첩 속 사진처럼 역사적 사건의 추상적 재현에 지나지 않는다. 생각이 원래부터 실재한다고 믿는 결정적 실수를 더 이상 저지르지 않을 때, 진정한 우리는 생각으로부터 자유로운 존재이며 생각보다 앞서 있었음이 바로 드러난다.…… 우리 대부분은 생각 속에서 길을 잃고 평생을 자신의 깊은 곳과 단절돼 살아간다. 그 결과 자신이 살고 있는 세상으로부터 분리되었다는 당혹스러움을 경험한다.[19]

우리가 스스로를 강박적인 생각 속에서 길을 잃도록 놔둔다면, 그것은 에고의 통제를 받고 있는 것이다. 에고는 통합된 자아가 활동하지 못하게 하려고 생각을 이용한다. 어떤 형태의 생각이든 대부분은 '평가와 분석'이라는 양상을 띤다. 생각은 인식된 자료들을 가지고 에고의 기존 믿음을 더욱 굳히거나 방어하는 데 필요한 전제들을 만들어낸다. 한번 관찰해 보라. 혹은 가능하다면 지금부터 3분 동안 떠올라오는 생각들을 가만히 적어보라. 그 중에 '해야 한다, 해서는 안 된다, 원한다, 필요하다, 반드시 그래야 한다, 더, 덜, 더 좋은, 더 나쁜'과 같은 단어나 그런 의미를 띤 낱말이 어느 정도나 되는가? 이 망상적 생각들로부터 자신을 한계 짓는 믿음들을 얼마나 많이 끌어냈는가?

얼마나 많은 생각이 우리 자신과 남, 환경이나 상황에 대한 평가에 근거하고 있는가? 생각들은 날마다 수백만 개의 작은 판단을 만들어낸다.

그러나 그것들은 거의 모두 진실이 아니다. 과거나 미래에 근거한 것들뿐이다. 우리는 생각한다. 그런 다음 그 생각을 바깥으로 투사하고, 에고 현실은 우리가 가정한 것들의 거울상을 되비춰 보여준다. 그러면 겉으로 보기에 우리가 투사한 것들이 사실로 입증되는 것같이 보인다. 그러나 그 중에 진실은 없다. 유일한 진실은 사랑뿐이다. 사랑을 경험하려면, 통합된 자아 앞에 모든 판단과 평가를 내려놓기만 하면 된다! "나는 나에게 가장 유익한 것들을 인식하지 않는다"[20]는 사실을 상기하고, 바른 마음의 상태로 돌아오기를 청하라. 통합된 자아는 결코 내적이거나 외적인 갈등이 아니라 평화로 이끌어주는 답을 우리에게 줄 것이다. 에고에 의해 통제되는 사고의 메커니즘으로는 어떤 문제도 풀지 못했으며, 앞으로도 풀지 못할 것이다. 그 자체가 문제의 원천이기 때문이다.

3. 감정

비개인적인impersonal 인식을 키우려면 먼저 감정을 있는 그대로 바라볼 줄 알아야 한다. 감정은 마치 날씨와도 같이 변덕스럽고, 사전 경고도 없어서 예측하기도 어렵다. 예를 들어 참담한 기분으로 잠에서 깨었다면 우리는 우울감이라는 왜곡된 렌즈를 통해 하루를 인식할 것이다. 누군가로 인해 화가 났다면 화라는 왜곡된 렌즈를 통해 세상을 볼 것이다. 우리는 감정의 반응을 따르라고 길들여졌으며, 생각과 마찬가지로 감정도 진정한 우리 자신과는 무관함을 깨닫지 못한다. 이번 생에서 해방되기를 진심으로 바란다면, 우리는 감정을 낱낱이 알아차리고 그것에 깨어 있는 법을 배워야 한다. 우리가 느끼는 감정이 아무리 강렬하거나 생생하다 해도 그 감정이 곧 우리는 아니다.

감정이 우리의 반응 방식을 좌지우지하도록 내버려둔다면 우리는 자신이 갖고 있는 힘을 잃고 말 것이다. 자유로워진다는 것은 분열된 마음의 치유에 전념한다는 뜻이다. 우리에게 최우선적인 것은 평화이다. 만일 감정이 그 평화를 깨뜨린다면, 우리는 멈추어 서서 '지금 있는 그대로의 현실'을 바라보는 관찰자가 되고 보편적 영감에게 인도를 청하는 것으로써 그 상황을 치유할 수 있다. 감정을 다루는 데는 상당한 훈련이 필요하다. 그러니 인내심을 가져라! 바이런 케이티의 '작업'을 해본다면, 고통스러운 감정을 낳는 믿음을 치유하는 데 큰 도움을 받을 수 있다. 에니어그램과 'PIQ' 공식도 이 과정에서 우리를 도와주는 강력한 도구이다.

만일 과거나 미래에 대한 두려움에서 생긴 듯한 감정들에 사로잡혀 있거나 그 희생양이 되었다고 느낀다면, 진리의 빛으로 그 감정들을 치유해야 한다. 두려움을 보편적 영감의 빛 앞으로 가져가라! 이 단계에서, 우리의 힘을 앗아가는 것으로 보이는 것들은 모두 폭로되고 재평가되어야 한다. 그리하여 우리가 결코 희생양이 아님을 분명히 볼 수 있어야 한다. 우리는 (펜과 종이를 갖고 케이티의 '작업'을 통해 이루어지면 가장 좋은) 이 과정을 통해 우리에게 그토록 많은 고통을 준, 그 조사되지 않은 믿음들을 죄책감이나 원망 없이 바라볼 수 있다.

인식하는 것과 관련해 우리가 얼마나 나아졌는지, 상황을 어느 정도나 비개인적으로 받아들이게 되었는지 보면 신뢰가 어느 정도 쌓였는지 가늠할 수 있다. 에고 내려놓기 과정이 진전될수록 우리는 사랑이 더욱 커지고 비개인적이 되며, 덜 이기적이고 덜 판단하게 될 것이다. 이 근본적인 변화의 결과는 늘 평화와 기쁨의 증대로 이어질 것이다.

비개인적인 관점

'비개인적'이라고 말할 때 우리는 무엇을 떠올리는가? 대부분은 이 말을 '차가운, 냉정한, 무관심한, 무정한'과 같은 낱말들과 비슷하게 여길 것이다. 그러나 '비개인적'이라는 말의 진짜 의미는 그와 정반대이다.

　　오늘날 사람들은 특별하고 독특하며 유명하고 젊고 최고가 되는 것에 집착한다. 이러한 의미의 특별함은 우리를 분리로 이끈다. 이는 우리가 서로 다르고 특별하다는 믿음으로 이끄는 함정이다. 이것은 에고 현실을 우월함, 보통, 열등함 따위의 등급으로 나누려는 계략이며, 이것이 바로 에고가 늘 그릇되게 판단하는 또 다른 이유이다. 우리는 스스로를 제한과 분리, 시공간의 제약 안에 가두어둔 채로 자신과 타인, 상황, 과거와 미래를 판단한다.

　　에고는 특별해지기를 원하며 현실의 저자가 되기를 바란다. 그 동력은 자신의 신념, 그리고 개인적인 것에 대한 애착이다. 그것은 우리의 삶을 조종하고 우리가 현실에 반응하는 태도를 조종하는 식으로 독재적인 통제력을 행사한다. 에고의 관점에서 '개인적personal'이라는 말에는 '분리된, 다른, 독특한, 열등한, 우월한, 독점적인, 내 것, 네 것'이라는 뜻이 담겨 있다. 우리가 누군가의 행동을 공격으로 인식하고, 그것을 사랑의 요청으로 보는 대신 개인적으로(즉 우리에 대한 공격으로) 받아들일 때, 우리는 즉각 그 사람을 판단하고, 그 판단된 내용 때문에 그 사람을 싫어하며(비난하며), 그를 빌주는 한 방법으로 방어(반격)적이 된다. 무엇인가를 개인적으로 받아들이는 것은, 분리와 판단, 보복의 끝없는 순환이 섬뜩한 그림자처럼 붙어다니는 작고 어두운 세상 안으로 우리를 집어넣는 것과 같다.

　　'비개인적'으로 되는 것의 진정한 의미는 '무엇도 배제하지 않는다, 온전해진다, 분리되지 않는다, 사랑한다, 판단하지 않는다, 받아들인다, 허용한다, 넓어진다, 확장한다'는 것이다. 개인적으로 받아들이는 일 없이, 판단하는 일 없이 삶을 받아들이는 법을 배운다면 우리는 더욱 객관적이 되고 덜 비판적이 될 것이다. 비개인적으로 될 때 우리는 보편적 질서의 전체 계획이 펼쳐지는 것을 한 발짝 물러나 잘 관찰할 수 있다. 여기에서 우리는 자아 중심의 충동들을 놓아버리고, 혼돈과 혼란의 한가운데에 있을 때조차도 평정을 유지할 수 있다. 우리는 스스로 설 수 있을 정도로 안정될 뿐더러, 우리의 도움이 필요할 사람들이 믿고 의지할 정도가 된다.

부정하고 피하고 싶은 유혹

1단계와 2단계에서 가장 큰 유혹은 부정하고 회피하고 싶은 마음일 것이다. 이 새로운 사고 체계는 하나의 개방이고 통합이므로, 우리가 어떤 것도 회피하지 않고 직면하기로 선택할 때 에고는 즉각 위협을 느낀다.

에고는 분리를 위해 애쓰는 반면, 통합된 자아는 하나됨과 온전함을 열망한다. 온전함(해방)을 취하면서 에고의 기만을 폭로하기 시작할 때 우리는 십중팔구 두려움의 반발을 경험할 것이다. 이것은 에고가 위협을 느끼고 그것에 두려움으로 저항하기 때문이다. 에고는 우리가 스스로의 마음을 들여다보고 죄 없음을 발견하는 것을 가장 싫어한다. 죄 없음은 에고의 사망을 알리는 신호이기 때문이다.

이 과정에서 우리는 불가피하게 우리가 그동안 얼마나 많이 투사를 해왔고 부정을 해왔는지 적나라하게 보게 된다. 무의식적인 죄의식을 다른 이들에게 투사하는 데 에고가 얼마나 열심이었는지 깨닫는 순간 우리는 이를 외면하려 애쓴다. 차라리 그것을 모르기를 바란다. 그러나 우리가 진정으로 맞서야 할 도전은 그와 정반대의 행동을 하는 것, 모든 것을 보편적 영감 앞에 내어놓고 그 재해석을 청하는 것이다. 우리의 모든 실수를 보편적 영감에게 내맡김으로써 신뢰를 배우며, '죄'란 죄의식을 끌어당기는 에고의 망상적 사고 체계 안에만 있을 뿐 사실은 '결코 존재한 적이 없음'을 깨닫기 시작한다.

　이 지점에서 우리에게 다시 한 번 시험이 주어진다. 우리는 분리 상태를 고수해 에고에게 새로운 생명을 줄 것인지, 아니면 우리 안의 깊은 두려움을 진리의 밝은 빛 앞에 용감하게 내어놓을 것인지 선택을 해야 한다. 해방은 우리로 하여금 선택을 하게끔 이끄는 것이 무엇인지 용감히 탐구해 들어갈 때 온다. 우리는 우리가 알게 된 사실에 놀라서 그런 것이 우리 안에 있다는 사실을 피하고 부정하고 싶어 한다. 진정한 자유를 얻는 것은, 과거 우리 삶을 혼돈으로 몰아간 그 숨어 있는 기만의 층들을 환히 드러내고 말겠다는 우리의 단호한 결단에 달려 있다.

　부정하거나 피하고 싶다는 유혹이 들 때 기억해야 할 중요한 것은 진리를 온 마음으로 남김없이 껴안기 위해 우리가 바쳐온 헌신의 깊이이다. 만일 진정으로 바라는 것이 궁극의 자유―곧 평화―라면, 우리는 회피나 부정의 전략으로 우리의 진전을 가로막으려는 충동이 일지 않는지 깨어 있는 의식으로 날카롭게 알아차려야 한다. 오직 그때에만 우리 안의 반응을 제대로 관찰할 수 있고, 그 반응 뒤에 숨은 기만적인 욕구를 드러낼 수 있다. 이는 결코 우리를 수치스럽게 만들거나 비난하기 위함이 아니다. 자신이 투사하고 있다거나 두려워하고 있다는 사실이 밝혀질 때 사람들이 보이는 반응은 대개 자기 비난이다. 이는 똑같이 파괴적인 행동으로, 비난의 화살을 그저 밖에서 안으로 돌려놓은 것에 불과하다.

　자신에 대해서, 자기가 인식한 것에 대해서, 자신의 현실에 대해서 온전히 책임을 지는 것은 비난을 일삼는 에고의 강박으로부터 커다랗게 도약하는 것이지만, 유감스럽게도 여기에는 '자기'에 대한 죄의식이 더 커지는 기간이 따라온다. 우리는 오랫동안 자기도 모르게 이 모든 죄의식을 다른 이들을 향해 바깥으로 투사해 왔다. 우리는 의식의 이 새로운 전환

덕분에 외부로 향하던 비난을 거두어들이고, 다른 이들을 죄 있는 존재로 보기를 멈춘다. 그러나 외부로 향하던 판단을 거두어들이기 시작하면서 우리는 갑자기 우리 안에서 비난을 인식하게 된다. 죄의식을 드러내는 목적은 그것을 치유하기 위함이다. 그렇다면 이 과정은 우리의 분열된 마음의 파괴적 측면을 드러내 제거하기 위해 필요한 과정인 셈이다. 죄의식에 대한 생각, 죄의식의 감정은 우리가 그것에 의미를 부여했기 때문에 생기는 것일 뿐임을 잊지 말자. "우리가 느끼는 어떤 죄의식도 사실이 아니다." 죄는 사실이 아니다. 죄의식은 사실이 아니다. 두려움은 사실이 아니다.

2단계의 마무리: "믿는 것을 보게 되리라"

2단계를 마치고 3단계로 넘어갈 수 있는 비결은 믿음과 자발성이다. 방어를 해야만 할 것 같은 상황들에 맞닥뜨리겠지만, 진리에 헌신하기로 한 이상 우리는 세상에 평화라는 선물을 내줄 것을 요청받는다. 우리 여정에서 이 기간은 비약적 용서, 즉 사람이나 상황이 우리를 위협하는 듯이 보일지라도 그들의 잘못을 관대히 보아 넘겨주는 연습을 해야 할 때이다. 믿음을 키우기 위해서는 《기적 수업》의 원리들을 실천에 옮겨야 한다. 그래서 이 단계에서는 용서하고 싶은 마음이 들지 않을 때조차도 용서하는 연습을 하게 될 것이다. 결과에 신경 쓰는 에고를 무시한 채로 우리는 확장의 원리를 연습하게 된다. 이 개념이 에고에게 생소할 뿐더러 에고의 가치관과도 정반대되므로 처음에는 연습하기가 어려울 것이다. 우리가 익혀야 할 핵심 요소는 믿음과 자발성인데, 이 원리를 실제로 실천해 나가다 보면 매일의 삶 속에서 그 증거들을 보게 될 것이다. 용서의 원리를 꾸준히 실천할 때 우리는 《기적 수업》이 약속한 대로 "기적은 그것에 대한 그대의 믿음이 옳음을 입증해 준다"[21]는 사실을 깨닫게 된다. 자발성을 통해 신뢰를 키워갈 때 우리는 일상 생활에서 내면의 평화와 기쁨, 안정감이 늘어나는 것을 경험하게 된다.

사랑과 평화, 용서, 내어줌을 삶 속에서 실천할 때 우리는 예전이라면 그저 절망적이기만 했을 상황에서조차 다른 이들로부터 이런 선물을 돌려받게 된다. 이 단계에서 우리는 최상의 현실이라는 개념을 받아들이며, 제한된 에고 현실보다 이 개념을 더 좋아하게 된다. 우리는 이제 통합된 자아와 일치하는 행동을 더 자주 선택한다. 두 가지 반대되는 사고 체계 중 진리를 향한 사고 체계를 주로 받아들이고 내적 갈등에서 자유로워지는 쪽을 선택한다.

묵상과 명상

자연스럽게 현재 순간에 더 많은 시간을 쓸 때 바른 마음 상태가 되기가 더 쉬워진다. 에고 내려놓기 과정은 우리가 그동안 쌓아온 역기능의 층들을 원래 상태로 되돌려가는 과정이다. 지금 순간에 깨어 있는 능력이 커지면 우리는 에고의 강박적인 생각과 감정의 순환으로부터 더 쉽게 떨어져 나올 수 있다. 생각을 하는 것은 결핍감을 느끼기 때문이며, 생각을 하는 목적은 '얻기' 위함이다. 하지만 통합된 자아는 온전하고, 따라서 결핍을 인식할 수 없으므로, 이 하나인 참자아에 의해 채워지지 않는 물음이나 대답, 필요 따위는 존재하지 않는다.

마음을 고요히 하는 데 도움이 되는 연습으로 명상meditation이 있다. 명상을 통해서 우리는 마음의 자유를 얻고, '지금 있는 그대로의 현실'에 대한 알아차림과 받아들임을 키울 수 있다. 이 연습을 하면서 두려움, 죄의식, 판단, 통제해야 하고 알아야 한다는 끝없는 욕구를 놓아버릴 수 있다. 명상이 주는 평화 속에 잠길 때 시간, 생각, 감정, 소유함, 얻음, 무엇인가가 된다는 생각은 모두 급속히 사라진다. 이 거대한 침묵 안에서 우리는 안전하다는 것을 안다. 우리는 오직 현재 순간 안에서만 통합된 자아의 부름이나 지시를 듣고 느낀다.

　명상을 하는 동안 우리는 마음을 닦는 법, 고요히 알아차리는 법, 완벽히 깨어 있는 법을 배운다. 반면 묵상contemplation은 어떤 순간에도 가능한 것으로, 꼭 눈을 감고 가만히 앉아서 해야 하는 것이 아니다. 그것은 그저 그 순간에 현존하면서 우리의 생각과 우리를 둘러싼 환경을 관찰하는 것이다. 우리는 깨어 있는 관찰자가 되어 그 순간에 현존하지만 생각에 빨려들지는 않는다. 묵상은 우리가 무엇을 하든 하고 있는 그것에, 어디에 있든 있는 그곳에 의식적으로 현존하는 행위이다. 데이비드 호킨스David Hawkins 박사는 《나의 눈 The Eye of the I》에서 묵상에 대하여 이렇게 말했다.

　　묵상: 묵상은 가장 유익하면서도 의미 있는 영적 훈련 행위이다. 아주 적은 연습으로도 성찰과 묵상에 큰 방해를 받지 않고 세상 안에서 역할을 다할 수 있다. 명상은 대개 연습하고자 할 때 시공간의 제약을 받으며, 때로는 활동을 멈추고 고요함 속에 머물러야 한다. 비록 묵상과 성찰이 강도가 덜해 보일지라도, 실제로는 그 지속적인 영향력 덕분에 장애물들이 점차 사라진다. 그러므로 묵상은 명상의 한 방식이며, 가부좌를 틀고 하는 명상보다 시시하거나 열등하지 않다.[22]

　일반적으로 우리 마음은 두 부분으로 활동한다고 말한다. 하나는 '생각하기'이고, 다른 하나는 '알아차리기'이다. 생각하기 부분은 논리, 사고, 언어, 이성을 쓰며, 단선적인 방식으로 작동하고, 생각 자체와 세계를 규정함으로써 저만의 결론을 만들어낸다. 그것은 어떤 것 혹은 어떤 사람에

'대해서만' 안다. 그것은 결코 본질을 '알지' 못한다. 그 반면 '알아차림'이라고 하는 우리 마음의 다른 한쪽(통합된 자아)은 늘, 한꺼번에, 주변까지 포괄해 '모든 것'을 알아차린다. 이는 시간과 공간을 넘어서 작동한다. 알아차림은 제한이 없으며 모든 것을 포함한다. 이를 위해 무언가를 배우거나 알 필요도 없다. 그것은 본래적으로 '알기' 때문이다. 우리가 신뢰 발달 단계들을 거치면서 더욱 쉽게 접근하게 되는 것이 바로 이 고요하고 깨어 있는 마음이다. 지속적인 명상과 묵상은 우리가 원래부터 알고 있던, 절대적 온전함과 내적으로 연결되어 있다는 사실을 다시 한 번 경험할 수 있도록 해주는 좋은 훈련법이다.

3단계 : 놓아버림

1단계와 2단계에서 우리는 모든 조정 과정 중에서도 가장 어려운 부분, 즉 전적으로 다른 사고 체계로의 갑작스러운 이동을 경험한다. 이 초기 국면은 내적 갈등을 완화하기는커녕 더 심화시키는 것으로 보인다. 그러나 3단계로 옮겨오면 우리는 갈등으로부터 점점 벗어나 평화를 향해 꾸준히 나아가기 시작한다. 이제는 우리가 통합된 자아에 따라 행동하기를 더 좋아한다는 사실이 자연스러워졌지만, 경우에 따라서는 여전히 에고의 관점에서 보고 행동하므로 전적으로 마음을 놓지는 못한다. 이 단계에서도 아직 무의식적인 자아가 상당 부분 에고 현실에 투자하며, 따라서 우리에게는 에고 인식을 알아차리고 '아니오'라고 말할 상황들이 주어진다.

《기적 수업 : 교사용 편람》에서는 이 단계를 다음과 같이 설명한다.

만일 이것이 바라는 바의 포기로 해석된다면, 엄청난 갈등을 유발할 것이다. 하느님의 교사들 중 이 고통에서 완전히 벗어난 사람은 거의 없다. 그러나 이 분명한 다음 단계가 취해지지 않는 한, 가치 없는 것에서 가치 있는 것을 가려내는 일은 아무런 의미가 없다. 따라서 2단계와 3단계가 겹치는 기간은 하느님의 교사가 진리를 위해 자신의 가장 큰 유익을 희생하라고 요구받는 것처럼 느끼는 기간이 되기 쉽다. 그는 그러한 요구란 전적으로 불가능함을 아직 깨닫지 못했다. 그는 가치 없는 것들을 실제로 포기할 때에만 이것을 알 수 있다. 그는 이것을 통해 고통이 따르리라 짐작했던 곳에, 가볍게 비워진 행복한 마음이 있음을 알게 된다. 무엇인가를 요구받는다고 생각했던 곳에서, 그에게 주어진 선물을 발견하게 된다.[23]

판단의 나무

우리가 내리는 거의 모든 판단은 에고로부터 나온다. 텔레비전에서 어떤 프로그램을 볼까 하는 것에서부터 누구와 결혼할지에 이르기까지 매 순간 우리가 내리는 결정은 에고라는 씨앗으로부터 나온다. 그로부터 나온 첫 싹은 죄의식과 두려움에 대한 믿음―분리라는 씨앗에서 나온다―이라는, 본성 그대로 파괴적인 이파리들을 재빨리 퍼뜨린다.

에고가 깊은 심중에서 원하는 것은 오직 죄의식과 두려움이다. 이것은 우리를 파괴하려는 에고의 무의식적인 의도를 잊어버리고 있는 동안 에고가 우리에게 바라는 것이며 추구하는 것이다. 우리는 삶에 왜 이토록 혼돈이 많은지 모르겠다고 비명을 지른다! 너무 많은 실망과 일관성 없는 행복 사이에는 슬픔과 절망이 뒤섞여 있다! 그것은 두려움과 죄의식이 지속적으로 유지되어야 살아남을 수 있는 역기능적인 에고에게 우리가 끌려다니고 있기 때문이다. 우리 대부분은 이 책을 읽을 정도로 나이가 들었으므로, 죄의식과 두려움이라는 그 최초의 어린 싹이 지금쯤 수천 개의 가지

들을 지닌 괴물처럼 거대한 나무로 자라났을 것이다. 이렇게 나무에 비유해 볼 때, 에고의 뿌리 체계는 또 얼마나 거대할지 상상할 수 있을 것이다!

죄는 실재하며 마땅히 처벌이 이루어져야 한다는 에고의 근본 믿음은 에고가 두려움과 죄의식, 판단에 그토록 막대한 투자를 하는 이유이다. 만일 "죄는 존재하지 않는다"—모든 실수는 늘 하나의 잘못, 그러나 실은 단지 '사랑에의 요청'일 뿐인 그 잘못에 의해서만 생긴다—는 진실을 받아들인다면, 우리는 죄의식을 갖지 않을 것이다! 그리고 다른 이에게 투사할 어떤 죄의식도 갖지 않는다는 것은 우리가 두려움을 갖지 않으리라는 것을 뜻한다.

두려움은 죄의식과 판단에 뒤따라온다. 이것은 사실이다. 에고의 생명줄은 죄의식을 강화하는 판단에 있으므로, 에고가 가장 놓아버리기 싫어하는 것은 바로 판단 중독이다. 죄의식도 없고 판단도 없다면 두려움도 없으며, 이것이 곧 역기능적인 에고의 종말이다. 에고가 우리의 무의식적인 죄의식을 강화하려는 특별한 목적으로 판단을 퍼붓는다는 사실을 꼭 알아야 한다. 우리는 다른 이들이 죄가 있다고 봄으로써 자신은 죄가 덜어진다고 생각한다. 이것이 늘 분리에 대한 믿음을 강화하려는 에고의 전도된 생각이다.

우리가 근원을 거부했다고(분리의 순간 우리 스스로 그렇게 했다고) 믿을 때, 우리 마음은 "스스로를 거부하고 거부에 대한 벌을 피하고"[24] 싶어 한다. 에고는 다른 누군가를 벌줌으로써 자신은 처벌을 피할 것이라고 추정한다. 이것이 바로 우리가 판단을 해야 한다고 생각하는 가장 근본적인 이유이다. 이 판단이 연료가 되어 분리감이라는 불이 일어난다.

우리는 무의식적으로 판단을 매일의 필수품으로 받아들인다. 만일 판단하지 않는다면, 판단을 의지적으로 포기한다면 어떠할지 한번 상상해

보라. 그렇게 함으로써 우리가 포기하는 것은 무엇인가? 우리는 슬픔, 화, 좌절, 절망을 놓아버리게 될 것이다. 우리의 죄의식, 갈등, 불안, 외로움, 공허함이 사라질 것이다. 요점은 이것이다. 판단하고자 하는 우리의 충동은 어리석은 원천으로부터 온다는 것이다. 에고는 알지 못한다. 자기가 누구인지, 자기가 왜 있는지, 자기가 어디 있는지, 자기가 어떻게 있는지, 자기의 목적이 무엇인지.

그러니 에고가 어떻게 능히 무엇인가를 혹은 누군가를 제대로 판단하겠는가? 해방을 원한다면 우리의 믿음, 가정, 가치관이 그 일부가 아니라 전부 변형되어야 할 것이다. 그리고 바로 지금 여기에, 우리가 틀린 믿음을 끊어버리는 데 활용할 수 있는 모든 형태의 도움이 존재한다. 지금 우리 삶에 있는 모든 것은 '지금 있는 그대로'를 사랑하기(현실을 받아들이기) 시작하고 또 계속 그렇게 할 수 있도록 하는 완벽한 촉매제이다. 우리가 원하는 것이 사랑과 이해, 받아들여짐이라면 먼저 안팎으로 더 잘 받아들이는 법을 배워야 한다. 사실 우리를 불안하게 하거나 괴롭게 하는 모든 사람과 상황은 우리로 하여금 판단과 믿음 뒤에 있는 생각을 탐구하게 만드는 완벽한 기회를 준다.

우리는 스스로를 분리하기 위해 판단한다. 에고는 분열을 강화하기 위해 불만을 만들어낸다. 에고가 깨닫지 못하는 것은 우리가 분리되어 있지 않다는 사실이다. 우리는 모두 하나이다. 분리라는 망상적 경험을 꿈으로 꾸고 있을 뿐이다. 이 사실을 깨달으면 누군가를 판단하거나 공격할 때 그것은 우리 자신에게 그렇게 하는 것임이 분명해질 것이다. 누군가를 판단한다면 그것은 언제나 자기 판단을 투사하는 것이다. 누군가에게서 질색하는 것은 사실 우리 자신의 죄의식이 투사된 이미지이다. 케이티의 '작업'에서 질문을 던질 때 마지막으로 '뒤바꾸기'를 하게 되는데, 거기서 우리는 갖가지 고통이 단지 우리의 그릇된 믿음에서 유발되었음을 분명히 깨닫게 된다. 탓함도, 죄의식도 없다. 오로지 수정처럼 맑은 명징함과 진정한 해방감이 있을 뿐이다.

에고의 분리 순환(그림 6-2)은 두려움, 통제, 죄의식에서 생긴다. 뭔가가 '되고자' 하는 바람을 포함해 우리가 바라는 바의 대부분은 두려움과 통제, 죄의식이라는 에고 본래의 역기능적 인식으로부터 나온다. 그 결과는 힘을 빼앗아가는 생각과 감정, 판단하거나 공격하려는 마음, 그리고 받기 위해 주는 것 등이다. 이것들은 갈등, 의존, 중독, 특별한 관계로 이어진다. 이 순환은 우리가 에고의 통제를 기꺼이 알아차리고 인정하며 놓아버릴 때까지, 그리고 통합된 자아를 받아들일 때까지 계속된다.

판단을 놓아버리기

이 단계에서 우리는 두 가지 반대되는 사고 체계, 즉 에고의 사고 체계와 통합된 자아의 사고 체계가 우리 마음 안에서 공존할 수 없음을 서서히 깨닫는다. 우리는 둘 중 하나를 분명히 선택해야 하며, 그것은 "공격(판단)이 정당화될 수 없다"[25]는 것을 진정으로 이해하고 실천한다는 것을 뜻한다. 이 단계에서 우리는 겉으로 보이는 대립이 너무 개인적인 경우만 아니라면 아마도 판단/공격을 삼갈 것이다. 그러나 크게 도전받을 때는 종종 '그것을 잃어버릴' 수도 있다. 이런 일이 일어나면 될 수 있는 대로 빨리 바른 마음의 상태가 되기를 청하고, 우리가 철저하게 공격을 포기하는 법을 배우고 있음을 깨달아라.

이 가르침을 이해하는 가장 완전한 방법은 이를 신체적으로, 정신적으로, 감정적으로 실행하는 것이다. "평화를 가지려면, 그것을 배우기 위해 평화를 가르쳐라."[26] 이를 확실히 알려면 그대로 실천해야만 한다. 우

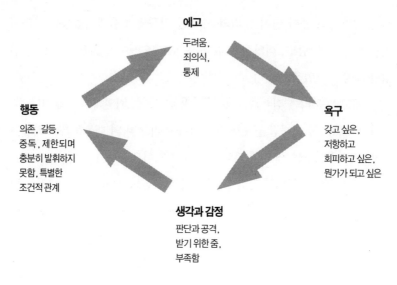

에고
두려움,
죄의식,
통제

욕구
갖고 싶은,
저항하고
회피하고 싶은,
뭔가가 되고 싶은

생각과 감정
판단과 공격,
받기 위한 줌,
부족함

행동
의존, 갈등,
중독, 제한되며
충분히 발휘하지
못함, 특별한
조건적 관계

그림 6-2 에고의 순환

리는 평화를 삶으로 보여줄 때 사실상 그것을 가르치는 것이며, 이런 식의
가르침 속에서 다시 또 그 진리를 배운다.

비약적 용서와 책임

판단을 놓아버린다는 것은 용서를 연습한다는 것을 의미한다. PIQ
공식(현존-탐구-비약적 용서)을 잊지 말고 행하라. 연습 방법을 아래에 소
개한다.

① "다른 이들의 에고를 관대히 보아 넘겨라." 만일 갈등을 본다면,
그것을 오직 '에고가 저지른 잘못'(실재가 아닌 것)으로만 보아라. 이 잘못
을 실재하는 것으로 보면 순간적으로 제정신을 잃고 말며, 그러면 이 망상
을 옳다고 인정하는 것이 된다. 이 꿈 속에서 진리는, 그 상대방이 기실 당

신 자신이며, 그는 당신에게 당신의 무의식적인 죄의식을 치유할 기회를 주고 있다는 것이다.

당신은 실제로 거기에 있지 않다. 만일 내가 당신이 죄가 있다고 혹은 문제의 원인이라고 생각한다면, 그리고 내가 당신을 만들어냈다면, 상상된 죄의식과 두려움은 내 안에 있어야만 한다. 하느님으로부터의 분리는 결코 일어나지 않았기에, 나는 우리가 실제로는 저지르지 않은 바에 대하여 우리 '둘 모두'를 용서한다. 이제 오로지 결백함만이 존재하며, 나는 평화 안에서 성령(보편적 영감)과 하나로 합쳐진다.[27]

② "공격이란 어떤 것이든 그저 잘못 안 것이며, 사랑의 요청일 뿐임을 기억하라." 이 공격은 당신에게 바른 마음 상태를 유지하고 평화를 줄 것을 요청하는 탄원이다. 이것은 당신이 혼돈과 망상 대신 사랑과 평화를 선택할 수 있게끔 주어진 기회, 즉 선물이다.

③ "현실은 그저 있는 그대로임을 받아들여라." 아무리 외적인 것으로 보이는 것일지라도 삶의 모든 것은 그것 그대로임을 깨달아라. 당신이 진정으로 통제할 수 있는 유일한 것은 "나는 내가 보는 것에 책임을 지고 있다"는 것, 그리고 나는 "내가 경험하는 감정을 선택하고 내가 성취할 목표를 결정한다"[28]는 것을 깨닫는 것이다.

우리는 생각과 믿음이 원인이며 세상은 그 결과라는 사실, 그 반대가 결코 아니라는 사실을 배워가고 있다. 이는 우리가 생각이 결정적으로 중요함을 깨닫고 있음을 의미한다. 우리는 우리의 생각과 신체적이고 감정적인 반응을 규칙적으로 관찰해야 한다. 만일 평화가 사라졌다면, 재빨리

외부의 그 무엇도 우리를 해치지 못한다는 사실을 스스로에게 상기시켜야
한다.

통합된 자아

우리는 날마다 수천 가지 결정을 하며, 일부 아주 미세한 것들은 심지어 결정한다는 사실조차 알아차리지 못한다. 이 해방 과정의 상당 부분은 우리 안의 두 목소리 중에서 어떤 것이 믿을 만한 것인지를 정확하게 알아가는 과정이다. 앞서 3장에서 말했듯이 에고는 먼저, 그리고 큰 목소리로 말한다. 통합된 자아의 목소리는 자신의 메시지를 고요하고 미묘한 속삭임으로 그러나 꾸준하게 들려준다. 우리는 에고의 목소리나 느낌에 더 잘 반응하도록 길들여져 있다. 통합된 자아의 목소리를 능숙하게 알아들으려면 처음에는 많은 연습과 인내가 필요하다. 우리는 안에서 들려오는 조용한 목소리나 충동, 느낌에 의식적으로 주파수를 맞춤으로써, 내외부의 자극에 반응해 오던 그동안의 습관을 고쳐간다.

예를 들어 모처럼 하루 휴가를 낸 날, 친한 친구가 전화를 걸어 마침 오후에 소풍을 가려는데 같이 가겠느냐고 한다 하자. 당신은 이 날을 당신이 정말로 즐거워하는 일을 하는 날로 마음속에 그리고 있었기 때문에 심한 갈등을 느낀다. 자, 이제 어떻게 할 것인가? 어떠한 선택을 해야 할까? 아마도 가장 평화롭게 느껴지는 결과를 선택하는 것이 최선의 선택일 것이다. 각 상황 속에 있는 자신을 잠시 동안 머릿속으로 그려보라. 각 상황에서 기분이 괜찮은지 자신에게 물어보라. 평화롭게 느끼는지를 물어보라. 대개 이 간단한 연습을 통해서 자신의 통합된 자아의 목소리를 듣고 또 따를 수 있다.

그러나 결정을 내릴 때 숨은 죄의식이나 다른 의도가 끼어든다면 상

황은 복잡해진다. 친구가 당신 사정을 한번 봐줘야 할 일이 있다거나 당신이 친구에게 뭔가를 빚진 적이 있다고 계산하고 있는 자신을 발견하거든, 그것은 에고가 말하고 있는 것임을 알아라. 조금이라도 흥정, 죄의식, 좌절감, 화, 언짢음의 기미가 보인다면, 그것은 내면을 들여다볼 필요가 있다는 명백한 표지이다.

계속 전진하기

　최초의 전환점과 '더 나은 길'을 찾겠다는 결심, 그리고 1단계와 2단계를 거쳐 온 험난한 여정 이후로 우리는 참으로 먼 길을 왔다. 아직 예비 단계에 있기는 하지만, 우리 의식은 상당히 바뀌었다. 전까지는 대부분 내적인, 받아들이기 위해 필요했던 모든 움직임과 변화에 '한 방 세게 얻어맞은 듯이' 정신을 차리기 힘들었을지도 모른다. 이제 달라진 점이 있다면, 내면의 선택을 함에 있어 훨씬 더 의식적이 되었고, 에고보다 통합된 자아에 반응하기를 더 좋아하게 되었다는 것이다. 우리는 우리 안의 보편적 영감을 전과 달리 진실로 소중히 여기기 시작한다. 신뢰가 자라나고 있다. 이 시기는 우리가 착실히 통합된 자아의 목소리를 듣고 또 따르기를 진정으로 즐기는 때이다. 이렇게 해서 우리는 중간 지점에 다다르고, 목적에 대한 우리의 헌신은 더욱 조화로워진다.

　이 시기에는 에고의 사고 체계가 어떻게 작동하며 그 목적이 무엇인지에 대해 깊이 이해하기 시작할 것이다. 이 단계의 목적은 에고의 숨은 측면들을 드러내는 것이고, 에고 믿음들의 핵심을 샅샅이 찾아내는 것이다. 이 시기는 우리가 전념하는 대상이 근본적으로 바뀌는 때이다.

　이 단계에서는 에고 역기능이 우리 안에서 각기 어떤 특유의 층들을 형성해 왔는지 조금씩 알아가게 된다. 먼저 그동안 아무런 의문도 품지 않왔던 많은 믿음들이 눈에 드러나고 해체되는 한편 새로운 통찰이 그 자리를 대신하는 것을 볼 것이다. 그러나 에고 사고 체계의 중심을 향해 가면서 우리의 전체 가치 체계 또한 고스란히 드러날 것이며, 이는 우리에게 꽤 불편한 느낌을 줄 수 있다. 우리는 에고가 얼마나 교묘히 우리 눈을 피해 숨어 있었는지 알고 깜짝 놀랄 것이며, 이 과정에서 우리는 온갖 감정적 반응이 일어나는 것을 볼 것이다. 에고의 핵심에 가까이 갈수록 이는 더할 것이다.

이제 화, 두려움, 격분, 좌절에 대한 온갖 생각이 다종다양한 문제의 결과로 생겨난다. 에고는 자신의 어리석음, 혼란스러움, 복잡함으로 우리를 골탕 먹인다. 자신의 에고 망상을 직면함으로써, 우리는 많은 문제들이 조금씩 정제되는 중에 있으며, 그 정제 과정을 통해 마침내 오직 하나의 딜레마만이 존재했었다는 사실을 깨닫게 된다. 또한 그것이야말로 우리 삶에서 평화와 사랑이 현존하지 못하도록 막아온 유일한 장애물임을 깨닫게 된다. 유일한 장애물이란 바로 분리, 더 정확히 말하면 분리에 대한 우리의 '믿음'이다. 무엇이든 에고를 자극하는 것으로 보이는 것은 피하거나 부정하지 않는 편이 더 좋다는 사실을 우리는 시간이 흐르면서 알게 된다. 아니, 그러한 순간을 기꺼이 환영하는 편이 더 낫다! 그래서 평화의 상실이라는 그 친숙한 상황에 부딪치면, 이는 분리에 대한 에고의 믿음을 내려놓기 위해 우리가 아직 해야 할 작업이 남아 있다는 직접적인 표지라고 보게 된다. 불편감은 오히려 기회가 되고, 자유는 한 발 더 가까워진다.

평화가 사라졌음을 알아차릴 때마다 바른 사고가 우리 마음으로 되돌아오기만을 청하라. 보편적 영감은 하나됨, 평화, 그리고 온전한 마음을 구하는 진심어린 청을 한 번도 거절한 적이 없다.

우리가 진정으로 원하는 것

우리는 이 여정에서 이렇게 자문해 볼 수 있는 지점까지 왔다. 우리는 근원의 의지와 우리의 의지가 같다는 것을 진실로 인지하고 받아들이며 이해하는가? 만일 이 단계에서 이에 대해 확신할 수 없다면 어쩌면 우리는 아직도 자신의 의지가 무엇이고, 자신이 진실로 무엇을 원하는지를 모르고 있을 수 있다.

우리는 자신이 에고와 그것의 끝없는 공격, 죄의식, 혼란이 아니라, 평화와 사랑, 온전함을 원한다는 것을 깨달았기에 이 여정을 시작했다. 우리는 사랑과 그것이 가져다주는 안전함을 인지하고 받아들이고 이해해 가고 있다. 이는 에고가 하는 일의 추악함을 드러낸다는 뜻이지만, 그래도 이제는 에고를 내려놓는 이 일을 값지게 여긴다.

이 지점에서 우리는 통합된 자아의 끝없는 평화로움이 단지 우리가 원하는 것일 뿐 아니라 바로 우리 존재의 이유이기도 하다는 생각을 받아들인다. 여기에서 우리는 지금껏 평화 대신 선택해 왔던 것들(옳음이든, 얼음이든, 이기는 것이든, 주의를 분산시키는 것이든, 방어든, 판단이든)을 다시 평가한다. 평화를 최우선으로 의식적으로 선택하게 된다. 평화를 줌으로써 평화를 받고, 평화를 나눔으로써 또한 평화를 경험한다. 아직 평화가 지속되는 것은 아니지만, 그래도 우리는 그 평온함 속에서 더욱 충만히 살기를 소망한다. 물론 평화를 바라는 빈도가 훨씬 잦아지기는 해도, 여전히 판단이나 화가 정당하다고 인식하기도 한다. 우리는, 평화를 바라는 것보다 훨씬 많은 것들을 에고가 바란다는 사실을 알게 될 것이다. 그리하여 평화가 아닌 모든 순간이 곧 고통이 되기 전까지는, 우리가 원하는 것이 오로지 평화임을 알고 그것에 전념하지 못할 것이다.

이 여정을 가다 보면 우리가 스스로 원한다고 생각했던 것이 사실은 전혀 진짜가 아니었음을 깨닫는 순간에 직면한다. 우리가 원하는 오직 한 가지, 그리고 모든 문제의 유일한 해답은 진리, 곧 평화뿐임을 점점 더 분명히 보게 된다. 여기에서 우리는 하나의 완벽한 의지가 존재하며, 그 의지가 곧 우리 자신의 의지임을 알아차릴 때마다 우리의 목적과 기쁨이 커진다는 것을 직접적으로 알게 된다.

신뢰를 배워나가는 속도가 더욱 빨라짐과 동시에, 에고의 숨겨진 측면이 우리가 알고 있는 것 이상으로 많다는 사실도 발견한다. 이는 우리 안에서 특별한 무엇으로 남고자 하는 에고를 뿌리째 뽑아버리겠다고 스스로 나서기 전까지는 거슬리는 일이 될 수 있다. 그러나 이 일의 유익함을 알아감에 따라 저항은 줄어들 수 있다. 이 시기는 우리가 새로이 발견한 참자아의 힘이 강력히 작용하는 때로, 그 힘 덕분에 우리는 에고의 추악함이 드러났을 때도 그에 격렬히 반응하지 않을 수 있다. 에고는 우리가 에고의 위협을 진짜로 여기고 반응할 때 힘을 얻는다. 이런 반응은 에고로 하여금 자신이 중요하며 강력한 존재라고 느끼게 한다. 우리는 내면의 힘을 얻어감에 따라 에고의 폭발을 하나의 유머로 바라볼 수 있다. 우위에 서려는 에고의 얄팍한 시도들을 꿰뚫어보면서 그 어릿광대처럼 우스운 모습을 간파할 수도 있다. 우리는 지금 두려움이나 화, 판단을 실재하는 것으로 만들어 에고를 만족시키는 짓을 그만두는 법을 배워나가는 중이다.

해방과 평화, 사랑, 기쁨을 최우선 목표로 놓는 것은 곧 에고를 그 권좌에서 퇴위시키는 것이다. 에고의 욕구들은 더 이상 우리의 우선 순위가 아니다. 우리의 관심과 초점은 오로지 바른 마음의 상태를 유지하는 것에만 있기 때문이다. 비난이나 판단 없이, 바른 마음의 상태와 지금 순간의 알아차림의 자리로 돌아올 때, 우리는 모든 것, 모든 사람, 모든 상황이 서로 바른 관계 안에 놓여 있음을 정확하게 깨닫게 된다. '좋음'도 '나쁨'도 없다. 그저 그대로 존재할 뿐이다. 우리는 더 높은 지성이 우리를 포함해 모든 것을 이끌고 있음을 더욱 분명히 의식하게 된다. 매일 매순간 에고를 키우고 지키던 것에서 시선을 거둘 때, 우리는 신뢰라는 선물을 받는다. 오직 하나의 의지만이 존재한다는 것, 그리고 그 의지가 바로 자신의 통합된 의지임을 알아차리고 인정하지 않는 한 우리는 늘 불행하리라는 것을 알아갈 때, 신뢰는 자라난다.

결정

우리는 이 여정에서 《기적 수업》이 "두 갈래의 길"[29]이라고 부른 지점에 도달하게 된다. 우리는 지금까지 평화를 향해 오면서 더러 심각한 내적 갈등에 맞닥뜨리기도 했다. 온전함을 얻고자 마음을 모으기는 했지만 그래도 여전히 일부 에고 망상을 만족시키는 길로 빠지기도 했고, 그럴 때마다 갈등을 겪고는 했다. 그러나 온전함과 하나됨이라는 두 가지 목적과, 에고의 분리 상태라는 목적은 서로 공존할 수 없다. 따라서 이 시기는 보편적 영감의 인도 아래 진리, 곧 통합된 자아에 더욱 헌신하고자 마음을 다잡아야 하는 때이다. 이제 우리는 지금껏 배워온 대로 결정을 내려야 한다. 사실 결정은 이미 내려졌다.

그러나 우리는 때로 우회로를 찾으면서 멈칫거리거나 이 과정을 지연시키는 선택을 하기도 한다.(그림 6-3) 이는 특별함, 곧 분리를 추구하는 에고의 마지막 저항으로 나타난다. 에고는 자신이 위험에 처했음을 알고 살아남기 위해 전면 중지라는 패를 꺼내든다. 게임의 이 지점에서 에고는 비장의 무기를 쓸 수도 있다. 바로 마음속 저 깊은 곳의 문제나 믿음을 공략하는 것이다. 그것은 우리의 새로운 확신을 뒤흔들 수 있다. 이는 우리를 에고의 분리 순환(그림 6-2)에 계속 붙잡아두고, 진리에 헌신하겠다는 현재의, 그리고 궁극적인 결정을 전적으로 그리고 단호하게 회피하게끔 만들려는 에고의 마지막 계략이다.

그러나 우리는 여기에서 되돌아갈 수 없다. 우리가 할 수 있는 것은 오로지 진리에 대한 굳은 맹세와 함께 앞으로 나아가는 것뿐이다. 혹은 잠시 힘을 아끼면서 에고가 만들어내는 갈등과 혼란을 조금 더 견디겠다고 마음먹는 것이다. 만일 에고의 순환을 택한다면 우리는 몹시 불편하고 고통스러운 가르침—이는 모두 에고와 통합된 자아를 뚜렷이 대조시키기 위해 마련된 것이다—을 경험할 수밖에 없다. 우리는 그 고통이 너무도 크기 때문에 결국 피난처를 찾게 되고, 다시 한 번 두 갈래 길 앞에 놓이게 될 것이다. 우리는 이번에는 제정신이 들면서 일말의 머뭇거림도 없이 해방이라는 선택을 한다.

해방은 우리의 영성을 삶 속에 통합시키기로 스스로 선택할 때 온다. 그것은 삶의 한쪽에서는 영적인 법을 따르고 다른 쪽에서는 일상적인 에고의 법칙을 따르며 사는 데서 오는 갈등을 더는 지속할 수 없을 때 온다. 예를 들어 경쟁 속에 살아가는 사업가이면서 동시에 사랑 많은 한 가족의 구성원인 어떤 이가 있다면, 그는 틀림없이 내적 갈등과 결국에는 외적 갈등, 그리고 건강 악화라는 결과에 이를 수밖에 없다.

진정하고 영원한 평화는 삶의 모든 영역을 하나의 건강한 선택, 즉 진리의 마음으로 살기로 온 마음을 기울일 때 나온다. 에고 내려놓기는 가치 있는 것과 가치 없는 것, 합당한 것과 합당치 않은 것을 구분하는 에고의 집착을 부숴버린다. 아댜샨티의 말을 다시 한 번 들어보자.

그대 삶을 진리 속으로 던지십시오. 진리를 그대 삶 속에 우겨 넣으려 하지 마십시오.[30]

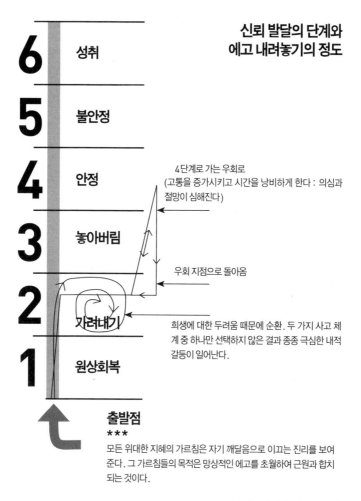

**신뢰 발달의 단계와
에고 내려놓기의 정도**

6 성취

5 불안정

4 안정

4단계로 가는 우회로
(고통을 증가시키고 시간을 낭비하게 한다 : 의심과
절망이 심해진다)

3 놓아버림

우회 지점으로 돌아옴

2 가려내기

희생에 대한 두려움 때문에 순환. 두 가지 사고 체
계 중 하나만 선택하지 않은 결과 종종 극심한 내적
갈등이 일어난다.

1 원상회복

출발점
★★★
모든 위대한 지혜의 가르침은 자기 깨달음으로 이끄는 진리를 보여
준다. 그 가르침들의 목적은 망상적인 에고를 초월하여 근원과 합치
되는 것이다.

그림 6-3 순환과 우회로의 유혹

두 갈래 길에 이르는 것과 관련해《기적 수업》은 이렇게 말한다.

갈림길에 이르면 그대는 전진할 수 없다.(이전처럼 에고와 통합된 자아 모두가 갈등 속에 있다.) 그대는 둘 중의 한 길로 가야 한다. 이제 앞으로 곧바로 간다면, 그 길은 그대가 갈림길에 닿기 전에 갔던 길로, 그대는 어디에도 이르지 못할 것이다. (고통스러운 가르침들에 다시 들어가는 것 말고는.) 여기까지 온 목적은 오로지 지금 어떤 길을 취할 것인지를 결정하기 위함이었다.[31]

우리의 여정에서 이 지점이 어디인지는 도달해 보면 알게 될 것이다. 그곳에서 할 수 있는 유일한, 가치 있는 선택을 하고 나면, 그제야 집으로 가는 우리 여정의 나머지 절반에 들어설 준비를 마치는 셈이다.

두 상반되는 사고 체계의 내적 갈등이 사라지므로 통합된 목적을 추구하겠다는 우리의 결정은 커다란 평화와 감사를 불러온다. 우리는 이제 평화에, 또 갈등의 해소에 온 마음을 기울이고 있기 때문에, 어떻게 하면 더 부드럽고 더 편안해지는지 알게 된다. 우리는 바로 여기에서 한때 그토록 필요하다고 믿었던 에고의 행복이 얼마나 공허한 것이었는지를 분명히 깨닫는다. 그 행복은 우리 바깥에서 오는 듯이 보이는 행복이었고, 늘 상실과 변화의 위협 아래 놓여 있는 행복이었다. 그리고 새로이 맛보게 된 이 불변의 행복과 함께 전에는 느끼지 못했던 안정감과 안전감이 찾아온다. 서로 연결되어 있다는 느낌과 더 높은 질서가 우리의 찬란한 행복을 더 멀리 퍼뜨린다. 다시 한 번 《기적 수업》을 인용해 보자.

어둠으로부터 벗어나는 데는 두 단계가 있다. 첫째는 어둠은 숨겨질 수 없다는 것을 아는 것이다. 이 단계에서는 보통 두려움이 동반된다. (첫 세 단계) 둘째는 그대가 감출 수 있다 해도 그대가 감추길 원하는 것은 아무것도 없음을 아는 것이다. 이 단계는 두려움으로부터의 해방을 가져온다. 그대가 아무것도 감추려 하지 않게 되었을 때, 그대는 기꺼이 합일로 들어서고자 하며, 나아가 평화와 기쁨을 이해하게 된다.(평화를 줌으로써, 내어줌을 통해 사랑을 확장시킴으로써.)**32**

4단계: 안정

신뢰 발달의 여섯 단계 중에서 대개 오직 두 단계만이 평화롭고 즐거운 것으로 정의된다. 이는 4단계와 6단계이다. 이 두 단계에서 우리는 말 그대로 사랑, 평화, 기쁨과 합치되며, 우리 삶은 남김없이 변형된다. 우리는 4단계에 이르러 충분히 누릴 자격이 있는 휴식을 얻는다. 이 단계에서 우리가 깨닫는 커다란 축복 가운데 하나는 과거에 가치 있게 여겼던 인간 관계와 소유물, 신념이 이제 변화하거나 사라졌지만 그렇다고 그것들이 희생되었다고 여기지 않는다는 것이다. 오히려 그 반대이다. 우리는 뒤를 돌아보고 전에 가치 있다고 여겼던 것들이 이제는 전혀 가치가 없음을—따라서 잃어버린 것이라고는 아무것도 없음을!—알게 되며, 나아가 모든 변화가 반드시 필요했고 또한 유익한 배움의 기회였음을, 그 변화들이 우리에게 남긴 유산은 계속 늘어나는 행복이라는 상금임을 알게 된다. 과거를 돌아보면서 우리는 지난날 맞닥뜨린 시련과 지금까지 일어난 변화가 모두 우리를 에고와의 동일시에서 벗어나게 도와주었음을 깨닫고, 우리를 진리로 이끌어주는 새로운 통찰을 얻었음에 크게 안도하며 깊이 감사를 드리게 된다. 보편적 영감이 틀림없는 존재하고 인도한다는 데 대한 신뢰가 더욱 강해지며, 앞으로의 과정 역시 우리가 키워가는 신념의 시금석이 되리라는 점을 굳게 믿는다.

이제 우리는 진리와 하나된 결정을 내리므로 많은 부분에서 순전한 기쁨을 맛보는 시기에 진입하게 되며, 모든 일이 일어나게 하는 힘은 오직 우리에게만 있다는 사실을 깨닫는다. 이제 우리는 모든 것을 매우 분명하게 보기 때문에 두려움과 의심은 먼 옛날의 이야기처럼 보인다. 우리가 이룬 엄청난 도약을 파악하고 또 이해할 수 있으므로, 우리는 더 이상 에고의 장막이 없는 확 트인 시각으로 새로운 세상을 본다. 새로 찾은 이 평화는 여러 가지 값진 통찰들로 이어지며, 아마도 창조적 영감의 반가운 물결이 우리를 관통해 흐를 것이다. 우리는 에고를 잊어버리고 무력화하는 첫 세 단계, 즉 원상회복, 가려내기, 놓아버림의 단계에서 생기는 고통을 잘 견뎠다. 그 모든 격변을 겪고, 이제 깨어난 의식이라는 최종 목적지에 더 이상의 저항 없이 도달하리라는 희망이 아주 조금이라도 느껴진다면, 우리는 분명 용서받은 것일 수 있다.

이 여정 중 첫 세 단계의 목적은 사랑—곧 진리—의 현존을 알아차리지 못하게 막는 장애물들을 드러내고 제거하는 것이었다. 강렬한 내적 갈등이 없는 나머지 세 단계는 우리 안에서 그리고 다른 이들 안에서 그토록 찾고 싶어 하던 사랑의 얼굴을 드러내 보여준다. 근원은 우리가 하는 모든 일, 만나는 모든 사람, 겪는 모든 경험 안에서 스며져 나온다.

《기적 수업》은 4단계가 휴식 지점—마지막 휴식 지점—이며, 앞으로 갈 길이 아직 많이 남았다고 이야기한다.

이제 그의 과정 중에서 앞길에 장애물이 없다고 느끼는 지점에 와 있다. "그대가 원하지 않는 바를 그만두고, 그대가 원하는 바를 계속하라."…… 그는 아직 자신이 생각하는 것처럼 많이 오지 않았다.[33]

강력한 동반자들을 불러 모으기

따라서 우리는 4단계를 지날 때 아직 할 일이 많이 남았음을 깨닫지만, 이제 이 과정 자체에 대해 마음에 평화를 가진 채 다시 길에 오른다. 우리는《기적 수업》의 다음과 같은 말에 용기와 위안을 얻는다.

> 그가 길을 더 나아갈 준비가 되었을 때 그 곁에는 '강력한 동반자들'이 함께할 것이다. 이제 그는 잠시 쉬면서, 다시 길 떠나기에 앞서 강력한 동반자들을 모은다. 그는 여기서부터는 혼자 가지 않을 것이다.[34]

이 단계에서 우리는 통합된(거룩한) 관계로 들어가며, 여기서부터는 서로 손을 잡고 함께 하나의 목표, 즉 통합된 목표에 헌신한다. 우리는 진리에 헌신하는 다른 이들―'강력한 동반자들'―과 관계를 맺어갈 것이다. 서로의 지지, 그리고 통합된 목적의 공유는 우리가 온갖 방식으로 풍부함을 표현할 수 있는 평생의 토대를 만들 것이다. '강력한 동반자들'에 대한 또 하나의 해석은, 그들이 곧 보편적 영감이며 비약적 용서라고 보는 것이다. 우리는 각자가 창조자로서, 강력한 동반자들이 가장 적절한 때 완벽한 형태로 우리에게 나타난다는 것을 깨달을 것이다.

앞서 언급했듯이 진화의 현 지점에서 사랑의 현존을 온전히 알아차리는 가장 빠르고 확실한 길은 통합된 관계를 통해서이다. 이것이 전 지구적 깨어남에 대한 답이며, 문자 그대로 지상 천국(무한 상태)의 실현이다. 아댜샨티를 다시 인용해 보자.

> 당신이 스스로를 해방시킬 때, 해방되는 것은 비단 당신의 자아만이 아니라, 참자아 자체입니다. 당신은 모두의 참자아를 기억해 내고 있는 것입니다. 그것은 같은 참자아이기 때문입니다. 이것을 깨달을 때 인간 상호 작용의 완전한 변형이 가능해집니다.[35]

영적인 추구와 진리

영적인 추구와 진리에의 항복 사이에는 어떤 차이가 있는가? 적극적으로 영성을 추구하기 시작할 때, 우리의 첫 번째 목표는 영적 '고양감'을 체험하는 것이다. 우리는 그런 고양감이 이따금씩 느끼는 것이 아니라 지속적인 것이 되기를 기대한다. 이것이 바로 많은 이들이 생각하는 깨달음—우리가 추구하며, 언젠가는 발견해서 계속 유지할 수 있기를 바라는 체험—이다. 우리는 연습과 훈련, 그리고 관련된 지식의 축적으로 이 체험을 '얻을' 수 있으리라 생각한다. 이와 같은 영적 추구에는 다음과 같은 문제가 있다.

· 그렇게 추구하고 있는 것이 '누구'인가? 에고인가, 아니면 통합된 자아인가? 통합된 자아는 온전하며, 어디에나 연결되어 있다. 그 어떤 결과도, 지식도, 훈련도, 추구도 필요로 하지 않는다. 그 반면 에고는 추구하며, 특히 깨달음 혹은 영적인 '고양감'에 빠지고 싶어 한다. 저 자신을 드러내고 허물어버릴 진리만은 '제외한 채' 말이다.
· 영적 추구란 '지금 있는 그대로의 현실'이라는 진리가 드러나기를 기대하기보다는, 자기 바깥에 있고 미래의 어느 날에 주어지며 영적으로 가치가 있는 어떤 체험에 이르기를 기대하는 경우가 많다.

우리는 영적인 체험 혹은 영적인 '고양감'에 빠질 수 있다. 그러나 그러한 느낌이 사라지고 나면 제자리로 다시 돌아온다. 영적인 체험에 빠지는 것은 해방이 아니며, 우리를 진리로 이끌어주지도 않는다. 신뢰 발달 과정의 4단계에서 가끔씩 맛보는 행복감은 중독적일 수 있다. 그래서 체험을 추구하기보다는 진리를 청하는 데 끊임없이 집중하는 것이 중요하다.

체험 또한 망상이기 때문이다.

우리는 아직 우리가 누구인지, 우리의 진정한 목적이 무엇인지 모른다. 깨달음의 체험을 추구하는 것은 실제로 우리를 깨달음으로 데려가주지 않는다. 우리가 진정으로 청하고 또 바라보아야 할 것은 진리이다. 진리는 이미 우리 자신인 무한한 사랑을 드러내주는 것이기에 모든 '체험'을 넘어서 있다. 영적인 체험을 추구하는 것은 우리가 영적으로 더욱 앞서간 사람이 되기 위하여 무언가를 '습득'해야만 한다는 것을 뜻한다. 습득한다acquire는 것은 얻는다는 것을 그럴듯하게 표현하는 말이고, '된다'는 것은 당신이 아직 거기에 도달하지 않았다는(지금은 아니지만 미래에는 가능할지도 모른다는) 것을 완곡하게 표현하는 말이다. 두 가지 모두 에고의 인식에서 나온 것이며, 따라서 사실이 아니다. 에고는 제 자신을 교묘하게 위장해 자신이 보편적 영감인 듯이 보이게 하며, 그 놀라운 조종 솜씨로 자신이 숨어 있는 곳만 빼고 온갖 군데로 우리를 이끈다. 이 모든 것이 영적 추구라는 이름으로 행해진다.

보통 '깨달음enlightenment'이라고 하면 꾸준한 추구와 향상, 배움의 과정을 연상하고는 한다. 오늘날 많은 영적 가르침들은 영적 체험과 심도 있는 명상, 지복의 상태, 영적 지식의 축적에 집중하면서 다소 미래 지향적인 관점으로 참자아의 실현을 묘사한다. 영적 워크숍들에서는 우리 자신을 더욱 깊이 '아는' 법, 망상을 교정하는 법, 두려움의 원인과 싸우지 않고도 두려움 없이 사는 법 등 우리 삶의 질을 높이는 기술을 가르친다. 이 모든 정보는 우리가 더 높은 본성과 목적에 연결되고 행복해지는 데 도움이 되는 것은 사실이지만, 그것들이 저절로 깨달음을 가져다주지는 않으며, 영원한 행복을 가져다주는 것도 아니다.

참자아의 실현 또는 깨달음에 뜻이 있다면, 더 많은 것을 알고 향상시킬 필요가 있다고 생각하는 것이 '누구'인지 스스로에게 끊임없이 물어야 한다. 그 '누구'란 틀림없이 우리가 잘못 알고 있는 정체성, 즉 에고일 것이다.

"깨달음이란 해체하는 작업이다."[36] 자신이 안다고 생각하는 것들을 하나씩 벗겨내 보지 않고서는 깨달았는지 아닌지 확인할 수 없다. 깨달음이란 우리로 하여금 계속해서 통제를 해야 한다고 믿게 만드는 모든 것을 잊어버리는 일이다. 에고 내려놓기는 사랑의 현존을 알아차리지 못하게 막는 '모든' 장애물을 제거할 것을 요청한다. 사랑과 평화, 기쁨, 풍요를 경험하지 못하고 알지 못하게 하는 모든 장애물을 말이다. 이것이 우리의 정체성이요 목적이다.

오직 지금 여기만이 존재한다. "통합된 자아는 이미 깨달아 있다. 모두가 그러하다." 깨달음은 외적 추구나 내적 향상을 통해서 성취되는 상태나 체험이 아니다. 추구해야 할 것도, 향상시켜야 할 것도 없다. 우리 앞에 놓인 가장 어려운 숙제는 항복하는 것, 즉 '지금 있는 그대로'에 대한 조건 없는 받아들임이다. 이것은 통제를 놓아버리는 것이다. 이것은 '알지 못함'을 진정으로 인정할 때 나오는 최고의 겸손이다.

진리는 우리가 그 현존함을 가리는 장애물들 앞에 항복할 때 스스로 제 모습을 드러낸다. 진리는 사랑이다. 사랑, 곧 진리를 아는 데 있어 유일한 장애물은 우리가 받아들인 정체성, 더 정확히 말해 '잘못된' 정체성, 바로 에고이다. 우리가 진정으로 '누구'인지를 기억하는 길은 우리가 잠에 빠져 꿈을 꾸기 시작하면서 잊어버린 진리를 통해서이다. 다시 말해 집으로 가는 여정은 에고 놓아버림을 통한 항복, 원상회복, 그리고 잊어버림 unlearning의 길이다.

5단계: 불안정의 기간을 통해 얻는 절대적 확신

여정의 5단계는 아마도 혼란과 피로의 시간이 될 것이다. 혼란은 보통 초기의 시련들을 다시 겪는 데서 온다. 그러나 이번에는 온전한 알아차림 속에서 혼란을 겪는다. 이것은 일종의 '데자뷰' 경험일 수 있다. 그렇긴 하나 이번에 우리는 모든 것을 새로운 관점으로 더욱 분명하게 보며, 첫 세 단계의 특징이었던 감정적 집착이나 동요 없이 진리를 깨닫고 행할 수 있는 또 한 번의 기회로 그것을 받아들인다. 근원과 완전히 연결되어 있다고 느끼던 4단계와 달리, 이 5단계는 근원과의 연결이라는 관점에서 외로운 기간일 수 있다. 우리는 정말이지 많은 것을 배웠지만, 여전히 4단계에서 경험한 그 미묘한 연결감을 여전히 갈망하고 있다. 우리는 무한 상태에 연결되어 있는 느낌이 얼마나 생생하고 강렬했는지 기억하지만, 무슨 이유인지 지금은 그 느낌을 붙잡을 수 없다.

이 시기에는 열정과 방향 감각 모두가 사라져버린 느낌이 들며, 우리가 무엇을 원하지 않는지만을 제외하고는 아무것도 모르겠는 난감한 시기이다. 예전의 낡은 방식은 사라졌지만, 새로운 차원의 의식이 아직은 온전히 발현되지 않은 상태인 것이다. 이 기간에는 마치 가사假死 상태에 있는 듯한 느낌을 받을 수 있다.

앞서 세 단계에서 우리는 현실을 온전히 보기 위해 우리의 인식을 깨끗이 씻어내고 망상의 흔적들을 말끔히 벗겨내었다. 그 다음인 4단계에서 우리는 그 현실이 되었다. 따라서 우리가 지금 단계에서 겪는 불안정은 대부분 최종적으로 '됨being'을 껴안기 위해 '함doing'을 항복시키는 법을 배우는 데서 온다. 왜냐하면 최후의 항복은 우리가 언제나 모든 것이요 모든 것을 가지고 있다는 내면의 무한한 지식에 항복하는 것이기 때문이다.

통합된 자아를 '아는 것'에서 그것이 '되는' 상태로 옮겨가는 이 전환기에 우리가 배울 것은 외부 환경에 집중된다. 우리에게는 첫 네 단계를 거치면서 경제 상태, 직업, 인간 관계, 건강 등에서 겪은 상실이나 변화로 인해 어느 정도 후유증을 겪을 수 있다. 예를 들어 1단계에서 일어날 수 있는 직업의 상실과 같은 일은 우리가 진정한 소명과 창조성을 찾도록 이끌어주었을지는 모르나, 5단계까지 오는 동안 일시적인 경제적 어려움을 야기할 수 있다. 때로 이 단계에서 하루하루의 삶은 극도로 단순한 형태가될 수도 있다. 그러나 우리는 단순함의 가치를 진정으로 깨닫고 있기에 원망은 없다. 사실 우리는 복잡함 대신 단순함을 공공연히 선택한다. 결국에고란 복잡함 그 자체인 것이다.

　5단계에 들어와 삶의 환경이 우리가 영적으로 깨어 있는 정도와 일치하지 않는다 해도, 이것을 결코 부족으로 이해해서는 안 된다. 부족은 없으며, 오직 무한한 풍요만이 있다. 그러나 우리는 다시 한 번 에고 특유의 결핍감이나 부족함이라는 꿈속으로 후퇴하라는 유혹을 받을 수 있다. 결핍감은 두려움을 불러일으킬 것이고, 두려움은 우리를 타협으로 이끌며, 타협은 희생으로 이어진다. 예를 들어 두려움이 경제적 불안정에 있다고 하자. 결핍이라는 두려움을 실재하는 것으로 느끼는 에고는 협상을 시작할 것이고, 경제적 안정을 되찾으려면 불리한 조건에서도 일을 해야 한다고 우리에게 말한다. 이것이 바로, 실제로는 모든 것이 풍요로운 곳에서 부족함을 보고 두려움의 순환을 이어가는 에고의 방식이다.

　이 단계에서 우리는 내적으로는 최상의 현실에 거의 다다랐지만 외부 현실은 아직 이를 따라오지 못했음을 발견할 수 있다. 그러나 잊지 마라. '지금 있는 그대로'를 사랑한다는 것은 그 무엇도 잘못된 것이 없음을 안다는 뜻이다. '지금 있는 그대로의 현실'은 완벽하다. 또 다른 '대조'가 발생하는 것은 그저 우리를 가르치기 위해서, 우리가 이미 배워 아는 바를 더욱 강화시켜 주기 위해서이다. 우리에게는 부족으로 보이는 것들을 관대히 보아 넘길 놀라운 기회가 주어지고 있다. 우리는 절대적 확신을 가지고, 외부 현실은 우리의 내적 풍요로움을 바로 반영한다는, 세상의 유일한 진리를 보게 된다. 인내심을 갖자. 지금 우리는 1단계에서부터 4단계까지 배운 원리들을 내면에 채워 넣어야 할 때이다. 이를 통해 우리는 세상의 보편적 질서에 대한 절대적 확신을 갖게 될 것이다. 모든 것은 완벽한 타이밍에 일어난다. 타이밍은 근원의 일이지, 우리의 일이 아니다. 우리의 일은 완전한 믿음, 즉 절대적 확신이다.

5단계는 통상 긴 시간이 걸린다. 배워야 할 것들이 여전히 많고, 통합되어야 할 부분도 많다. 첫 네 단계가 우리 쪽의 개심과 행동을 요구했던 것과 달리, 이 단계는 오로지 보편적 영감이 지시할 때만 행동하라는 어려운 숙제를 준다. 우리의 시도가 아무 결과도 낳지 못하는 것을 볼 수도 있다. 이러한 일이 일어나는 것은 우리에게 통제하려는 마음을 내려놓고 더 높은 차원의 인도에 따르는 법을 가르치기 위함이다.

에고 차원의 저항은 어떤 것이든 사랑에 대한 이 놀라운 지각과 거기에 접근할 수 있는 우리의 능력을 가로막을 것이다. 저항은 보편적 영감과 상의하지 말고 독립적으로(즉 에고와 함께) 판단하고 통제하라는 유혹의 형태로 온다. 이 기간은 우리에게 생각과 결정을 꼼꼼히 살피는 전문가가 될 수 있는 기회를 준다. 우리는 결정을 내림에 있어 평화를 유지하는 것을 제일 목표로 두는, 우선 순위 결정 훈련을 한다. 특히 공격을 받는다고 인식할 때나 특별한 관계의 협상 순환인 "받기 위해 주라"는 유혹을 받을 때 더욱 그렇다. 우리는 전혀 중요하지 않아 보이는 아주 사소한 결정까지 포함해 모든 결정 뒤에 숨은 깊숙한 의도를 캐묻는다. 이제는 그 어떤 생각도 결과를 갖지 않는 것이 없음을 알기에 우리는 마음속을 더욱 꼼꼼히 살피며, 보편적 영감에게 도움을 청해 우리가 잘못된 해석을 내리는 일이 없도록 해야 한다.

이제 우리는 집중해서 듣고 직관으로 느낀다. 예기치 않은 긴급 상황이 발생해도 평화와 평정, 확신의 느낌 안에서 우리 에고의 공포심은 물론 다른 이들의 공포심까지도 빠르게 잠재울 준비가 되어 있다. 우리는 자신에게 '이것이 바로 현실'임을 곧장 알려주며, 지금 일어나고 있는 일을 있는 그대로 받아들인다. 현실과 다투지 않으므로 우리에게는 평화가 주어진다. 불쾌한 일이 벌어졌을 때도 우리는 사람들에게 안정과 통찰을 줄 수 있는데, 그것은 우리가 그 순간에 현존하는(지금 순간 속에 있는) 유일한 사람일 가능성이 크기 때문이다.

'현존한다'는 말은 에고의 두려움에 기반한 과거나 미래 안에 있지 않다는 뜻이며, 또 내 일이 아닌 다른 사람의 일에 정신적으로 관여하고 있지 않다는 뜻이다. 현존해 있고, 온전히 깨어 있고, 의식하고 있고, 에고로부터 벗어나 있을 때, 우리는 최상의 상태의 현실 안에 있는 것이다. 이 상태에서 우리는 다음과 같은 선물을 받는다.

· 통합된 자아의 인도를 명확히 따를 수 있다.
· 평화를 유지할 수 있다.
· 다른 이들을 힘들이지 않고 도울 수 있다.
· 어떤 문제 상황이라도 가장 효율적으로 해결하는 도구가 될 수 있다.

이 단계에서는 우리가 내면의 안내자와 먼저 상의하지 않고는 어떤 결정도 내리고 싶어 하지 않는다는 것을 진정으로 배우게 된다. 만일 미처 준비가 안 된 상태로 결정을 내려야 하는 상황이라면, 완벽한 때에 답이 주어지리라는 사실을 조용히 알고 받아들인다.

아직 에고가 자신이라고 착각하고 살아가는 사람들과 만날 때에는 특별히 더 인내심을 발휘하며, 내면의 진리에 명확히 일치된 행동을 보인다. 진리는 공격, 판단, 비난 등을 하지 않는 데서 표현된다. 설령 상대방의 에고가 진리를 공격으로 해석하더라도(자주 일어나는 일이다) 아무런 방어도 하지 않는다.

이 단계에서는 에고의 통제를 포기하는 데 익숙해져 있고, 알지 못함의 상태에 대해서도 전보다 훨씬 더 편안해한다. 그러나 진정으로 해방되기 위해서는 놓아야 할 것이 아직 더 남아 있다. 우리는 에고의 모든 통제를 항복시키라는 소명을 받았는데, 이는 두려움을 낳는다. 에고가 마지막으로 붙드는 것은 통제의 개념으로, 에고는 자기 정체성의 이 부분을 대개 맹렬히 부정하면서 지켜내려 한다.

알지 못함은 극심한 두려움을 불러일으키는데, 이는 존재하지 않음이라는 관념과 관련된 것으로, 곧 죽음에 대한 두려움과 동일하다. 에고에게 통제의 상실, 다시 말해 알지 못함이란 죽음과도 같이 느껴진다. 우리가 보편적 영감에게 통제권을 양도한다면 에고는 더 이상 존재하지 못하기 때문이다. 통제하려는 의지를 놓아버린다는 것은 역기능적인 에고가 더는 존재하지 않음을 뜻한다. 에고는 알지 못함에 저항한다. 그것이 저 자신의 죽음을 의미하기 때문이다. 실제로 죽는 것이 없을지라도, 그것은 일종의 죽음이다.

그렇다면 우리는 육신이 죽을 때 이러한 에고의 '항복' 혹은 '놓아버림'이 일어나느냐고 물을 수 있다. 답은 '아니다'이다. 아댜샨티는 우리는 수만 번이라도 계속 윤회할 수 있지만, 그래도 에고는 여전히 통제 의지를 놓지 않으려 할 것이라고 말한다.[37]

통제하고자 하는 에고의 의지는 육체적 죽음 이후에도 살아남는다는 말이다. 에고는 이토록 끈질기게 통제 의지를 놓지 않는다. 우리는 심지어 죽은 뒤에도 에고로부터 자유롭지 않다. 만일 진리 안에서 궁극적 해방을 맛보는 것이 이번 생의 목표라면, 우리의 근본 목표가 '에고 내려놓기'라는 것은 당연한 추론일 것이다. 요컨대 에고를 원상태로 되돌리는 일은 육체적 죽음이라는 개념을 제거하는 데 기본 전제 조건이다. 이 기만적인 사고 체계를 온전히 놓아버릴 때, 우리는 분리에 의해 생겨난 원죄 의식의 온갖 파편 조각들을 내버릴 수 있다. 애초에 진리와 사랑, 근원으로부터 숨고 싶은 욕망을 만들어낸 것이 바로 이 놀랍도록 큰 무의식적인 죄의식이다. 이것이 우리를 생사의 순환에 단단히 가두고 빠져나가지 못하게 하는 기본 동력이다. 그것은 절대적 망상이다. 언제든 단 한 번 만에 에고 내려놓기 과정을 끝마칠 수가 있다면, 무슨 이유로 나고 먹고 고통을 겪다가 죽는 '생'을 수천 번 더 반복하겠는가?

보편적 영감이 우리 삶을 이끌어가고 통합된 의지와 하나가 되도록 한다는 것은 "통제하려는 의지로부터 놓여난 삶을 산다"는 것을 뜻한다. 이것이 가장 핵심적인 의미의 에고 내려놓기이며, 우리가 갖는 모든 두려움의 종말이다. 그것은 두려움의 뿌리가 통제하려는 의지이기 때문이다. 에고의 가장 큰 두려움은 존재하지 않게 되는 것, 죽는 것, 무無가 되는 것이다. 바로 그래서 육체적 죽음이 그처럼 두려운 위협이 된다. 사후의 삶을 믿지 않는 이들에게는 특히 더 그러하다. '내가 아는 나'로서 존재하지 않는다는 생각은 모든 통제의 절대적인 놓아버림이다. 만일 '내가 아는 내'가 존재하지 않는다면, 에고는 더는 통제할 것이 아무것도 없게 된다. 이 단계에 이를 때쯤이면, 에고의 의지가 결점으로 가득하며 우리가 자신을 에고와 동일시할 때는 늘 실망하게 된다는 사실을 더욱 확연히 깨닫게 된다. 우리는 통합된 의지를 충분히 경험했기에, 이 통합된 의지만이 모든 현실 뒤에 있는 진리와 무한한 사랑을 끊임없이 드러내 보여주는 유일한 의지임을 신뢰하게 된다.

선호에서 전적인 신뢰로

첫 네 단계 동안 두드러지는 특징은 개심과 행동이었다. 5단계에서 가장 주요한 특징은 모든 판단을 보류하고(즉 에고의 통제욕을 놓아버리고) '그저 존재하는' 법을 배우는 것이다. 우리는 개심과 행동에 익숙한 탓에 이 단계에서 불안정감을 느끼기도 하지만, 이제 그것을 '존재함'으로, '(지금 순간을) 허용함'으로, '받아들임'으로, 그리고 '깨어 있음'으로 바꾸는 법을 배운다. 여기서 우리는 매분 매초 우리가 인도받고 있음을 듣거나 느낄 수 있을 정도로 현존하는 법을 배운다. 우리는 자신의(즉 에고의) 판단에 따라 내리고자 하는 모든 선택을 통합된 자아 앞에 내려놓아야 한다. 이를 위해서는 우리가 무엇을 하든, 어디에 있든 지금 순간에 존재하는 데 집중해야 한다. 깨어 있음은 지금 순간의 알아차림이며, 이 훈련을 통해 우리는 개심과 행동의 국면(1~4단계)에서 나와, 힘들이지 않고 통합된 의지를 표현하는 '도관導管'이 된다. 망상적 에고를 유지하는 데 필요했던 엄청난 에너지는 이제 자유롭게 풀려나, 통합된 의지를 통해 스스로를 한정 없이 또 애쓰지 않고도 펼칠 정도가 된다.

이전 단계들을 통해 우리는 행동하고 개심하는 데 익숙해졌다. 이제 우리는 매순간을 보편적 영감의 가르침에 맡겨야 한다. 이제 더는 자신만의 공간에서 행동할 필요가 없다. 우리는 이제 통합된 의지가 곧 우리의 의지임을 안다. 아래는《기적 수업》이 묘사하는 5단계이다.

그 다음 단계는 진실로 '불안정의 기간'이다. 이제 하느님의 교사는 자신이 실제로 무엇이 가치 있고 무엇이 가치 없는지를 몰랐다는 사실을 이해해야만 한다. 그가 지금껏 배운 것은 자신이 가치 없는 것을 원하지 않는다는 사실, 그리고 가치 있는 것을 원한다는 사실뿐이었다. 그러나 그 자신만의 분별로는 둘 간의 차이점을 깨우칠 수 없었다. 그의 사고 체계에서 중심을 차지하고 있는 희생이라는 개념 때문에 그는 올바른 판단을 내릴 수 없었다. 그는 자발성을 익혔다고 생각했지만, 이제 그 자발성이 무엇을 위한 것인지 모른다는 사실을 본다. 이제 그는 오래, 아주 오랫동안 도달할 수 없는 상태로 남아 있을지도 모르는 상태에 도달해야만 한다. 그는 모든 판단을 내려놓고, 어떤 상황에서든 오로지 자신이 진정 원하는 것이 무엇인지만을 묻는 법을 배워야 한다. 지금까지 거친 단계들을 매우 성실히 이행하지 않는다면 이는 참으로 어려운 작업이 될 것이다!**[38]**

이제 우리에게 닥친 문제는 우리가 어떤 판단이나 통제, 의사 결정을 하는 일 없이 오로지 보편적 영감에게 전 과정을 내맡긴다는 것을 여전히 '희생'으로 인식한다는 것이다. 아직도 포기해야 할—그러나 에고는 계속 붙들고 싶어 하는—판단과 결정이 분명 남아 있는 것이다. 우리는 가치 있는 것과 가치 없는 것을 가려내는 방식에 대해 아직 배워야 할 것들이 있다.

위에서 인용한 말을 반복하자면, "그는 자발성을 익혔다고 생각했지만, 이제 그 자발성이 무엇을 위한 것인지 모른다는 사실을 본다." 그렇다. 우리는 자발성을 배웠다. 첫 네 단계 동안 우리는 새로운 사고 체계를 자발적으로 따르는 법에 대해 아주 많은 것을 배웠다. 다시 한 번 위의 인용을 반복하면, "이제 그는 오래, 아주 오랫동안 도달할 수 없는 상태로 남아 있을지도 모르는 상태에 도달해야만 한다." 아주 오랜 시간이 걸릴 것으로 보인다는 그 상태는 단 '하나'의 조정만으로 크게 단축될 수 있다. 불안정의 상태를 필요 이상으로 겪고 싶은가? 해방으로 가는 길에서 우리가 반드시 하지 않으면 안 되는 것은, 보편적 영감에 완전히 항복하기를, 또 보편적 영감에 대한 믿음이 일점 흔들림이 없기를 온 마음으로 바라고 노력하는 것이다. 의식적으로 따르고자 하는 데서 한 발 더 나아가 완전히 항복하고 절대적으로 신뢰하는 상태로 들어감으로써, 우리는 전적으로 바른 마음의 상태에 이를 수 있다. 그것은 좋고 싫음이 없는 '절대적인' 바른 마음의 상태를 뜻한다.

이 결정이 온전히 내려지기만 하면, 이것은 우리가 내리는 마지막 결정이 될 것이다. 여기서부터는 통합된 자아가 에고의 제한을 받는 일 없이 여실히 드러날 것이기 때문이다. 우리를 통해 스스로를 드러내는 보편적 영감이 곧 우리의 의사 결정자이며, 우리는 더 이상 싸우거나 통제하지 않는다. 이로써 사랑의 현존을 알아차리지 못하도록 가로막는 최후의 장애물까지 완전히 제거되며, 우리는 과거의 생각, 또는 현실이라 여겼던 것들에 어떤 제한도 받지 않는, 명실공히 의식적인 공동 창조자가 된다.

진리의 목소리와 에고의 목소리를 구분하기까지는 참으로 긴 시간이 걸릴지 모른다. 그러나 궁극적으로는 우리가 내릴 결정이 오직 하나뿐이며, 그것은 결국 진리를 향한 선택임을 깨닫게 될 것이다.

아주 간단히 말하면, 여기에는 어떤 망상의 위계도 없다. 이 단계에서 우리는 단지 에고의 눈에 더 진실해 보인다는 이유로 다른 망상보다 더 큰 가치가 매겨지는 망상 따위는 단 하나도 남아 있지 않다는 것을 깨닫는다. 우리는 모든 망상이 같음을 본다. 즉 똑같이 진실하지 않다는 것을.

한 망상이 다른 망상들에 비해 진리에 순종할 의무가 덜할 수는 없다. 그러나 어떤 망상들에는 더 큰 가치가 부여되고, 따라서 기꺼이 진리 앞에 바쳐져서 치유와 도움을 청하는 일이 덜할 수는 있다. 망상은 어떤 것도 그 안에 진리를 담고 있지 않다. 하지만 어떤 망상들이 다른 것들에 비해 더 참된 것처럼 보일 수는 있다. 비록 그것이 전혀 무의미하다고 할지라도 말이다. 망상들의 집단이 보여줄 수 있는 것은 오로지 자신의 선호일 뿐 그 실재가 아니다. 선호하는 것이 진리와 무슨 관련이 있는가? 망상은 망상일 뿐이며, 거짓이다.[39]

깨어서 경계하기

첫 두 단계에서 우리는 두 가지 상반되는 사고 체계에서 일어나는 커다란 갈등에 직면했으며, 3단계에서도 여전히 그러한 갈등에 묶여 있었다. 그러나 5단계에서 가장 큰 숙제는 우리의 내적 평화를 위협할 수 있는 어떤 갈등이나 판단에도 빠지지 않도록 스스로를 의식적으로 지키는 것이다. 우리는 언제든 평화의 상실을 느끼면 이를 즉시 경고의 신호로 알아차리고 바른 마음의 상태로 돌아온다. 이것은 어려운 일도 아니고, 노력이 필요한 것도 아니다. 이 시기는 우리의 생각들에 늘 깨어 있는 데서 멈추지 않고, 우리의 자동 조종 장치가 그 일을 알아서 처리하는 데까지 나아가기를 목표로 하는 때이다. 일단 자동 조종 장치가 가동되면 우리는 어떤 갈등이나 판단도 염려할 필요가 없다. 그때에는 이런 것들이 더 이상 우리 의식의 일부가 아닐 것이기 때문이다.

이 단계에 치유가 이루어지는데, 이는 사랑의 확장과 비약적 용서를 통해 이루어진다. 여기서의 치유는 우리가 분리되었다고 믿는 근본적 오류를 바로잡고, 모든 죄의식과 고통, 병과 우울이 이 그릇된 마음 상태에서 비롯되었음을 아는 것을 뜻한다. 그리고 여기까지 오면서, 우리가 이 세상에서 맡은 유일한 역할은 다른 이들의 마음이 치유되도록 돕는 것임을 알게 된다. 다른 이에게 이 사랑을 확장시키지 않는 한 우리는 결코 행복해지지도 않고 완전하다고 느끼지도 못할 것이다. 우리는 사람들이 죄의식과 두려움, 판단이 아니라 아름답고 순수한 본연의 모습을 보도록 돕는 반가운 거울이 된다.

우리는 많은 이들이 아직 에고의 꿈 속에 살며 깊은 잠에 빠져 있다는 걸 알지만, 그들의 악몽을 함께 꾸지는 않는다. 그 대신 그들에게 깨어남에 이르는 길을 볼 수 있도록 진리의 빛을 제공한다. 이 단계에서 우리는 우리의 삶이 의미를 갖고 연결되기를 바라는 것은 물론 우리가 이런 특성들을 필요로 한다는 점도 깨닫게 된다. 우리는 "주는 것이 곧 받는 것"이라는 원리를 받아들이고 있고, 이것이 우리 안에 심어주는 기쁨과 신뢰에 친숙해져 있다. 우리는 더 이상 분리된 채로 만족하지 않는다. 사랑과 용서를 통해 적극적으로 다른 이들과 관계를 맺고자 한다. 새로 찾은 평화의 본성에 따라 살면서 우리는 자연스럽게 주변 사람 모두의 치유의 촉진제가 되었음을 깨닫는다. 그리고 이제 다른 이들을 치유함으로써 우리가 치유되는 기적을 목도한다. 이보다 더 큰 기쁨은 없다.

일어날 수 있는 변화
최상의 현실 속에서 살아갈 때 몇 가지 자연스런 조정이 일어날 수 있다. 이는 대단히 유익한 것들이다. 우리는 대부분 지금 순간 안에서 살아가고 있다. 더는 시간에, 그리고 과거나 미래에 대한 생각에 빠져 지내는 에고에게 의존하지 않는다. 우리는 방금 어떤 일이 일어났는지, 앞으로 무슨 일이 일어날지 걱정하지 않는다. 무엇이 필요한지, 무엇을 사야 할지, 어떻게 그것을 얻을지 염려할 필요가 없다. 우리는 통합된 자아의 지시에 따라 행동하며, 날마다 완전한 책임감과 깨어 있음 가운데서 각자의 방식으로 각각의 순간을 대한다. 우리는 이제 일을 한다는 것이 무슨 뜻인지 안다. 먼저 통합된 의지(혹은 직관적 느낌)의 소리를 귀 기울여 듣고 그에 응답하면, 그 다음에는 주의가 필요한 다른 모든 실질적 문제들이 힘들이지 않아도 저절로 처리된다.

만일 실망이라는 감정에 직면했다면, 예컨대 바란 대로 결과가 나오지 않았다면, '실패한 결과'란 존재하지 않는다는 진리를 즉시 알아차린다. 만나는 모든 사람이, 비록 위장을 하고 있을지라도, 축복임을 우리는 안다. 우리는 일어나는 모든 일들이 다 이유가 있어서 일어났음을 충분히 알고 있으며, 따라서 현실과 결코 다투지 않는다. 어떤 변화가 뒤따르든지 늘 감사히 받아들인다. 그것들은 모두 배워야 할 중요한 가르침을 담고 있다.

우리의 몸 또한 우리의 바른 마음 상태와 일치를 이룬다. 흡연이나 음주, 과식, 질이 나쁜 음식, 운동 부족과 같은 좋지 않은 습관을 극복하려면 자제하고 저항해야 한다는 에고의 욕구가 사라진다. 자연스럽게 몸이 좋아지는 것은 나쁜 습관이 우리를 포기하기 때문이지, 다른 뭔가를 해서가 아니다. 바른 마음의 상태가 자연스럽게 몸을 건강으로 이끌어주므로, 이 과정에 어떤 노력이나 희생이 요구되지 않는 것이다. 몸은 더욱 깨끗해지고 맑아지고 가벼워지며 섬세해진다. 참을 수 있는 것과 참을 수 없는 것이 무엇인지 몸이 우리에게 말해준다. 예를 들어보자.

· 전에는 알코올이 전혀 문제가 되지 않았다면, 이제는 아주 적은 양인데도 갑자기 불면증이나 심장 두근거림이 생길 수 있다. 몸이 알코올을 완전히 끊으라고 요구하는 것이다.

- 몸에 좋지는 않지만 그래도 늘 먹어왔던 평범한 음식을 더는 견디기 힘들어질 수 있다. 밀가루 음식, 기름진 음식, 유제품 등이 그 예이다.
- 평생 흡연을 해왔는데 갑자기 아무런 금단 증상도 유발하지 않고 금연을 하게 될 수 있다.
- 텔레비전이나 비디오 게임 같은 무의미한 오락거리들에 대한 중독이 하루아침에 사라질 수 있다.

이 시기에는 자연을 감상하는 일이 전에 없이 늘어난다. 자연 속의 가장 단순한 것들 속에서도 더없는 아름다움과 감사함을 발견한다. 다른 사람들이나 주변 환경의 아름다움에 넋을 잃는 일이 잦아진다. 우리에게 주어지는 신호나 기회를 끊임없이 알아차리며, 또 그에 따라 행동한다. 우리는 이제 우리가 필요로 하는 모든 것이 채워졌고, 큰 평화가 우리를 씻어내리고 있음을 한 치의 의심도 없이 안다. 삶은 단순함과 아름다움으로 가득 차며, 어떤 형태의 복잡함도 우리 현실에 끼어들지 않는다.

우리는 우리 의지가 과거에도, 지금도, 또한 미래에도 늘 보편적 영감과 하나임을 즐거이 받아들인다. 이제 본래의 인식이 되살아났으므로, 우리의 장엄한 시각은 어디서든, 언제든, 늘 오직 진리와 사랑, 아름다움만을 본다.

6단계 : 성취의 시기

통합된 의지와 완전히 조화를 이루게 되면 길은 곧게 펼쳐져 힘들일 필요가 없어진다. 《기적 수업》에서는 이렇게 말한다.

일단 그대가 그분의 계획을 그대가 수행할 하나의 역할로 받아들이기만 한다면…… 그대보다도 먼저 그분께서 가셔서, 돌이 남아 그대가 걸려 넘어지거나 장애물이 길을 막아서지 않도록 그 길을 곧바로 펴실 것이다. 그대가 필요하다면 어떤 것도 그대를 거부하지 않을 것이다. 어려움이 있어 보이는 것은 하나도 남김 없이 그대의 손이 닿기 전에 사라질 것이다. 그대는 이루고자 하는 단 하나의 목적 외에는 아무것에도 관심을 가질 필요가 없고 그에 대해 생각할 필요도 없다.[40]

통합된 관계는 우리가 온 세계에 치유를 가져다줄 수 있는 살아있는 도구이다. 이 단계에서 우리는 사랑, 평화 기쁨의 끝없는 확장인 진리를 적극적으로 살아낸다. 우리는 마음으로 다른 이들과 결합하여, 우리가 이루기 위해 태어난 유일한 목표를 함께 나눈다. 이것은 에고가 그토록 오랫동안 가로막아 왔던 기쁨의 상태가 경이롭게 펼쳐지는 것이다.

이러한 차원의 의식에서는 '나' '나 자신' '내 것'이라는 감각이 없다. 인식 안에 고정되어 제 자리를 움켜쥐던 에고는 더 이상 남아 있지 않다. 한없는 자유가 모든 것을 분리된 것으로 인식하던 유한한 자아를 놓아버린 부산물로 주어진다. 에고는 그 이원성에 대한 집착으로 인해 판단과 통제, 분석이라는 경직된 인식 틀을 벗어날 수 없다. 에고는 현실이라 여기는 국면의 하나를 취해, 그것을 좋아하거나 싫어하기로 선택한다. 무엇인가를 오직 한 관점에서만 바라보면 다른 관점의 존재를 부정하는 것이지만 이를 이해하려 들지 않는 것이다. 마치 탁자 위에 손잡이가 달린 무늬 있는 컵을 제한된 시야로만 보는 것과 같다. 한 관점에서 보면 그것은 손잡이 없는 민무늬 컵으로 보인다. 에고는 말한다. "이 컵은 손잡이가 없는 민무늬 컵이다." 탁자 다른 편의 누군가는 이 컵을 다른 각도에서 보고 말한다. "이 컵은 손잡이가 있고 무늬도 있다." 컵의 실상은 한 관점만으로는, 아니 다른 많은 관점들로 본다고 해도 결코 파악될 수 없다. 컵에 대한 우리 자신의 제한된 인식과 '무관'하게, 컵은 그저 '지금 있는 그대로의 현실'일 뿐임을 받아들이기 전까지 우리는 컵을 진실로 알 수 없다. 사실 컵은 겉모습만 고체일 뿐 99.9퍼센트가 비어 있는 공간이며, 아무리 가장 잘 해석한다 해도 우리는 컵이 왜 존재하는지조차 알지 못한다. 마찬가지로 우리가 눈으로 보는 하나하나의 사람, 장소, 사물, 환경 등은 우리의 제한된 자아에 의해서는 파악될 수 없다.

에고는 우리의 정체성을 완전히 분리된 것으로 보며, 모든 것을 한 측면에서만 극도로 협소하게 바라보는 습관을 갖고 있다. '나'는 모든 사람과 사물, 상황과 분리되어 있다고 여긴다. 에고는 이 관점에서 모든 것을 평가한다. 내가 좋아하고, 내가 싫어하고, 내가 보고, 내가 느끼는 것이다. '나'는 자신을 자기가 인식하는 모든 것과 분리되어 있다고 인식한다.

마지막 단계에서는 이 '나'가 더는 분리나 부족, 차이를 인식하지 않게 된다. 인식은 포괄적이 되고, 모든 것은 모든 것의 일부로 보인다. 이들 간에는 아무런 구별도 없다. 이제 어떤 형태의 저항도 끝나고 존재하지 않는다.

에고가 내려놓아질 때, 전체를 조망하는 통합된 '목격자'가 완전히 드러난다. 이 목격자는 모든 것을 판단이나 저항 같은 제한 없이 다차원으로 본다. 이 목격자가 바로 우리의 통합된 자아이다. 이 상태에서는 개별성이라는 망상이 모든 고통의 원인이라는 지고의 진리가 우리 앞에 또렷이 나타난다. 이제 우리가 모든 것이요 모두이며, 모두가 곧 우리임을 안다. 우주가 우리이며, 우리가 우주이다. 우리가 보는 것이 곧 우리이며, 우리 자신을 우리는 본다.

타인을 곧 우리로 보며, 그들에 대한 우리의 사랑이 차별 없이 고름을 발견한다. 우리는 에고를 관대히 보아 넘기며, 우리가 바라보는 각각의 영혼의 엄청난 아름다움에 매료된다. 대부분의 사람들이 에고의 잠 속에 빠져 있지만, 그들의 통합된 자아는 순수하며, 흔들림 없는 사랑임을 알고 있고, 결국엔 모두가 한계와 분리로 가득한 꿈에서 깨어날 것임을 안다. 여기에 개인적 깨어남이 어떤 것인지 들려주는 놀라운 통찰이 있다.

세상의 모든 사물과 사람은 어둠 속에서 빛을 발했고 그 모습이 형용하기 어려울 정도로 아름다웠다. 살아있는 모든 것은 점점 더 밝은 빛을 내었고, 그 빛을 소리 없이 찬란하게 뿜어내었다. 인간 모두가 실제로 자기 안의 사랑에 의해 삶을 시작했지만, 다만 알아차리지 못하고 있을 뿐임이 분명했다. 대부분의 사람들은 자신이 진정 누구인지 깨닫지 못한 채 마치 잠들어 있는 사람처럼 살아갔다. 모든 이가 마치 잠을 자고 있는 듯 보였지만, 그들은 믿을 수 없을 만큼 아름다웠다. 나는 모두와 사랑에 빠져 있었다.[41]

이 마지막 단계에서 우리는 영적 '고양'에 따른 기복을 겪지 않는다. 여기서 우리는 더 이상 경험을 하는 사람이 아니다. 경험 그 자체이다.

'하나임'이라는 우리의 원래 상태를 기억할 때 때로 더할 수 없는 감사가 우리를 압도하며, 그 결과 사랑을 확장하고자 하는 무한한 충동이 일상적인 일이 된다. 우리는 모든 것이 살아있으며, 빛나는 에너지로 진동한다는 것을 안다. 우리는 미추나 생사 따위에 대해 더 이상 길게 말하지 않는다. 모든 것이 아름답다. 모든 것이 평화롭다. 시간은 느리게 흘러가는 듯하며, 계획하거나 통제하거나 조종해야 할 필요성은 모두 사라진다. 무언가를 바라거나 얻으려 애쓰고자 하는 마음도 없다. 보편적 영감은 이제 우리 삶을 찰나마다 이끄는 거룩한 자동 조종 장치이다. 더 큰 동시성이 우리 존재를 감싼다. 우연인 것은 아무것도 없다. 우리 존재가 끊임없이 펼쳐지며, 따라서 모든 추구는 끝이 난다.

이 단계에서 우리는 익숙한 자의식이 사라지고 없음을 알게 되며, 자기 자신이라고 생각했던 존재는 그저 후천적으로 얻은 믿음들과 고대로부터 이어져온 감정적 애착들의 뒤섞임에 지나지 않음을 깨닫는다. 자아에 대한 기억을 끌어내려 하는 순간 우리는 놀라게 된다. 이제 더는 자아라는 것이 존재하지 않기 때문이다. 기억은 흐릿하거나 아예 존재하지 않는다. 에고라는 뿌연 렌즈를 끼지 않고 인식하는 법을 배웠기 때문에, 우리는 사람과 사물을 에고가 왜곡해서 투사한 모습이 아니라 있는 그대로 본다. 투사하지 않는다는 것은 왜곡된 기억이 더는 필요하지 않다는 뜻이다. 이제 우리는 과거 우리가 누구였는지에 대한 무의미한 기억들을 잊어버렸다. 우리는 예전의 자아가 사라져버렸음에 경탄하는 반면, 이제 우리에게 남아 있는 것은 그 어떤 자기 규정도 거부한다. 우리는 상상할 수 있는 것보다 훨씬 더 많이 살아있고 훨씬 더 많이 현재에 존재하고 훨씬 더 많이 기뻐하며 훨씬 더 많이 사랑한다. 언급할 수 있는 '자아'가 없기에 우리는 모두이고, 모든 곳 모든 때에 동시에 있으며, 여전히 이 몸으로 지구 위에서 살아간다.

이 마지막 단계에서 우리는 더는 에고가 만들어낸 '나'가 아니다. 이것은 사라졌으며, 그리하여 '나'라는 망상적 개념 뒤에, 그리고 그 너머에 있던 참자아가 드러났다. 우리는 몸을 유지하기 위해 여전히 일말의 에고 흔적을 간직하고 있지만, 이 일말의 에고는 보편적 영감에게 철두철미 항복해 있는 상태이다. 이 상태는 정말이지 놀랍기만 하다. 책임감이라는 과거의 짐으로부터도 자유로우며, 뭔가를 통제해야 한다는 욕구도 사라졌다. '필요한' 것이 없고, 저항할 것이 없고, 애써야 할 것이 없고, 두려워할 것이 없으며, 보호하고 방어할 것도 없음을 알고 우리는 놀란다. 여기까지 오기 위해 희생을 했다는 생각이 우스꽝스럽게 느껴진다. 울타리를 넘어 반대편에 도달한 우리는 한때 개인적 정체성을 얼마나 아끼고 보호했으며, 그것을 내려놓는다는 것에 얼마나 격렬히 저항했는지 그저 믿기지 않을 따름이다.

이 단계에서도 우리는 물론 감정을 갖는다. 그러나 그것은 고착되어 있지 않다. 감정은 더 이상 우리에게 들러붙을 수 없다. 들러붙을 정체성이 우리에게 남아 있지 않기 때문이다. 우리는 감정에 어떤 실재성도 부여하지 않고 그것들이 우리를 부드럽게 관통해 지나가게끔 한다. 특정 감정이나 행동에 접근할 필요가 있을 때는 공정하게 기입된 서류철들을 훑어본 뒤 그 가운데서 적절한 반응의 폴더를 고른다.

우리 마음 안에는 분리되어 있다는 믿음이나 감정을 부추길 만한 어떤 이야기도 남아 있지 않다. 이 단계에서 '분리 파일'은 텅 비어 있다. 아니 기억에서 아예 삭제되어 있다.

여전히 이 세상 안에서 살아가고는 있지만 우리의 열정은 이제 다른 이들의 깨달음을 향해 있다. 우리는 지칠 줄 모르고 사랑을 확장해 나아가며, 이 사랑을 통해 우리가 만나는 사람은 물론이고, 전에 만난 적이 없거나 앞으로 만나게 될 많은 사람들의 마음이 치유되도록 돕는다. 우리는 잠들어 있는 마음들을 알아보고 그들을 깨우는 일에 뛰어든다. 이것이 이 땅위에 있는 우리의 궁극적 목적임을 알기 때문이다.

이제 우리는 '나'를 넘어섰다. 한 지점에 붙박혀 다른 것들에 저항하거나 반대하는 일이 없다. 우리는 여전히 호불호好不好라든지 스타일, 특정 습관을 갖고는 있지만, 그것들은 고정되어 있지도 않고 중요하게 생각되지도 않는다. 따라서 기쁨을 추구한다거나 고통을 피하려는 마음으로 괴로워하지 않는다. 모든 것은 있는 그대로이다. 집착도 의존도 없다.

이 단계에서 더 많은 부분은 더욱 순수한 의사소통 방식, 특히 언어를 통한 의사소통 방식을 익히는 데 할애된다. 마지막 두 단계를 거치면서 우리는 에고의 의사소통 방식이 얼마나 무의미하고 부적절한지 보았다. 사랑과 진정성은 피상적인 각각의 대화 아래 깔려 있는 진실을 재해석해 보라고 우리에게 요구한다. 질문을 받을 때 우리는 보편적 영감이 우리를 통해 대답할 수 있도록 시간을 들인다. 모든 말은 에너지이며, 우리와 하나인 유일한 에너지는 진리뿐이다. 우리의 모든 대화는 진리와 사랑이라는 본질을 담고 있다. 이에 많은 대화에서 유머가 늘어나 치유를 촉진시킨다. 우리는 삶의 재미있는 면을 보지 않을 수 없으며, 문제가 있다고 판단되는 상황도 유쾌한 관점으로 바라보도록 다른 이들을 물들인다.

이 마지막 단계에서는 변함없는 평화에 대한 깊은 신뢰 위로 순수한 기쁨이 크게 솟구치고는 한다. 어떤 두려움도 여기에는 존재할 수 없다. 우리는 마침내 진정한 집, 하나뿐인 집에 도착했음을 깨닫는다. 세상은 자신의 신성하고 순결한 중심을 반영하고 있으며, 따라서 이제 그 외양과 행동이 변화된 듯이 보인다. 모든 사물, 모든 사람은 사랑의 에너지로 빛난다. 모든 것은 서로 무한히 연결되어 있고, 순차적으로 일어나는 듯이 보이는 사건들조차도 한 치의 오차도 없는 동시성을 보인다. 우리는 바른 마음의 상태에서 모든 것이 온전하고 완전함을 인식한다. 이제 우리는 완벽함이 함축하는 의미를 이해하며, 우리의 임무는 다른 이들이 이 놀라운 하나됨 안에서 자신들의 정체성과 목적을 재발견하도록 돕는 일이 된다. 우리 모두는 그 하나됨의 한 부분이며, 결국 그리로 돌아갈 것이다.

7 ·   길에 대한 안내

이 장에는 에고를 원상태로 되돌리는 과정에서 힘들어하는 이들에게 버팀목이 될 만한 내용을 담았다. 이 여정은 혼자 가야만 하는 길이 아니다. 지금 순간에 에고를 항복시킬 때, 우리가 옹근 전체의 한 부분이며, 우리 삶에 특별한 목적이 있고, 기쁨과 사랑, 평화를 이생에서 지금 바로 얻을 수 있다는 것을 우리는 깨닫게 된다.

우리 모두는 특별한 목적을 갖고 있다

우리 모두는 결국에는 이루게 될 특별한 목적을 갖고 있다.《기적 수업》은 이 목적을 우리의 "특별한 역할"[1]이라고 부른다. 신뢰 발달 과정을 계속 밟아 나아가면서 우리는 자신만의 고유한 역할을 깨닫기에 이른다. 우리가 에고를 내려놓으면서 우리 모두 알게 되는 것은 우리가 혼자가 아니라는 사실이다. 아마 초기 단계에서는 주로 자신만의 여정에 초점을 맞추겠지만, 과정이 진행됨에 따라 우리는 돌봄과 연민의 마음이 더 많은 이들을 향해 더 멀리, 더 깊이 계속해서 퍼져나감을 느끼게 된다.

우리는 서로를 나와 다른 존재가 아니라, 상상 이상으로 깊이 연결되어 있는 존재로 보기 시작한다. 우리는 놀랍도록 분명하게 서로 간의 유사성을 본다. 그러면서 다른 이를 판단하고, 비교하고, 분석하는 것이 소중한 생명력의 낭비임을 알게 된다. 우리는 하루하루 충만하게 살아있다고 느끼기 위해서는 날마다 의미 있게 살아가지 않으면 안 된다고 생각하기에 이른다. 진리에 대한 신뢰가 깊어짐에 따라 우리는 우리의 운명이 물질화되기 시작하는 혹은 발현되기 시작하는 특정 지점으로 신비로이 인도되어 왔음을 깨달을 수도 있다. 삶의 퍼즐 조각들이 마침내 다 맞추어져 한 편의 모자이크가 완성되는 것을 볼지도 모른다. 겉보기에 모조리 분리되어 있는 것 같은 삶의 가닥들을 동시성이 하나로 엮어주는 듯하며, 우리는 그 복잡하게 짜인 조각보가 무엇인지 알아보기 시작한다. 그것은 바로 진리의 조각보이다.

각자는 특별한 재능과 능력을 갖고 있으며, 그것은 우리 고유의 목적에 유용하게 쓰일 것이다. 그리고 이 과정에서 우리는 우리 안에 있는지도 몰랐던 여러 분야의 힘들이 삶이 펼쳐짐에 따라 풍부하게 통합되는 것을 보고 놀라기도 한다. 에고가 사라지면서 특정 능력들이 생겨난다. 전에는 에고에 가려 있던 숨은 잠재력들이 깨어나고 풀려난다. 이는 참으로 놀라운 경험이다. 우리는 낡은 한계들이 사라졌음을 느끼며, 그 자리에 우리를 통해 활동하는 새롭고 강력한 힘이 들어차 있음을 보고 기뻐한다. 그 힘은 우리를 힘들이지 않고 더 높은 목적에 데려가주는 탄력이 된다.

우리의 특정한 역할—비록 그 모습은 개인마다 다르겠지만—은 늘 사람들의 마음을 일깨우는 일로 우리를 이끈다. 우리 각자는 이미 알고 있는 혹은 아직 깨닫지 못한 재능과 능력을 갖고 있다. 이러한 재능과 능력은 우리가 진리를 살고 또 확장시켜 나아갈 때 모습을 드러낼 것이다.

특별한 역할을 수행한다고 해서 우리가 오류로부터 자유로워지는 것은 아니다. 여전히 에고는 이따금씩 우리를 혼란에 빠트릴 것이다. 그러나 우리는 진리에 온 마음으로 헌신하고 있는 만큼, 자신의 역할에 충실할 때 삶의 의미와 목적은 훨씬 크게 느껴진다. 여기에서 우리는 망상과의 동일시로 길을 잃었던 예전의 자아를 기억해 낸다. 아마 예전의 자아는 불안해하고 방황하고 불행해하고 불만족스러워하며 공허해했을 것이다. 한참 잘못된 곳에서 사랑을 찾아 헤맸기 때문이다. 마침내 진리에 도달한 우리는 사랑과 평화, 기쁨을 찾았으며, 이제 우리의 삶은 한때 작고 제한된 에고의 그림자에 가려 보이지 않던, 만유와의 하나됨이라는 맑고 선명한 느낌을 그대로 반영한다.

통합된 의지

이 세상에서 우리의 통합된 목적은 태곳적 우리의 통합된 상태—통합된 자아—를 재발견하고, 날마다 그 참자아에 따라 삶을 경험하는 법을 배우는 것이다. 따라서 우리의 목표는 그 목적과 우리의 진짜 정체성을 모두 발견하는 것이다. 에고 내려놓기 과정을 거치며 신뢰가 깊어짐에 따라 우리는 근본적으로 재구성돼, 더 높은 지성으로부터 직접적인 안내를 정확히 받을 수 있게 된다. 이것이 근원의 통합된 의지이며, 여기로부터 사랑의 모든 발현물이 퍼져 나온다.

이제 우리는 무엇이 사랑이고 무엇이 사랑이 아닌지 구분할 정도가 되었다고 결론을 내릴 수도 있다. 그러나 아직 우리는 상당 부분 에고로 살고 생각하고 행동할 공산이 크며, 그래서 에고 내려놓기 초기 단계에서는 많은 것을 참되게 알지 못한다. 다시 한 번 말하건대, 우리는 우리에게 가장 유익한 것을 알아보지 못한다. 이를 인정할 때 크나큰 자유가 찾아온다. 실재 안에서 우리의 통합된 자아는 파괴되지 않으며, 따라서 꿈속의 사건들에 의해 어떤 손상도 입지 않지만, 우리는 분리된 상태에서, 즉 상연중인 꿈속에서 살고 있다. 모든 고통과 아픔, 괴로움과 불의는 꿈의 특징이며, 꿈 안에서 이것들은 나쁜 것이라고 해석된다. 우리는 주위를 둘러

보면서, 세상은 엉망이 되었고, 범죄가 기승을 부리고, 경제가 무너지고, 생태계가 급속히 파괴되고 있으며, 정부들은 갈수록 더 부패하고 있다고 말할지도 모른다. 개인적인 차원에서도, 재정 상태나 몸의 질병, 직장 내의 부조리, 가족 안의 비극, 관계의 위기 속에서 힘겨워할 수 있다. 그러나 이것들은 모두 분리된 마음 상태라는 '한 가지' 문제의 다종다양한 증상일 뿐이다. 그것은 모두 우리 분열된 마음이 만들어낸 투사들이다.

　　에고는 유익한 것과 해로운 것을 구별하지 못한다. 에고의 판단은 어리석으며, 두려움과 분리, 결핍에 근거하고 있다. 에고는 사랑이 있는 곳에서든 혹은 사랑이 필요한 곳에서든 그 어떤 진리도 보지 못한다. 그러나 통합된 자아는 이 현실 안에서 일어나는 일 중, 시간이 시작되는 그때 우리가 다 함께 약속했던 목적에 부합하지 않는 것은 하나도 없음을 잘 알기에 모든 것을 당당하고 초연한 태도로 바라본다. 우리가 경험하는 모든 사물, 모든 사람, 모든 상황은 우리가 완성하기로 했던 임무의 단편들이다. 이것에는 좋음도 나쁨도 없다. 무엇도 우연이 아니다. 앞서 말했듯이 '모든 것'은 사랑 아니면 망상이다. 부분적으로 사랑이면서 부분적으로 증오인 것, 얼마간 좋으면서 얼마간 나쁜 것은 있을 수 없다. 근원은 곧 사랑이다. 우리는 여기 이 우주 안에서 스스로 꿈을 지어냈고, 그 안에서 깨어나려고 다 같이 노력하고 있다. 두려움이나 증오, 비극은 아무리 충격적이거나 고통스러운 것이라 할지라도 결코 에고에 의해 나쁜 것이라고 판단되어서는 안 된다. 우리는 고통이나 분노, 슬픔을 느낄 수는 있겠지만, 늘 깨어 있으면서, 우리를 힘들게 하는 듯한 어떤 역경도 우리 개인이나 다른 이들 혹은 실재하는 어떤 것에 대한 공격이 아님을 안다.

　　명심하자. 이 에고 현실에서, 어떤 것은 '사랑의 표현'으로 드러나기도 하지만 또 어떤 것은 '사랑에 대한 요청'으로 드러나기도 한다는 사실을 깨달을 때 우리는 치유된다. 사랑—무한한 사랑—이라는 더 높은 지성이 존재하며, 그 지성은 우리 현실 중 사랑이 아닌 어떤 부분도 알지 못한다. 따라서 어떤 모습을 하고 있든 모든 부정성은 곧 사랑에 대한 요청이라고 그 지성은 해석한다.

많은 이들이 자신의 자유 의지를 굳게 믿고 또 중히 여기라고 교육받으며 자란 까닭에, 그것이 근원의 의지와는 다르다고 여긴다. 우리는 부지불식간에 통합된 의지가 자기 의지와는 반대일 것이라고 생각한다. 우리는 통합된 의지를 신뢰하지 않으며, 매순간 결정을 내릴 때 에고의 생각과 믿음, 집단의 가르침, 과거 경험에 의존하는 쪽을 택한다. 우리는 늘 사랑과 충만함에 이르기를 갈망하면서, "구하라, 그러면 찾지 못할 것이다"라는 만트라를 쉼없이 외는 이 비루하고 작은 에고와 그것의 의지를 신뢰한다. 그러니 어떻게 구하는 것을 찾을 수 있겠는가? 살아있는 존재인 우리를 분리시켜 죽음에 이르게 하려는 존재가 어떻게 믿을 만한 안내자가될 수 있겠는가? 에고의 의지는 증오와 전쟁, 죽음, 질병, 고통, 결핍, 불평등, 부패, 상실, 희생을 투사하고 드러내는 유해한 인식들을 통해 퍼져나간다. 이 말에 우울해졌다면, 반가운 소식이 있다! 하루라도 빨리 에고와 그 덫들에 대한 존중을 거둬들인다면 이생에서 지금, 여기의 통합된 현실을 알아보고 받아들이는 날도 그만큼 더 빨리 올 것이다.

우리는 모두 근원의 표현물들이기에, 두려움과 분리가 아닌 사랑과합일로부터 태어난 이 세상 현실에 속해 있다. '진정한 우리 자신'의 본질은 제한 없는 사랑과 기쁨, 평화, 창조력, 충만함을 원하며, 또 그것들을누릴 자격이 있다. 근원은 이 모든 것이며, 그 이상이고, 어떤 형태의 죄나부정성도 보거나 분간해 낼 수 없다. 망상이 어찌 진리에 들어가거나 그것에 영향을 줄 수 있겠는가? 그럴 수 없다, 절대로! 우리 자신이 특별해지고, 근원에서 떨어져 나오기 위해 이 현실이라는 망상을 만들어냈고, 삶을 항해하는 동안 으뜸가는 안내자로 에고를 선택했다. 죄나 부정성으로 인식된 모든 것은 망상적인 에고가 만들어낸 것이다. 판단과 책망에 대한 모든 정당화 역시, 죄책감을 상대에게 돌리고 맞서 비난하기 위해 이 작은 자아가 날조해 낸 것이다.

에고 내려놓기에서 우리는 무엇을 두려워하는가?

하느님(근원)의 의지에 대한 두려움은 인간의 마음이 만들어낸 가장 이상한 믿음 중 하나이다. 있는 그대로의 진정한 마음을 두려워할 만큼 마음이 깊게 갈라지지만 않았다면, 그런 일은 일어날 수 없었을 것이다. 현실은 오로지 진리를 지지하는 것밖에는 할 수 없으며, 따라서 망상을 뺀 어떤 것도 현실이 '위협'할 수 없다. 있는 그대로의 그대인 하느님의 뜻이 두렵게 인식된다는 바로 그 사실이, 그대가 있는 그대로의 그대를 두려워한다는 것을 증명한다. 그러므로 그대가 두려워하는 것은 하느님의 뜻이 아니라, 그대의 뜻이다.[2]

에고를 내려놓을 때 우리가 가장 두려워하는 것은 무엇인가? 우리는 에고를 놓아버리는 것이 '상실'이라 여기므로 이를 피하려 한다. 우리는 에고의 인식들을 원상태로 되돌린다면 우리가 가치를 두던 것들을 잃어버릴지 모른다고 생각한다. 인간의 에고는 에고의 모든 생각과 계획, 믿음, 관계, 소유물이 탐내고 지킬 만한 가치가 있다고 확신한다. 우리가 에고의 조언과 지시에 그토록 뿌리 깊게 의존하는 것은, 에고가 지지하는 망상된 가치 체계를 믿고 있기 때문이다.

에고가 가치를 두는 모든 것은 망상이다. 무언가가 상실되거나 변화되었을 때 우리가 보이는 반응을 비롯해 에고의 모든 집착 역시 망상이다. 우리는 아직 우리가 누구인지, 우리 목적이 무엇인지 모른다. 그러니 무엇이 가치 있고 무엇이 가치 없는지를 우리가 어떻게 분별하고 가려내겠는가? 우리는 망상을 애지중지하고 있으며, 이 지극히 제한된 삶으로부터 우리를 해방시키고자 하는 시도들을 하나같이 두려워하고 불신한다. 에고의 가장 큰 두려움은 두말 할 나위 없이 제 정체성을 잃어버릴지 모른다는 것이다. 어떤 정체성도 갖지 못할 때 에고의 통제 의지는 사그라지며, 이는 에고의 최종 사망이다. 어떤 에고 정체성도 갖지 않는다는 것은 우리에 관한 가장 위대한 계시, 즉 "우리 자신이 근원"이라는 사실을 똑바로 바라본다는 뜻이다. 에고가 없는 우리는 권능의 은총이며, 무한의 힘이다. 그러나 이는 에고에게는 말 그대로 공포스러운 생각이다. 에고는 제 사망을 목도하느니 차라리 육신의 죽음을 감수하려고 할 것이며, 한계와 고통을 위해 절대적 해방을 포기할 것이다.

신뢰 발달의 여섯 단계 과정은 우리의 진정한 정체성과 목적이라는 광대무변한 세계를 발견하고 또 즐기도록 돕는 소중한 길잡이다. 그러나 그러려면 먼저 해방이라는 목적에 전심으로 헌신해야 한다. 이는 에고의 계획을 기꺼이 포기하고, 그 대신 우리의 진정한 목적이 드러나 이행되기를 청한다는 뜻이다. 우리 삶을 통합된 자아를 통해 보편적 영감의 전적인 인도에 맡기는 것은 희생이 아니다. 그것은 절대적 자유이다.

에고를 놓아버리면서 우리가 실제로 포기하는 것은 무엇인가? 에고를 내려놓는 것과 동시에 우리는 죄의식, 판단, 희생, 고통, 수치심, 불안감, 두려움, 늘 혼자라는 느낌 등 수많은 것들을 놓아버린다. 에고를 놓아버릴 때 우리가 내려놓는 것은 다만 눈앞의 사랑의 빛을 보지 못하게 우리 시야를 가리던 무수한 어두운 감정과 믿음이다.《기적 수업》을 보자.

> 성령(보편적 영감)은 절대로 그대에게 뭔가를 희생하라고 요구하지 않
> 는다는 점을 나는 여러 번 강조했다.…… 그대의 뜻과 하느님의 뜻은
> 다르지 않다. 만일 그대 마음이 갈라져 있지 않다면, 그대가 뜻하는 것
> 은 소통, 곧 구원(해방)임을 깨달을 것이다.[3]

알지 못하는 것에 큰 두려움을 갖는 것은 이미 알고 있는 것을 잃어
버릴지 모른다는 두려움과 같다. 그러나 더 높은 인도를 기꺼운 마음으로
청하고 또 따른다면, 우리가 알지 못한 것은 곧 우리가 처음부터 갈망했지
만 결코 찾지 못했던 바로 그것이었음이 저절로 드러날 것이다. 그리고 마
침내 우리가 진정 왜 존재하는지 깨달을 때 우리는 그것이 결코 대체되거
나 상실될 수 없다는 것을 알게 되며, 이 앎이 주는 안전감에서 우리는 무
한한 평화와 사랑, 완전한 기쁨을 영원히 맛보게 된다.

가장 높은 의미에서 우리는 자신이 진정으로 원하는 바를 청하지 않
는다. 혹시 그것을 받을까봐, 그리고 결국 받게 될 것을 겁내고 있기 때문
이다!《기적 수업》은 이렇게 말한다.

> 바른 마음이라면 그 무엇도 자신의 의지가 하느님의 의지보다 강하다
> 고 믿을 리 없다. 그래서 어떤 마음이 자기의 뜻이 하느님의 뜻과 다르
> 다고 믿는다면, 그 마음은 하느님이 없다거나 하느님의 뜻은 두려운
> 것이라고 결심할 수밖에 없다. 전자는 무신론자이고, 후자는 하느님께
> 서 희생을 요구한다고 믿는 순교자이다. 이 온전치 못한 두 결심 중 어
> 느 쪽이건 우리를 공황 상태로 몰아가게 되어 있다. 왜냐하면 무신론

자는 자기가 혼자라고 믿고, 순교자는 하느님께서 자기에게 십자가의 짐을 주신다고 믿기 때문이다. 많은 사람들이 이 두 가지를 추구하기는 하지만, 그렇다고 해서 진정으로 자신이 버려지거나 보복받기를 원하는 사람은 없다.…… 두려움은 원인 없이 실재할 수 없으며, 오로지 하느님만이 유일한 원인이다.[4]

그러나 근원은 두려움이 아니라 사랑이다. 그래서 통합된 자아는 본질적으로 근원과 동일하다. 에고 차원에서 바랄 때 우리는 이 현실에서 결국은 우리를 해칠 망상을 요청하고 있는 것이다. 우리가 청하는 것들의 대다수는 자신도 모르는 가운데 자신의 잠재력을 부정하는 것들이다. 그러나 우리는 그것들을 하려고 맹목적으로 달려든다. 설상가상으로, 그런 욕구가 채워지지 않으면 우리는 실망하고 믿음을 잃는다. 에고의 욕구를 채워달라고 청할 때 우리는 오로지 망상일 뿐인 것을 청하고 있음을 깨달아야 한다. 그러므로 그러한 욕구가 충족되지 않거나 계획이 어긋날 때, 우리는 그 망상적 욕구가 발현되지 않도록 보호받은 데 깊이 감사할 수 있다. 에고가 원하는 것이 아니라, 우리에게 진실로 필요한 것이 무엇인지를 물어볼 기회가 또 한 번 주어지기 때문이다.

기도

두려움이나 망상이 없어지게 해달라는 기도는 언제나 우리가 가장 필요로 하는 시점에 가장 적절한 형태로 응답받는다. 바람과 자발성이 표현된 딱 그만큼, 두려움이나 망상은 제거되기도 하고 변형되기도 한다. 그러나 우리는 그 대답을 듣지 않는 쪽을 택하고, 우리의 요청이 응답받지 못했다고 잘못된 결론을 내리기도 한다. 그 대답이 에고가 기대한 형태가 아닐 경우에는 더욱 그렇다.

특별함을 청하는 모든 기도는 응답받지 못할 것이다. 특별함은 망상의 한 형태이며, 보편적 영감은 망상을 전하지 못하기 때문이다. 보편적 영감의 역할은 우리가 두려움과 망상을 내려놓도록 돕는 것이지 그것을 강화하거나 확증하는 것이 아니다. 사실 우리가 실수나 망상이 사라지기를 신실하게 청한다면, 보편적 영감은 반드시 응답한다. 늘 그러하다. 생각이나 믿음, 행동에서 실수를 했음을 발견할 때 우리는 더 높은 지성에게 그것을 바로잡아 달라고 혹은 치유해 달라고 청할 수 있고 또 청해야 한다. 보편적 영감은 늘 우리의 가장 큰 유익함을 위해 일한다. 에고의 문제 해결 방식은 사실상 더 많은 문제를 만들어내며(우리는 우리에게 가장 큰 유익함이 무엇인지 모르기 때문에), 겉으로는 도움이 되는 것처럼 보일지 몰라도 당연히 그 본성은 기만이다.

우리를 행복하게 해주는 것은 곧 보편적 영감이 우리에게 원하는 바이다. 문제는 무엇이 우리를 행복하게 해줄지 에고가 전혀 알지 못하며, 우리의 요청 대부분은 에고 인식에서 나온다는 점이다. 그러므로 만일 우리가 그릇된 마음의 상태(에고)에서 무엇인가를 청한다면, 그것은 (분리를 강화시켜 달라는) 요청의 형식으로 나타난 (우리 하나됨의) 부정이다. 그러한 오류를 바로잡으려면 무엇이 우리를 행복하게 해주는지 알지 못한다는 사실을 인정하고―우리는 우리에게 가장 유익한 것을 알지 못한다는 사실을 인정하고―'지금 있는 그대로의 현실'에 항복해야 한다. 그 결과―에고로서는 상상도 하지 못했던 것―는 우리를 결코 실망시키지 않을 것이다.

알지 못함을 받아들일 때 커다란 평화와 힘, 자유가 나오고, 통제를 놓아버릴 때 더없이 편안해진다.

신뢰를 키우는 데 많은 시간이 걸리는 것은 항복한다고 하는 것에 대한 우리의 두려움 때문이다. 다시 한 번 말하지만 에고에게 항복은 곧 상실을 뜻한다. 그러나 사실 항복은 잃음이 아니라 얻음이다. 이 배움의 과정을 가다 보면 많은 차원의 대조를 보게 되는데, 이는 의미 있는 것이 무엇인지 다시 한 번 돌아보고 이를 의미 없는 것과 구별할 수 있도록 하기 위해서이다. 《기적 수업》의 설명을 들어보자.

> 하느님이 곧 사랑이라는 사실은 믿음을 요구하지 않고 받아들임을 요구한다. 그대가 사실을 바꿀 수는 없지만, 그것을 거부할 수는 있다. 그대가 손으로 두 눈을 가리고 있다면 앞을 보지 못할 것이다. 본다는 것의 법칙을 방해하기 때문이다. 그대가 사랑을 거부한다면, 그대는 사랑을 알지 못할 것이다. 그대의 협력이 사랑이 존재할 수 있는 법칙이기 때문이다. 그대는 그대가 만들지 않은 법칙을 바꿀 수 없다. 행복의 법칙은 그대를 위해 창조되긴 했지만, 그대가 창조한 것은 아니다.[5]

에고 상태를 항복시키는 매우 빠른 길은 현실을 부정하거나 저항하지 않고, 보이는 그대로 받아들이는 것이다. 만일 현실을 부정하거나 저항한다면 우리 자신 그리고 통합된 의지와 다투고 있는 것이기 때문이다. 우리는 '지금 있는 그대로의 현실'을 부정하고 저항하고 방어하는 데 너무 많은 에너지를 낭비한다! 이와 반대로 우리는 저항을 누그러뜨릴 수 있으며, 상황이 우리를 가르치고 우리가 진실로 원하는 곳으로 이끌어가도록 할 수 있다. 우리가 시련으로 인식하는 모든 것은 오직 우리가 누구이며 우리의 목적이 무엇인지 더 많이 알게 하려는 도구일 뿐이다.

기도가 응답받지 못하는 것 같을 때

《기적 수업》의 설명을 들어보자.

어떤 개인이 몸이 아픈 게 두려워서 육체적 치유를 청한다고 하자. 이와 동시에 그가 육체적으로 치유되더라도, 그의 사고방식의 문제점이 육체적인 징후보다 훨씬 더 두려운 것일 수 있다. 이 경우 그는 두려움에서 벗어나게 해달라고 참되게 청하기보다는, 단지 자기 스스로가 선택한 증상을 제거해 달라고 청한 것이다. 그러므로 이 요청은 결코 치유를 요청한 것이 될 수 없다.[6]

그러므로 우리가 몸의 치유 같은 것을 청할 때 치유를 바라는 마음이 진심일 수는 있지만, 무의식적으로는 치유를 아직 두려워하고 있을 수 있다. 보편적 영감은 우리에게 두려움을 가중시키는 것은 우리에게 결코 주지 않는다. 따라서 이 기도는 응답받지 못한 것처럼 보인다. 다시 한 번 《기적 수업》의 설명을 들어보자.

성령께서 모든 청을 다 받아오셨다는 바로 그 사실이 응답을 보장할 것이다. 하지만 그분에게서 아무 응답도 오지 않는다는 사실이 두려움을 증폭시키는 것도 똑같이 자명하다. 그분의 대답을 듣지 못할 수는 있다. 하지만 대답이 없을 수는 없다. 그대는 이미 많은 대답을 받았지만, 그대가 아직 듣지 못했을 뿐이다. 그 대답들이 그대를 기다리고 있노라고 나는 확실히 말한다.[7]

기도의 힘은 부정될 수 없다. 그러나 에고의 바람들에 대해서는 의문이 제기될 수 있고, 또 그래야만 한다. 우리는 무엇이 우리에게 진정으로 유익한지 결코 알지 못하지만, 통합된 자아는 안다. 우리에게 혹은 누구에게라도 가장 값진 기도는 바른 마음의 상태가 되도록 청하는 기도, 우리 마음이 치유되기를 청하는 기도이다. 일단 치유가 일어나기만 하면 통합된 의지는 우리를 두려움과 통제, 망상적인 욕구에서 풀어주는 한편, 한계를 훌쩍 뛰어넘는 기적들을 동시성 속에서 자유로이 일으킨다. 진실로 이 기도보다 값진 기도는 없다. 이것이야말로 이 땅 위에 천국을 실현해 가는 핵심이기 때문이다. 바른 마음의 상태를 회복하는 것은 우리가 인류에게 줄 수 있는 가장 커다란 선물이다. 치유된 상태에 있을 때 우리는 계속해서 평화와 사랑, 기쁨의 상태를 끌어당기고 유지하며, (우리 모두는 하나이므로) 주변의 사람에게도 커다란 유익을 가져다줄 것이기 때문이다.

지금 순간

신뢰 발달의 여정을 거치면서 우리는 무엇인가를 기다린다는 것이 무익한 일임을 깨닫는다. 우리가 필요로 하는 모든 것이―지금 그리고 언제나―우리와 함께, 우리 안에 있음을 점점 더 분명하게 알고 확신하게 되기 때문이다. 지금 순간에 조용히 항복하는 순간 찾아오는 평화의 안정감은, 우리가 안전하게 있을 수 있는 곳은 오직 이곳뿐임을 일깨운다. 통합된 의지와 하나가 될 때 우리는 분명히 안다. 심리적 시간(과거와 미래)에 빠져 우리 자신과 함께하지 못하면 평화와 사랑이라든지, 근원과의 영원한 합일과 하나됨에 대한 감사 같은 우리의 가장 소중한 것들을 잃어버리고 만다는 사실을 말이다.

우리는 쉴 새 없이 '생각하고 또 생각하기' 때문에, 생각이 없는 상태에 있다는 것이 아마도 많은 이들에게는 낯설 것이다. 생각의 정지는 우리가 통합된 자아와 순간적으로 연결될 수 있는 아주 강력한 입구이다. 이는 우리가 무의식적으로 더 높은 지혜를 받아들이는 통로가 되기도 한다. 이 합일의 상태에 이르기 위해서는 스스로 생각을 중지하고자 하는 마음 외에 아무것도 필요치 않다.

마음을 건설적으로 사용한다면, 우리는 이 마음을 매분 매초마다 주어지는 더 높은 지시를 수행하는 데 훌륭한 도구로 사용할 수 있다. 그러나 마음이 다른 데에 가 있다면 우리는 그 지시들을 알 수 없다. 우리 대부분은 강박적 사고의 형태로 드러나는 마음 안의 고함들로 괴로워한다. 우리는 마음이 아주 파괴적인 방식으로 사납게 날뛰도록 내버려둔다. 그것은 우리가 마음을 그릇되게 써서가 아니다. 바로 생각이 우리를 통제하기 때문이다. 문제는 생각이 곧 우리 자신이요 마음이 우리를 주관한다고 착각하는 데 있다. 에크하르트 톨레는 영감에 찬 저서《지금 이 순간을 살아라 *The Power of Now*》에서 "생각하는 것은 질병"[8]이라고 잘라 말한다.

우리는 생각이 떠오를 때마다 그 생각을 관찰하는 훈련을 함으로써 강박적 사고를 놓아버릴 수 있다. 이렇게 우리 생각을 바라보고 방향을 잡는 법을 배울 수 있다. 이 연습은 우리는 우리의 생각이 아니라는 인식을 키워준다. 하나하나의 생각을 판단하지 않고 치우침 없이 바라보기만 할 때, 우리는 편안해져서 자신을 열어놓기 시작한다. 결국 우리 자신은 관찰자요, 생각이란 우리와 독립된, 그저 마음의 오고감일 뿐임을 깨닫게 된다. 우리가 관찰자임을(그리고 생각이 아님을) 진정으로 받아들일 때, 우리는 곧바로 해방감을 얻는다. 우리가 단순히 마음이 아닌 그 이상의 존재임을 마침내 알게 되기 때문이다. 우리는 '나'이다. 혹은 마음 뒤편의 판단 없는 알아차림이다. 마음은 삶을 항해하기 위해 우리가 선택한 장치에 불과하다. 우리는 마음이 우리 자신이 아님을 안다.

우리는 새로운 사람이나 새로운 상황에 마주칠 때, 그들을 있는 그대로 보지 못한다고 앞서 말했다. 새로운 것에 접근할 때 우리는 그것이 현재 지니고 있는 가치를 거의 알아보지 못한다. 과거의 조건과 경험에서 비롯한 우리 자신의 생각과 믿음이 잠재 의식의 차원에서, 지금 우리가 보는 문제에 덧씌워지기 때문이다. 이는 우리가 현재를 왜곡된 인식 속에서 만나고 있음을 뜻한다. 그러고는 사람과 사물, 상황을 이 뒤틀린 해석으로 평가한다. 그러니 과거의 많은 부분이 늘 되풀이되고 있는 것으로 보이는 것도 놀랄 일이 아니다. 우리는 새로운 것을 과거의 투사라는 장막을 통해 판단함으로써 과거를 '재창조'하고 있는 것이다!

이 사실을 모를 때, 우리의 생각으로부터 모든 불만족이 생겨나고, 그 생각에서 다시 우리의 믿음이 만들어진다. 어린 시절의 환경이라든지 학교, 매체 등 여러 삶의 경험들을 통해 우리는 집단적 사고를 받아들이고, 이것이 굳어져 우리가 현실을 바라보는 두껍고 질긴 필터로 작용한다. 우리를 괴롭히는 주범은 한 번도 의심해 본 적이 없는 우리의 생각들이며, 끊임없이 비판하고 평가하는 머릿속의 목소리는 바로 에고의 목소리이다.

에고는 이 끝없는 생각의 흐름이 없다면 통제력을 계속 유지할 수 없다. 에고는 이 생각을 사용해서 우리로 하여금 지금 순간에 집중하지 못하도록 한다. 우리가 생각에 정신을 빼앗긴 채로 있는 한 에고는 발견되거나 폐기될 일 없이 안전하다. 시간이나 감정, 뭔가를 갖거나 뭔가가 되어야 한다는 것 등 통제가 필요하다는 생각을 계속 하게 하는 것은, 한계와 고통이라는 에고의 거미줄에 우리를 붙잡아두는 확실한 방법이다.

자유란 생각을 중지하는 법을 배우는 것

생각을 중지한다는 것은 겁나는 일일 수 있다. 왜냐하면 '생각하지 않음'은 정체성을 잃는다는 뜻이며, 정체성을 잃는다는 것은 텅 비어 있음을 뜻하기 때문이다. 진실은 이렇다. 생각 없이 순간에 존재할 때 우리는 실제로 더 많은 것을 알아차릴 수 있다. 그 두껍고 질긴 생각이라는 렌즈를 일시적이나마 제거할 때 우리는 감각의 최고치를 체험하게 된다. 그러나 알아차림이 극대화되는 것은 비단 오감을 통해서만은 아니다. 더욱 중요한 것은 생각만으로는 전하기 어려운 하나됨의 상태를 우리가 경험하기 시작한다는 것이다. 우리는 전에 생각했던 '나'라는 것이, 만유와 기쁨 속에 연결되어 있는 저 광대한 참자아의 단편에 지나지 않는다는 사실을 점점 더 알아차리게 된다!

생각을 중지하고, 우리의 호흡과 소리, 신체 감각을 예민하게 알아차릴 때 우리는 무엇에도 구애됨 없이 다만 '존재'하기만 할 수 있다. 이 자리에 존재함은 우리가 지금 이 순간의 현실에 들어와 있음을 날카롭게 알아차릴 수 있도록 우리의 감각을 키워준다. 우리는 이것을 언제 어디서든 연습할 수 있다. 꼭 눈을 감고 명상을 해야만 이런 연습을 할 수 있는 것이 아니다. 가령 이를 닦는 것과 같은 일상의 평범한 행위를 하면서 지금 순간에 접근해 보라. 물소리, 칫솔이 치아에 닿는 소리, 잇몸을 따라 느껴지는 칫솔의 감촉 등 모든 감각을 날카롭게 알아차려라. 바로 거기에 존재하고, 느낌과 소리를 하나하나 감지하라. 이것이 지금 순간의 알아차림이다. 무슨 행동을 하든 그 자리에 있어라. 거기에 주의를 모으고, 평상시 생각의 흐름에 빠져 그 경험을 놓치는 일이 없도록 하라. 지금 순간을 알아차리기 연습을 매일 집중해서 하라. 완벽하게 주의를 기울인 소중한 순간을 얼마나 자주 경험하는지 한번 살펴보라.

지금 순간에 현존하는 경험을 더 많이 할수록 우리는 평화, 연결, 자유에 대한 더 깊은 감각을 얻는다. 불안과 걱정, 두려움과 저항이 눈에 띄게 주는 반면 인식은 깨끗해져, 순전한 깨달음이라는 참된 순간을 위한 길이 열린다. 이 단계에서 우리는 강박적 사고를 받아들이는 우리 문화가 마치 진단도 치료도 받지 못한 질병과도 같음을 알 수 있다. 그 파괴적인 영향권에서 벗어나는 일을 시급한 문제로 여기고 여기에 전념해야 한다.

일단 내면에 평화의 핵심을 세우고 나면, 더는 에고가 자신에 대한 충성을 끌어 모으기 위해 사용하는 위협감에 시달리지 않을 것이다. 이 위협감은 우리가 분리되어 있으며, 혼자이고, 지지받지 못한다는 망상과 함께 나타나며, 뭔가를 가져야 하고, 방어해야 하며, 뭔가가 되어야만 한다는 필요성을 부채질한다.

내면에 그 평화의 핵심을 키워감에 따라, 우리는 진정한 창조력과 통찰력이 이 확장된 자아로부터 생겨나지, 한정된 기계적인 사고 과정에서 얻어지지 않는다는 것을 깨닫는다. 진정한 영감은 늘 한계가 없는 곳으로부터 와서 우리를 해방으로 이끈다.

매우 많은 이들이 마치 우연하게 보이는 질병이나 우울감, 사고를 경험한다. 그러나 고통의 상당 부분은 자신은 인식하지 못하지만 몸 안에 붙들려 있는 표출되지 않은 감정에서 기인한다. 모든 부정적 느낌은 우리 몸 안에 물리적으로 쌓여 파괴적인 장애물로 발전하고, 이것이 질병을 일으킨다. 그래서 몸의 반응을 알아차리는 것이 중요하다. 감정이 저 스스로를 드러내는 것이 주로 몸이기 때문이다.

감정을 알아차리는 능력을 키우고 몸 안 어디에 불안과 두려움, 화가 자리 잡고 있는지 파악하는 것이 중요하다. 우리는 감정과 생각을 깨어 있는 방식으로 효과적으로 다룰 수 있다. 그러기에 건강은 이 마음-몸의 알아차림에 달려 있다. 사납게 날뛰는 생각과 감정이 우리를 좌지우지하게 내버려둘 때, 그리하여 우리가 상황의 희생양이라고 소리 높여 주장하도록 내버려둘 때, 몸이나 마음의 질병은 피할 수 없는 상황이 될 것이다.

강박적 사고를 통해 자신을 표현하는 에고는 늘 모든 것을 고정해 두려고 애쓴다. 에고가 하는 주된 일 중 하나는 감정적 고통을 없애버리거나 억누르거나 저항하는 것이다. 이것은 에고가 한시도 쉬지 않고 열중하는 일로, 이 때문에 에고는 생각의 줄을 쉴 새 없이 이어나간다. 에고는 고통을 제거하려고 열심히 노력하지만, 에고가 무슨 짓을 하든 고통을 훨씬 더 강화할 뿐이다. 아픔을 멈추려고 마음이 더욱 열심히 노력하면 할수록, 고통은 더 커진다. 이것은 결코 끝이 나지 않는 싸움이며, 마음은 결코 해결책에 도달하지 못한다. 왜 그런가? 바로 에고가 곧 문제이기 때문이다.[9]

사랑, 기쁨, 평화

사랑과 기쁨, 평화는 감정이 아니다. 진정한 사랑과 기쁨, 평화는 우리 바깥의 어떤 원천에서도 나오지 않는다. 그러나 행복감, 슬픔, 죄의식, 화, 비탄은 모두 우리의 감정에서 나온다. 이러한 감정적 반응을 유발하는 것은 외부의 사람이나, 사물, 상황이 아니라 우리가 가진 생각과 믿음이다. 모든 감정은 우리 자신의 인식의 산물이며, 따라서 그와 대립하는 감정적 표현으로 변하기도 쉽다. 예를 들어 누군가 혹은 무엇은 우리를 '행복하게' 해주기도 하지만, 동시에 상실이나 변화를 통해 우리를 '슬프게' 만드는 능력도 갖고 있다. 우리는 어떤 상황이나 사람에게 '만족하기'도 하지만, 그들이 우리의 욕구를 채워주지 못할 때는 '좌절한다.' 그리고 우리 대부분이 알고 있듯이 사랑은 특별함의 다양한 변형으로(4장을 보라), 불행하게도 결코 진정한 사랑이 아니다. 그것은 다만 '받기 위한 내어줌'의 위장된 모습일 뿐이다. 특별한 사랑은 숨은 속셈을 갖고 있으며, 그러므로 그 속셈이 위협받을 때는 쉽게 변하기도 하고 끝나버리기도 한다.

앞서 말했듯이 깨어 있는 사랑은 어떤 대립물도 없다. 그것은 항구적이고 파괴될 수 없으며, 또 아무런 조건 없이 제 자신을 무한히 확장시켜 나아간다. 그것은 자신이 모든 것—언제든, 어떤 방식으로 있든—임을 알기에 추구하는 것이 아무것도 없다.

사랑은 기쁨과 평화에 절대적으로 연결된 순수 상태이다. 이 중 하나라도 경험한다면 우리는 서로 완전히 합치되어 있는 이 삼총사 안에 '있는' 것이다. 사랑과 기쁨, 평화는 우리의 제한된 감각들 너머로부터 피어오른다. 말로는 다 설명할 수 없는 이 사랑-기쁨-평화는 원천, 즉 근원의 중심에 맞닿아 있음으로부터 온다. 이 사랑-기쁨-평화는 우리를 은총의 상태에 있게 하며, 우리는 이를 내면에서 솟아나는 연결감의 통합된 표현으로서 알아본다.

사랑과 기쁨, 평화는 존재의 상태들이며, 따라서 에고를 통해서는 경험될 수 없다. 에고는 자신의 존재를 이어가기 위해 이원성에 의존하고, 감정을 이용해 대조되는 느낌들을 만들어냄으로써 그렇게 한다. 사랑-기쁨-평화에는 그 어떤 대조되는 것도 있을 수 없다. 그것들은 우리의 자연적인 존재 상태를 이루는 조건들로서, 생각이 멈추고, 경험의 주체인 우리와 경험 자체가 하나됨 안에서 신비하게 녹아들 때에만 접근 가능한 것이다. 이 은총의 순간들은 시공 영역 안에서 무한한 기쁨이라는 우리의 유산을 되살려내는 통로이다.

이따금씩 우리는 이 엄청난 평화와 사랑, 기쁨의 순간을 기억해 낼지도 모른다. 이 순간들은 말로는 설명할 수 없으며, 그 광대한 느낌은 무엇으로도 묘사할 수 없다. 예를 들어 아기의 탄생, 장엄한 일몰, 자연과 연결되는 압도적 경험, 사랑하는 이와 나누는 달콤한 하나됨의 순간 등을 떠올려보라. 지금 순간 안에는 그처럼 막대한 힘이 있다. 우리 삶을 완전히 뒤바꿔놓을 장엄한 기회가 한 순간 한 순간에 주어져 있음을 우리가 잘 알아보지 못할 뿐이다. 온전히 깨어 있는 단 한 순간으로도 우리 내면과 우주에서는 거대한 치유가 일어날 수 있다.

에고의 망상이 없을 때 우리의 본질은 사랑, 평화, 기쁨이다. 그래서 실로 우리 각자는 한 존재, 곧 원천의 거룩한 파편들이다. 지상의 현실 속에서 우리는 시간이 실재하며 한정되어 있다고 상상하고, 모든 사람과 모든 사물이 분리되어 있다고 생각한다. 그러나 망상 뒤의 진실은 이렇다. 시간이란 오직 우리가 시간이라는 주술에 걸려 있을 때만, 즉 기억 속의 과거나 상상 속의 미래에만 존재한다. 에크하르트 톨레는 이를 "심리적 시간"[10]이라 부른다.

우리는 앞서 시간이란 단지 '지금 순간'이라는 선線들의 연속일 뿐이지만, 우리는 그 지금 순간들에 온전히 존재하지 못한다고 말했다. 생각 속에 빠져 있는 까닭에, 우리는 나타나고 있는 지금 순간의 온전한 모습을 놓쳐버린다. 따라서 우리는 거기 있지 않고, 현존하지 않았다. 우리를 비롯한 모든 이들이 진정 누구이며 왜 여기 있는지를 알고자 한다면, 바른 마음의 상태로 통하는 이 지금 순간이라는 문을 지나야 한다. 우리의 진정한 본성이 드러나는 것은, 과거나 미래가 말끔히 치워져 깨끗하게 빛나는 지금 순간 안에서이다. 이 순간 안에는 어떤 죄의식도 없으며, 과거도 없고, 미래의 두려움도 없다. 여기에는 오직 순결한 참자아가 있을 뿐이다. 우리는 늘 그것이었고, 또 앞으로도 영원히 그것일 것이다. 이 통합된 자아는 에고가 저지른 잘못이나 부정의에 조금도 더렵혀진 적이 없으며, 앞으로도 계속 장엄하고 영광스러운 완전함으로 존재할 것이다. 무슨 일이 일어나도 말이다.

지금 순간 안에는 두려움이 없다. 두려움은 과거나 미래에 대해 생각할 때에만 나타날 수 있다. 이 순간 안에 온전히 현존할 때 두려움은 발붙일 수 없다. 완전히 통합된 자아는 우리가 그 불변의 완전함을 깨닫고 공동 창조자로서의 마땅한 유산을 되찾을 때까지 우리를 기다려준다.

각각의 지금 순간들은 순결하며 영원히 확장된다. 바로 여기가 무한한 평화-사랑-기쁨이 변화 없이 존재하는 곳이다. 우리가 멈추어 서서 의식적으로 생각을 내려놓고 지금 순간으로 들어갈 때마다, 우리는 에고의 제약을 받지 않고 진정한 내가 되는 데 단 1초의 시간도 들지 않는다는 것을 깨닫는다. 우리가 과거나 미래에 대한 생각에 빠져 있을 때에도, 지금 순간 바깥에 존재하는 것은 아무것도 없다!

만일 지금 순간이 영원하며 시간이란 존재하지 않는다면, 우리는 일상적 삶의 맥락에서 시간을 어떻게 이해할 수 있을까? 지금껏 우리가 해온 모든 일은 하나같이 지금 순간에 일어났다. 우리는 지금 순간 바깥으로는 그 어디에도 가지 않았고 그 무엇도 하지 않았다. 심지어 '미래의' 일들(공상)조차 지금 순간에 일어난다. 다시 말해 '미래'란 투사된 지금이며, 미래가 '도착하면' 우리는 그것을 '지금'이라 받아들인다.[11] '과거'에 대해 생각할 때도, 우리가 하고 있는 것은 마음속에 저장된 기억을 지금 회상하고 있는 것일 뿐이다. 그러나 이 또한 '예전의' 지금 순간에 '일어났다.' 다시 말해 과거를 기억하고 있을 때 우리는 그것을 지금 순간 안에서 기억하고 있다. 만일 우리 삶이 상상되는 과거나 현재와 더불어 지금 순간들의 연속일 뿐이라면, 우리는 이렇게 물을 수 있을 것이다. "내 삶이라는 지금 순간들의 연속 안에서 내가 진정으로 현존한 순간들은 얼마나 될까?"

우리는 마음속 생각과 감정, 반응의 관찰자가 됨으로써 모든 생각을 관찰하는 연습을 하기로 의식적인 결정을 내릴 수 있다. 우리 안에서 불편한 반응을 이끌어내는 상황에 놓일 때, 우리 자신이나 상황 혹은 다른 이들에 대해 판단 없이 계속해서 알아차리는 상태로만 있으려고 노력해 보라. 모든 것을 중립 상태로 놔두고, 우리가 얼마나 자주 과거나 미래의 생각들 속으로 파고드는지 관찰하라. 계속 연습하다 보면 우리는 생각에 지배되기보다 그 관찰자가 된 자신을 보게 될 것이다. 마침내 우리는 현존의 상태 안에 든든한 발판을 마련하게 된다. 우리는 마음만 먹으면 언제든 실로 커다란 평화와 명료함에 접근할 수 있는 공명정대한 관찰자이다.

자유로 가는 강력한 열쇠들

판단과 죄의식을 내려놓는 연습은 해방의 문을 여는 가장 강력한 두 가지 열쇠이다. 우리는 켜켜이 쌓아온 심리적 시간의 늪에 자신도 모르게 빠져 있다. 이때 우리는 분개나 후회, 불만, 죄책감, 슬픔과 같은 감정을 통해 지금 순간을 부정하며, 이 때문에 우리는 지금 순간에 들어가지 못한다. 우리가 깨닫지 못하는 것은, 이 부정적인 감정들이 우리가 만들어낸 이야기나 상황으로 인해 유발된다는 사실이다. 부정적인 감정들은 경험에 대한 우리의 해석과 무관하지 않다. 다시 말해 우리가 과거를 어떻게 인식하는가 하는 것이 우리의 이야기에 부정적인 꼬리표를 붙일지 긍정적인 꼬리표를 붙일지를 결정하고, 우리의 감정 상태가 특정 인식 상태와 일치되도록 만든다.

예를 들어 오래 사귄 연인이 있는데 그에게 다른 애인이 생겨 나를 떠났다고 하자. 우리는 이 이야기를 에고가 시키는 대로 몇 가지 방식으로 해석할 수 있고, 이러한 해석들은 우리를 더욱더 분리된 상태로 이끌 것이다. 버려졌다는 우리의 인식과 함께 분노와 고통의 감정이 들면서 우리의 이야기는 오염되고, 이 감정들은 지금 순간에 들어가 치유되고자 하는 마음이 일어나지 못하게 막는다. 바로 그래서 어떤 형태로든 자신을 희생자로 묘사하는 이야기가 속에서 들려올 때는 이에 대해 의문을 던져보는 것이 중요하다.

보통 우리가 가장 피하고 싶어 하는 사람과 상황 안에 우리를 치유해 줄 수 있는 가장 큰 잠재력이 담겨 있다. 우리에게 사랑과 자유가 주어지지 못하게 가로막는 장벽들, 우리의 그림자인 두려움이 그들을 통해 드러나기 때문이다. 치유하기 위해 과거를 분석할 필요가 없다. 우리에게는 늘 지금 순간 속에 완벽한 사람과 상황이 주어지고 있다. 오래도록 변하지 않던 장애물을 그들을 통해서 완전히 해체할 수 있도록 말이다. 이것이 지금 순간의 절대적인 아름다움이요 완벽함이다. 언제라도 또 누구라도 진심 어린 자발성만 있다면 현재의 관계들을 통해 과거의 고통을 치유할 수 있다. 이것은 자신에게 중요한 타인이 더 이상 살아있지 않은 사람들에게 참으로 반가운 소식일 것이다.

분노의 감정은 사랑을 차단하며, 지금의 불편한 기분에서 벗어나고자 다른 것들에 주의를 기울이도록 부추긴다. 현실에 동의하지 않는 것이 이 불편한 기분의 원천이라는 우리의 인식을 에고는 결코 인정하지 않을 것이다. 현실의 부정은 우리로 하여금 길고 때론 험난한 삶의 과정에 들어서게 만든다. 자유는 우리가 만든 현실에 온전히 책임지려는 자발성으로부터 온다. 우리가 살고 있는 현실은 우리의 인식이라는 렌즈를 통해 투사된 상이며, 만일 그 렌즈가 왜곡되어 있다면 현실은 그 왜곡된 상을 그대로 되비춰줄 것이다.

우리의 인식을 치유하기 위해 지금 순간으로 들어가는 데 가장 큰 힘이 되는 것은 개인적이고 가까운 관계(4장 '깨어 있는 사랑'을 보라)이다. 이 관계들은 우리가 원하는 것도 주지만, 때로는 갈등을 일으켜서 시련을 주기도 한다. 사랑하는 이와 다툼이나 의견 대립 같은 불화가 생겼을 때,

우리는 지금 순간 알아차림이라는 강력한 도구를 사용하기로 선택할 수 있다. 우리는 감정에 휩싸인 참여자가 되기보다는 반응의 관찰자가 되기로 선택함으로써, 스스로에게 기적적인 치유의 도구, 곧 지금이라는 도구를 줄 수 있다. 우리가 판단이나 공격 없이 깨어서 존재하기로 선택하는 매 순간마다, 가만히 있는 과거로부터 엄청난 복구가 이루어진다. 《기적 수업》에서는 다음과 같은 간단한 생각을 하는 것만으로도 어떤 형태의 고통에서든 재빨리 벗어날 수 있다고 말한다.

나는 내가 보는 것에 책임이 있다.
나는 내가 경험하는 감정을 선택하고, 내가 이룰 목표를 정한다.
또 나에게 일어나는 것처럼 보이는 모든 일은 내가 청한 것이고, 나는 내가 청한 대로 받는다.[12]

그리고 뒤에 이어지는 내용은 이렇다.

그대에게 요구되는 전부는 진리를 위한 공간을 마련하라는 것이다. 그대가 이해할 수 없는 어떤 것도 만들거나 행하라고 요구하지 않는다. 그대에게 행하라고 요구하는 모든 것은 있는 그대로 내면에 있게 하는 것, 저절로 일어날 일을 방해하지 않는 것, 그대가 넘겨줘 버렸다고 생각하는 것이 그대로 존재함을 다시 인식하는 것뿐이다.…… 한 순간만 의지를 내어, 그대가 그 위에 올려둔 바람에 볼 수밖에 없었던 것들을 그대의 제단에서 치우라. 거룩한 순간(지금 순간)은 창조의 순간이 아니라 자각의 순간이다. 자각은 전망에서 오며 판단을 멈춘 데서 오기 때문이다. 이때에만 내면을 보고 거기에 반드시 있을 수밖에 없는 것을, 아무런 방해도 없고 판단도 없이, 명확하게 볼 수 있다. 원상회복은 그대의 과업이 아니지만, 그것을 맞아들이느냐 아니냐는 그대에게 달려 있다. 모든 이들이 자기가 원하는 것을 믿기 때문에, 믿음과 욕구는 늘 함께 간다.[13]

문제들과 지금

스스로 상상해 낸 문제들에게 휘둘릴 때, 우리는 과거나 미래라는 심리적 시간에 빠져 있게 돼 지금 순간에 현존할 수 없게 된다. 미래는 더 나으리라 희망하면서 우리는 행복하지 않은 순간을 견디려 노력한다. 그러나 현재는 걱정과 불안에 의해 잠식된다. 그렇게 우리는 해답과 자유가 있는 평화로운 지금 순간을 비껴가고 만다. 에고는 통제와 문제 해결에 온통 집착한다. 우리의 주의를 분산시키려는 에고의 전략은 우리가 항복할지 모른다는 두려움, 놓아버리고 지금 순간의 알아차림으로 옮겨갈지 모른다는 두려움에서 나온 것이다. 우리가 과감히 '에고 내려놓기'를 감행한다면, 모든 문제가 사라지면서 우리가 한 순간에 안전하고 안정된 현존의 상태로 이동해 있음을 발견하게 될 것이기 때문이다. 바로 이 상태에서 우리는 진정으로 행복하다. 이 자리에 불행은 존재할 수 없기 때문이다.

우리 모두는 잘못되었거나 계획에서 어긋난 과거의 무언가가 있다고 생각하는 경향이 있다. 그러한 과거 사건에 대한 생각이 마음속에 떠오를 때, 우리는 실망감에서부터 정신적 피폐함에 이르기까지 다양한 감정을 경험한다. 에고는 여전히 과거에 일어난 일에 저항하고 있다. 왜 그런가? 에고는 과거에 일어난 일을 잘못되었다고 보며 가치 없다고 여기기 때문이다. 에고는 우리가 환경의 피해자였다는 그림을 그리고, 이 믿음을 통해서 미래를 통제할 필요가 있다는 생각을 계속 키워나간다. 지금—

'지금 있는 그대로의 현실'—이 도래했을 때, 에고가 가장 먼저 하는 일은 저항하는 것이다. 그러고 나서 에고는 우리가 계속 살아가도록 하기 위해 '미래'(희망)라는 생각을 만들어낸다. 미래에 대한 희망에 집중함으로써 지금을 회피하게 할 수 있다고 보는 것이다.[14] 당신은 에고가 얼마나 교묘하게 지금 순간을 제외한 모든 곳으로 우리의 주의를 유도하는지 잘 알고 있을 것이다. 우리의 불행은 지금을 회피하는 데서 오며, 바로 그것이 에고가 원하는 바이다. 우리는 이런 식으로 에고의 잘못된 문제 해결 방식에 붙들려 빠져 나오지 못하게 된다.

진실은, 바로 지금 이 순간, 여기에 문제가 있든지 없든지, 우리는 더 할 나위 없이 만족스러운 상태라는 것이다. 내일이나 지난주에 대한 에고의 생각에 오염되지 않고 지금 순간에 집중하면서 민감하게 깨어 있다면, 우리는 우리가 만들어낸 문제들도 아니고 삶이 지어낸 이야기들도 아니라는 사실을 알게 될 것이다. 사실 지금 순간 속에서 우리는 어떤 문제도 갖고 있지 않고 어떤 것도 필요로 하지 않는다. 있는 것은 이 은총의 자리에서 향유되어야 할 커다란 평화뿐이다.

지금에 접근할 때 가장 큰 유익함 중 하나는 그렇게 함으로써 이른 바 '문제'들이 에고의 관여 없이 저절로 풀린다는 것이다. 에고란 문제를 먹고 자라는 존재여서 문제 없이는 생존할 수 없다. 분리, 불평등, 부정의는 에고의 생명을 지탱해 주는 양식이다. 통합된 자아로 가는 길은 우리에게 에고의 문제 해결 방식을 포기하고 보편적 영감의 '앎'에 항복할 것을 요구한다. 따라서 지금 순간에 접근할 때 우리는 더 높은 차원의 인도를 청해야 하고, 우리가 생각과 느낌, 행동의 '관찰자'임을, 즉 우리는 우리의 생각이 아니라는 것을 의식적으로 알아차려야 한다. 지금 안에는 제한되고 판단하는 에고로서는 결코 줄 수 없는 모든 답이 담겨 있다.

우리의 통합된 의지

   에고의 의지는 오로지 현실에 맞서 방어하는 것이다. 그 방어 아래에 진리와 사랑이 있다. 통제에 대한 에고의 끊임없는 집착은, 에고가 현실— '지금 있는 그대로의 현실'—에 저항할 때마다, 그리고 자신의 가치 체계에 따라 현실을 고치려 들 때마다 여실히 드러난다. 에고는 어떤 순간에도 우리의 가장 큰 유익함이 무엇인지 알지 못한다. 그러나 우리는 여전히 에고에게 열성적인 관심과 충성을 바친다. 만일 현실이 에고의 마음에 들지 않는다면 우리의 반응은 그 불일치를 반영할 것이고, 우리는 그 현실을 거부하기에 이를 것이다. 우리가 외적인 구조를 거부한다고 생각하지만, 현실에 대한 모든 거부는 우리 자신과 근원에 대한 거부이다. 그 아래 깔린 메시지는 뭔가가 잘못되었다는 것이다. 이것은 우리를 위축시키고, 신념을 잃게 하며, 반항적이거나 부정적이게 혹은 우울하게 만든다. 현실이 에고의 제한된 인식에 들어맞지 않을 때, 두려움의 그림자가 우리의 생각을 덮치고, 우리는 마냥 손 놓고만 있을 수 없는 끈질긴 위협에 시달리고 있다고 믿어버린다. 우리의 '자유 의지'(에고)와 일치하지 않는 현실은 부정적인 맥락으로 해석해 버린다. 우리는 좋은 것과 나쁜 것, 좋은 사람과 나쁜 사람을 판단하면서, 다른 한편으로는 자신한테 어떤 사람이나 상황을 심판할 정신적·물리적 권한이 있음을 정당화할 길을 찾는다.

   눈에 보이는 대로의 현실이 우리가 관심할 일이 아니란 것을 의심 없이 알 수만 있다면! 우리의 관심사는 현실이라고 하는 것이 우리를 깨어남으로 이끌어줄 도구임을 알고 또 믿는 것이다. 현실은 지금 여기의 선물이다. 우리는 이 선물을 통해 사랑의 현존함을 알아차리지 못하게 가로막는 모든 장애물을 치울 것이다. 이때 조건이 하나 있다면, 현실에 대한 이전의 모든 해석을 기꺼이 단념하고, 현실을 보편적 영감 앞에 맡겨 진리가 드러나도록 해야 한다는 것이다.

사람, 시간, 상황, 결과를 통제하고자 하는 것은 모두 현실에 맞서 자신을 방어하려는 것이다. 모든 계획(보편적 영감이 이끄는 것이 아니라면) 또한 현실에 대한 방어이다. 실망감, 죄의식, 화, 좌절감은 모두 진리를 찾으라고 우리를 부르는 지시기들이다. 고통, 불안, 절망도 재해석할 필요가 있음을 알려주는 직접적인 신호들이다. 나쁜 상황 같은 것은 존재하지 않는다. 다만 다시 해석해 보기를 청하는 부름이 있을 뿐이다.

영적으로 진화해 감에 따라 우리는 현실이란 마치 거울과 같다는 사실을 이해하게 된다. 즉 현실은 우리가 투사하는 생각들을, 그것이 바른 마음의 상태로 투사한 것이든 그릇되게 투사한 것이든, 그저 되비쳐 보여준다. '지금 있는 그대로의 현실'에 대한 저항을 내려놓고 그것을 적이 아닌 친구로 볼 때, 두려움이 잦아들면서 명료함이 떠오르기 시작한다. 이제 더 높은 차원의 인도가 시작되고, 우리는 전에 보지 못했던 문제와 대답을 보게 된다. 근원은 사랑이며, 곧 진리이므로, 모든 망상을 통해서 자신의 방식으로 일한다. 우리가 계속해서 망상의 세계를 인식하고 믿는다 해도 진리 자체는 늘 그 자리에 있으며, 수많은 망상 아래에서 평화로이 존재한다. 자유는 바른 마음 상태가 되기를 진심으로 요청할 때, 그리고 '지금 있는 그대로의 현실'에 대한 우리의 인식이 꼭 진리가 아닐 수도 있음을 인정할 때 얻어진다.

세상은 우연적이고 혼란에 가득 차 있는 듯 보이지만, 보편적 영감은 늘 하나의 목적에 따라 망상을 변형시키면서 세상 구석구석에 스며들어 우리로 하여금 고통과 슬픔, 분리가 아니라 진리를 알아보도록 촉구한다. 《기적 수업》은 이렇게 말한다.

그대가 할 필요가 있는 것은 오로지 지옥이 아니라 천국이 그대에게
주어지길 바라는 것이며, 문이 열리지 않도록 막아놓은 것처럼 보이는
모든 빗장과 장애물이 무너지고 사라지기를 바라는 것이다.[15]

계획 세우기의 무용함

우리는 계획을 세우는 것이 목표를 이루는 데 꼭 필요하고 건설적인
요소라고 믿어 의심치 않는다. 그러나 신뢰 발달 과정은 우리에게 에고의
계획은 늘 분리라는 씨앗으로부터 나오는 것임을 깨닫고 그런 계획들을
모두 내려놓으라고 말한다.《기적 수업》워크북 135장의 말이다.

자아가 시작한 계획들이 한갓 방어일 뿐임을 인식하기란 아마도 쉽지
않을 것입니다. 이는 모든 계획은 깨달음을 목적으로 만들어졌기 때문
입니다. 그 계획들은 두려움에 찬 마음이 스스로를 보호하려고 진리를
대가로 치르고 만든 수단입니다. 이러한 자기 속임수의 형태들을 깨
닫기는 어렵지 않습니다. 그 경우는 실재를 부정하고 있음이 분명하기
때문입니다. 그러나 계획이 방어로 인식되는 경우는 많지 않습니다.[16]

에고의 계획 이면에 숨어 있는—종종 무의식적이기도 한—의도는,
겉으로는 아무리 그럴듯하게 표현될지라도 우리를 치유가 아닌 혼돈으로
이끈다. 그에 반해 통합된 자아는 자신의 힘과 방향을 사랑이라는 하나의
의도에서만 이끌어낸다. 우리는 보편적 영감과 직접 소통함으로써 각자의
원상회복 과정에 가장 크게 도움이 되는 사람과 상황에 인도된다. 통합된
자아는 어떤 결정과 방향이 우리에게 가장 큰 이득을 주는지 알고 있다.

우리는 망상을 해체하지 않고서는 해방될 수 없다. 깨어 있는 사랑

과 평화, 기쁨은 우리가 매순간을 저항이 아니라 지금 순간의 알아차림으로 대할 때마다 조금씩 그 모습을 더 드러낸다. 저항을 느끼는 모든 순간이 실은 기회임을, 즉 자신이 저항하고 있다는 사실을 판단이나 죄의식 없이 알아차리고 "나는 나에게 가장 유익한 것을 인식하지 않는다"[17]는 진리 앞에 항복할 기회임을 우리는 알게 된다. 에고의 해석으로 우리가 알 수 있는 것은 아무것도 없음을 솔직히 인정할 때 우리가 얻는 자유는 매우 크다. 우리는 다른 이들이 진실로 누구인지, 어떤 사물이나 상황이 왜 있는지, 우리가 왜 여기에 있는지, 혹은 세상을 어떻게 바로잡아야 할지 알지 못한다. "나는 '알지 못함'에 대해 편안해지고 싶다"고 말할 줄 아는 겸손함이야말로 진실로 커다란 재능이 아닐 수 없다. 안다고 하는 경험이 제한적인 것임을 인정하는 순간, 우리는 지고 있던 짐으로부터 자유로워진다. 이 순간 우리는, 우리가 알든 모르든, 통합된 의지와 하나가 된다.《기적 수업》워크북 135장은 이렇게 가르친다.

> 치유된 마음은 계획하지 않습니다. 그것은 자기의 계획이 아니라 큰 지혜의 말씀을 통해서 받은 계획을 이행합니다. 그것은 무엇을 행해야 할지 가르쳐주실 때까지 기다렸다가, 가르침을 주시면 그때 비로소 그 것을 행하고자 나아갑니다. 그것은 자기에게 주어진 계획들을 이행하는 데 적절한 경우가 아니면, 스스로에게 기대 무언가를 하지 않습니다.…… 치유된 마음은 설령 무엇이 최선의 결과인지, 어떤 수단을 통해 그것이 성취될 것인지, 또한 그 계획으로 해결되어야 할 문제를 어떻게 알아볼지 모른다고 해도, 자기가 스스로 계획을 세워야 한다는 믿음에서 벗어나 있습니다.[18]

알지 못함을 깨끗이 인정하면 두려움과 저항에서 놓여난다. 두려움과 저항은 알아야만 한다는 에고 욕구의 산물이기 때문이다. 우리가 알지 못한다고 인정하는 것은 곧 통합된 의지에게 우리를 깨워달라고, 상황을 분명히 깨닫게 해달라고 청하는 것이다.

우리가 두렵거나, 죄책감을 느끼거나, 연결되어 있지 않다고 느끼거나, 화가 났다고 해보자. 이때 이 감정들을 판단 없이 그저 관찰만 하면서 자기가 알지 못함을 순순히 인정한다면 그것은 곧 통합된 의지로 하여금 그 감정들을 맡아달라고 초대하는 것이다. 에고의 자리에는 엄청난 죄의식이 산처럼 쌓여 있어서 우리는 그 죄의식의 크기만큼 판단하고 비난해야 할 필요성을 느낀다. 그렇게 함으로써 이 죄의식의 짐을 덜어보려는 것이다. 이 끈질긴 위협감은 바로 우리가 죄인이라는 에고의 고집스러운 믿음, 따라서 제 의지로 통제해야만 한다는 에고의 집착에서 나오는 것이다.

통합된 의지 앞에 자신을 열어놓는 것은 죄의식이 우리의 에고와 두려움, 욕망을 추동한다는 것을 인정한다는 뜻이다. 이는 두려움에서 태어나 온갖 방식으로 우리를 분리시키려 드는 이른바 '자유 의지'라고 번역된다. 이 점을 깨닫는다면 당연히 우리는 통제하고 판단하고 계획하려는 욕구를 내려놓고 우리의 진정한 정체성과 목적에 합치되는 신뢰 발달 과정을 적극적으로 받아들일 것이다. 다시 《기적 수업》 워크북 135장을 보자.

만일 세워야 할 계획이 있다면, 그대는 그에 대해 듣게 될 것입니다. 그 계획들은 그대가 필요하다고 생각했던 것도 아니요, 그대를 가로막고 있다고 생각했던 문제들에 대한 답이 아닐 수도 있습니다. 그러나 그것들은 답이 마침내 그대에게 올 때까지 대답될 필요는 있었지만 대답은 되지 않았던, 또 다른 종류의 질문에 대한 답들입니다.[19]

우리가 흔히 오해하는 것은 통합된 의지를 따르면 뭔가 가치 있는 것을 잃게 된다고 생각하는 것이다. 여기서 '가치 있는'이라는 말에 오해의 소지가 있다. 왜냐하면 우리가 무엇인가를 잃게 되리라는 것은 분명하지만 아무리 상상력을 발휘한다 해도 죄의식과 두려움, 고통이 가치 있는 것으로 분류될 수는 없겠기에 말이다.

그릇된 인식은 사물이 있는 그대로가 아닌 다른 상태로 있길 바라는 것이다. 모든 현실은 완전히 무해하다. 왜냐하면 완전한 무해함이 그 현실의 조건이기 때문이다.…… 그대는 현실을 찾으려 할 필요가 없다. 그대가 그 조건을 만족시킨다면, 현실이 그대를 찾고 발견할 것이다.…… 모든 형태의 병은, 심지어 죽음까지도, 깨어남의 두려움에 대한 육체적인 표현들이다. 그것들은 깨어남의 두려움을 피해 더욱 깊은 잠을 자려는 시도들이다.…… 치유는 깨어남에 대한 두려움으로부터 벗어나는 것이며, 깨어나기로 결심한 대가이다. 깨어나겠다는 결심은 사랑하겠다는 의지의 반영이다. 모든 치유는 두려움을 사랑으로 바꾸어주기 때문이다.[20]

우리는 사랑이다. 통합된 인식을 택하기로 온 마음으로 결심한다면 우리는 에고의 사고 체계를 놓아버릴 수 있다. 그러면 우리는 매일매일의 현실을 우리의 변형이 일어나는 완벽한 수단으로 보게 될 것이다. '지금 있는 그대로의 현실'에 대한 저항이 약해짐에 따라 통합된 의지에 대한 신뢰가 커진다. 이 여정을 계속 해나가면서 뒤를 돌아보았을 때 우리는 거기에 실패 대신 죽 펼쳐진 우리의 길이 있는 것을 보면서 자신감을 얻는다. 그 길의 가치는 우리를 결국 깨어남으로 이끌어주었다는 데 있다. 이제 우리는 현실에 대한 저항이 아무 쓸모도 없다는 것을 안다. 그토록 오랫동안 사랑을 가로막아 온 망상적 인식을 내려놓도록 돕는 것이 그 유일한 목적이었음을 알고 감사하게 된다. 다시 《기적 수업》을 보자.

> 그러므로 하느님의 뜻은 이미 가능하며, 그 외의 어떤 것도 영원하지 않음을 기억하라. 이것은 현실에 대한 단순한 받아들임이다. 왜냐하면 오직 그것만이 참이기 때문이다. 그대가 현실을 왜곡하고서 그것을 있는 그대로 알 수는 없다. 만일 그대가 현실을 왜곡한다면, 그대는 근심과 우울, 그리고 마침내 공황 상태를 체험할 것이다. 그대 자신을 참되지 않게 만들려고 하는 것이기 때문이다. 이러한 것들을 느낀다면, 진리를 찾는다고 그대 자신을 간과하지 말라. 진리는 오로지 그대 안에 있기 때문이다.[21]

우리는 근원에 속해 있다. 우리는 사랑 그 자체의 살아있는 일부이다. 우리 각자 안에서는 보편적 영감이 우리를 기다리고 있다. 우리가 우리의 통합된 자아를 알아보기를 바라면서.

8 · 진리

자유로워지는 것, 해방되는 것, 혹은 깨어나는 것은 진리를 껴안는 것이다. 진리는 에고가 무척이나 두려워하는 것이다. 현실에 저항하기를 멈출 때 진리가 드러나고, 그로써 에고가 사망하기 때문이다. 진리를 껴안는다는 것은 현실이 우리 자신, 다른 사람들, 상황, 환경, 물질적 대상을 통해 자신을 드러낼 때 그것과 다투기를 의식적으로 종결한다는 뜻이다. 이는 곧 이런 것들을 통제하겠다는 우리의 욕구를 포기한다는 뜻이다. 통제하려는 욕구는 궁극적으로 진리에 저항하거나 진리를 부정하는 것과 같기 때문이다. 이해가 깊어감에 따라 우리는 현실(매일의 삶)이 바뀔 수 없다는 것이 무슨 뜻인지 알게 된다. 현실은 그저 있는 그대로인 것이다. 매일의 삶이라는 현실은, 우리가 인식하듯, 에고가 지어낸 한갓된 꿈에 지나지 않는다. 그러나 근원은 결코 우리를 떠난 적이 없다.(또한 현실 속에서 우리 역시 결코 근원을 떠난 적이 없다.) 그것은 늘 현존하면서 우리가 알고 있는 우주 안의 모든 입자로부터 퍼져 나온다. 우리가 할 일은 이 현실에 저항하지 않는 것이다. 그 대신 현실을 껴안는 것이다. 또한 현실을 초월하거나 극복하려고 하지 않는 것이다. 그 대신 의식적으로 현실 '안으로 들어가는' 것이다. 진리는 우리가 에고를 항복시키고 통제 욕구를 내려놓으면서 신뢰를 쌓아갈 때 드러난다.

우리는 생각, 몸, 믿음, 가치, 성취 따위가 아니다. 우리의 이 삶은 제 아무리 추한 모습을 하고 있다 해도 소중하다. 왜 그런가? 우리가 삶을 개인적으로 받아들이지 않고, 판단하지 않으며, 조종하지 않을 때, 삶을 있는 그대로 허용할 때, 그 모든 우여곡절 속에서도 삶은 늘 우리에게 자신을 재구성할 기회를 주기 때문이다. 매순간 우리에게는 망상을 보거나 아니면 진리를 볼 기회가 주어진다. 무엇을 인식하느냐는 전적으로 우리의 선택에 달려 있다. 이 현실, 그리고 그 안의 모든 관계를 있는 그대로 대할 때, 이 현실은 우리 모두가 필요로 하고 원하고 희망하는 가장 완벽한 배움의 장場이 된다. 혼란과 고통, 괴로움은 정신적인 것이든 감정적인 것이든 혹은 물리적인 것이든 모두 저항에서 비롯된다.

우리는 에고를 통해서는 어떤 현실도 똑바로 알 수 없다. 이 사실을 전적으로 인정할 수 있을 때, 우리는 알고자 하는 욕구를 내려놓아도 안전하다는 것을 깨닫는다. 우리는 우리가 알고 있다고, 또 알 필요가 있다고 생각한다. 그것은 에고가 지식이라고 하는 것을 통제하고 주도하고 조종할 기회로 여기기 때문이다. 에고는 고정된 관점을 세우고, 이 관점을 자신의 방어 목록에 덧붙인 뒤 이를 의심과 불신, 분리로 표현한다. 신뢰 발달(깨어남)과 에고 내려놓기라는 이 전체 과정은 원상회복과 잊어버림, 그리고 해체의 과정이다.

우리 삶이 역경에 처한 것처럼 보이거든 위장된 모습으로 기회가 찾아왔음을 알아차려라. 역경은 결코 우리를 벌주거나 잘못된 길로 데려가기 위해서 온 것이 아니다. 역경이 아무리 괴로울지라도, 그것은 우리가 과거의 망상적인 인식을 하루빨리 내려놓도록 하기 위해 찾아온 촉매임을 알아봐 주기를 기다리고 있다. 과거에 역경을 고통과 불운, 불행이라고 여겼다면, 이제 우리는 그것을 그 겉모습 아래 숨은 진리를 보게 해달라고 청할 수 있는 기회, 즉 재해석의 기회로 본다.

진리의 길에 들어서려면 우리는 우리가 무력하다는 감각을 놓아버려야 한다. 여기서 받아들여야 할 가르침은 두 가지이다. "나는 나에게 가장 유익한 것을 인식하지 않는다"[1]는 것과 "나는 내가 보는 세상의 희생양이 아니다"[2]라는 것이다. 진리와 신뢰는 의심이나 희생양 의식과는 공존할 수 없다. 진리를 얻으려면 희생양이라는 관점을 버려야 한다. 우리는 의식적으로든 무의식적으로든 스스로 희생양이라고 믿는 딱 그만큼, 진리에 저항하고, 따라서 신뢰에 저항한다. 에고 내려놓기는 우리가 진리에 대한 저항을 그만두도록, 그리하여 신뢰를 더 쌓도록 돕기 위한 것이다.

매순간 진리를 허용하라. 영적인 '고양됨'이나 에고의 '저조함' 때문에 길에서 이탈하지 마라. 그것들은 모두 우리의 주의를 분산시키는 것들이다. 진리는 추구하거나 가지려 애써서 얻어지는 게 아니다. 오직 겸손함으로 우리 가슴을 열 때에만 펼쳐지는 것이다. 그것을 막는 것은 오로지 우리의 저항뿐이다.

우리가 어디에 있든, 삶의 환경이 어떠하든, 우리는 늘 우리 안에 진리에 접근할 수 있는 수단을 가지고 있다. 우리에게 필요한 것은 바로 이런 것들이다.

- 진리에의 절대적인 헌신.
- 통제를 놓아버리고 비약적 용서를 더 넓혀가겠다는 자발성.
- 깨어 살핌, 그리고 바른 마음의 상태를 유지하기 위한 꾸준한 훈련.
- 성실한 알아차림, 온전히 현존함, 우리의 믿음을 비롯해 모든 것에 지극히 정직한 자세로 질문을 던져봄.
- 인식과 생각, 감정 아래 숨은 진리가 빛을 발할 수 있도록 그것들을 보편적 영감에게 내어맡김.

우리는 자기 자신과 삶 안에서 부족함을 인식하도록 프로그램되어 있기 때문에, 우리가 이 여정을 마치는 데 필요한 모든 것이요 또 필요한 모든 것을 가지고 있음을 인정하기 어려워한다. 그러나 우리는 바로 지금, 깨어나는 데 필요한 모든 것을 가지고 있다. 만일 우리가 온 가슴과 영혼을 쏟아 사랑으로 돌아가기를 갈망하고, 여기 지구 위에서 최상의 현실을 의식적으로 살아가기를 바란다면, 우리는 우리가 이루고자 태어난 목적과 함께 우리의 정체성을 '틀림없이' 재발견하게 될 것이다.

겸손, 진심어린 의도, 철저한 자기 정직은 모든 순간에 가능하다. 우리를 앞으로 나아가지 못하게 붙잡는 상황이나 환경, 사람은 없다. 통제해야 한다는 생각과 변명, 욕구 따위는 전부 에고가 변화에 저항하는 것이라고 보면 맞다. 고통, 뭔가를 갖거나 뭔가가 되고자 탐닉하는 것, 특별한 관계, 희생양 의식, 받기 위한 줌, 판단, 공격은 모두 그릇된 마음이 만들어낸 산물이다.

옳음도 그름도 없고 좋음도 나쁨도 없지만, 우리는 여전히 꿈 안에 있고, 잠든 상태로 계속해서 악몽을 꾼다. 만일 깨어나라는 '부름'을 받았다면 왜 다시 잠에 떨어져 악몽 속으로 들어가려 하는가? 악몽에서 벗어나는 것이 더 낫지 않겠는가? 비단 우리 자신만을 위해서가 아니라 모두를 위해서 우리가 해방될 수 있는 기회를 기꺼이 잡지 않겠는가?

올바른 결정을 위한 방법

우리는 누구나 매일의 삶 속에서 결정을 내려야 하지만, 때로는 도대체 어떻게 결정을 내려야 할지 몰라 당혹스러워하는 경우가 있다. 게다가 지금 에고의 목소리를 듣고 있는지(보통은 그러하다), 아니면 통합된 자아의 목소리를 듣고 있는지도 분명하지가 않다. 선택을 잘할 수 있도록 도와주는 방법이 있어 소개한다. 바로 내적인 질문-결정 검사법이다. 규칙적으로 연습한다면 이 안내자가 자동으로 작동하면서 시간은 물론 불필요한 고통까지도 덜어줄 것이다. 선택을 하기 전에 아래 안내에 따라 당신의 선택지를 확인해 보라.

'에고'가 하는 선택

느낌: 흥분됨, 집착함, 결과에 정신을 빼앗김. 마음 깊은 곳에서 '그르다'는 느낌이 듦.

욕구: 특별해지는 것(분리되고 배타적이 되는 것), 안전함, 통제, 감정·몸·마음의 보호나 방어. 확장하거나 주거나 나누고 싶어 하지 않음.

알아볼 수 있는 단서: 주의 분산, 경쟁함, 판단, 비난, 부족, 결핍, 두려움, 죄의식, 화, 배타성, 분리, 받기 위한 줌, 조종, 억압.

'통합된 자아'가 하는 선택

느낌: 에고의 입장에서는 좌절감이나 시련으로 느껴짐. 마음 깊은 곳에서 '옳다'는 느낌이 듦.

욕구: 일치, 온전해짐, 서로 연결됨. 확장, 조건 없이 주고 나눔. 특별하게 보여야 할 필요가 없음. 이미 안전하므로 방어하거나 보호하려 할 필요가 없음.

알아볼 수 있는 단서: 용서, 나눔, 줌, 포괄함, 신뢰, 감사, 알아차림, 열려 있음, 무조건적임, 세심함, 연민, 충만함.

시작

우리는 이제 우리가 사랑과 해방을 원한다는 것을 알았을 것이다. 그런데 사랑과 해방으로부터 우리를 가로막는 사고 체계를 내려놓을 준비는 되었는가? 평화와 사랑, 기쁨을 원한다고 말하지만, 판단과 공격에 대한 우리의 인식을 내려놓을 준비는 되었는가? 충만함을 경험하기 원하지만, 부족함이라는 인식을 내려놓고 "주는 것이 곧 받는 것"이라는 진리를 껴안을 준비는 되었는가?

진리는 전능하다. 만일 우리가 바칠 수 있는 모든 경외심과 사랑의 마음을 가지고 이 하나의 상징―'진리'라는 낱말―을 묵상한다면, 이 말 뒤에 숨은 신비가 드러날 것이다. 진리로 가는 길은 방어하는 마음을 내려놓는 곳에 놓여 있다. 진리는 '지금 있는 그대로'를 인정하고 받아들이는 데 있다. 그것은 모든 통제와 괴로움을 근원 앞에 항복시키고자 하는 바람이며, 오직 하나의 의지만이 존재하고 우리는 모두 그 하나의 의지의 표현이라는 현실에 깨어나고자 하는 바람이다. 우리는 모두 하나이다! 추구해야 할 것도, 노력을 들여야 할 것도, 성취해야 할 것도 없다.

그러나 우리는 아직 꿈 속에 있으며, 이 제한과 분리의 꿈 속에서 깨어나라고 '부름'을 받고 있다. 우리 한 사람 한 사람은 단지 평화를 선택하기만 하면 지금 당장이라도 꿈에서 깨어날 수 있다. 평화는 진리이고, 진리는 사랑이다.

우리는 이 한 권의 책에서 진리에 깨어날 수 있는 방법을 짧게 살펴보았다. 당신의 자유는 당신 안에 있다. 진리, 평화, 기쁨, 사랑도 당신 안에 있다. 왜냐하면 그것이 바로 당신 자신이기 때문이다.

'진리로의 부름'을 분명히 들었다면, 당신은 이 꿈에서 놓여나 장엄한 공동 창조자로서의 유산을 되살려낼 용기와 헌신, 자발성을 불러 모을 것이다. 이제 고통은 끝났다. 왜냐하면 고통이란 단지 깨어남에 대한 두려움일 뿐이기 때문이다.

그대가 온 마음으로 바랄 때, 그대는 모든 것을 기억하게 될 것이다. 온 마음으로 바라는 것이 곧 창조하는 것이라면, 그대는 분리를 떠나, 그대의 마음을 그대의 창조주와 그대의 창조물들에게 동시에 돌아가도록 뜻했을 것이기 때문이다. 그들을 안다면, 그대는 잠들기를 원하지 않을 것이고, 오로지 깨어서 기쁘기만을 바랄 것이다. 그대는 오직 진리만을 원할 것이므로, 꿈은 더 이상 있을 수 없게 되며, 마침내 진리는 그대의 의지가 되고, 그대의 것이 될 것이다.[3]

이웃 판단 양식

1. 이웃에 대해 판단한다. 2. 적는다. 3. 네 가지 질문을 한다. 4. 뒤바꾸기를 한다.

아직 백 퍼센트 용서하지 못한 (살아있거나 이미 죽은) 누군가에 대해 아래 공란에 써 넣습니다. 짧고 단순한 문장으로 씁니다. 스스로를 검열하지 마세요. 마치 그 상황이 지금 일어나고 있는 것처럼, 화나 고통을 충분히 경험하려고 해보세요. 이에 대한 당신의 판단을 종이 위에 표현해 보세요.

1. 당신을 화나게 하거나, 좌절감을 주거나, 혼란스럽게 하는 이는 누구인 가요? 그들은 어떻게 그렇게 하나요?

나는 _____에게 _____한다. 왜냐하면 _____

_____ 때문이다.

예) 나는 폴에게 화가 난다. 왜냐하면 그는 내 말에 귀 기울이지 않기 때문이다. 그는 나에게 감사해하지 않기 때문이다. 그는 내가 무슨 말을 해도 트집을 잡기 때문이다.

2. 그들이 어떻게 바뀌기를 원하나요? 그들이 무엇을 하기 원하나요?

나는_____ 가 _____

_____ 하기를 원한다.

예) 나는 폴이 자기가 틀렸다는 것을 알기 원한다. 나는 그가 사과하기를
원한다.

3. 그들이 해야 하는 것/하지 말아야 하는 것, 되어야 하는 것/되지 말아
야 하는 것, 생각해야 하는 것/생각하지 말아야 하는 것, 느껴야 하는
것/느끼지 말아야 하는 것은 무엇인가요? 당신은 어떤 조언을 해주겠
습니까?

_____는 _____
_____ 해야 한다/해서는 안 된다.

예) 폴은 스스로를 더 잘 돌보아야 한다. 그는 나와 다퉈서는 안 된다.

4. 당신이 행복해지기 위해 그들이 무엇을 해야 하나요?

나는 _____가 _____
_____ 하기를 바란다.

예) 나는 폴이 내 말에 귀 기울여주고 나를 존중해 주기를 바란다.

5. 당신은 그들에 대해 어떻게 생각하나요? 목록을 만들어보세요.

_____는 _____

_____ 한다.

예) 폴은 공평하지 않다. 거만하다. 시끄럽다. 솔직하지 않다. 부적절하게
군다. 둔하다.

6. 당신이 그 사람과 다시는 경험하고 싶지 않은 것은 무엇인가요?

나는 다시는 _____
_____ 하고 싶지 않다.

예) 나는 폴이 내게 고마워하지 않는 것을 다시는 보고 싶지 않다. 나는 그
가 담배를 피우고 건강을 해치는 것을 다시는 보고 싶지 않다.

네 가지 질문

'이웃 판단 양식'에 적은 각 진술을 아래 '네 가지 질문'과 '뒤바꾸기'를
통해 조사해 봅니다. '작업'은 명상입니다. 이것은 당신의 생각을 바꾸기
위한 것이 아니라 알아차리기 위한 것입니다. 아래 질문을 던지고 나서 충
분한 시간을 갖고, 내면으로 들어가 깊은 데서 대답이 떠오를 때까지 기다
리세요.

가장 기본적인 형태로 볼 때 작업은 '네 가지 질문'과 '뒤바꾸기'로 되
어 있습니다. 예를 들어 위 양식에서 질문을 던져볼 수 있는 첫 번째 생각
은 "폴은 내 말에 귀 기울이지 않는다"입니다. 살면서 당신이 이렇게 생각
한 적이 있는 누군가를 찾아내 작업을 시작해 보세요. "(누구누구)는 내
말에 귀 기울이지 않는다."

1. 그것이 진실인가요?
2. 그것이 진실인지 확실히 알 수 있나요?
3. 그 생각이 맞다고 믿을 때 당신의 반응은 어떻고, 이때 어떤 일이 일어나나요?
4. 그 생각이 없다면 당신은 누구일까요?

이제 (당신이 질문을 던지고 있는 개념을) 뒤바꿔봅니다. 그리고 각 뒤바꾸기마다 세 가지 진짜 예를 찾아보세요.

뒤바꾸기

네 가지 질문을 가지고 당신이 앞서 진술한 내용을 조사해 보았다면, 당신은 이제 (당신이 질문을 던지고 있는 개념을) 뒤바꾸기를 할 준비가 되었습니다.

각 뒤바꾸기는 당신이 원래 진술한 것과 반대되는 내용을 경험해 보면서 당신과 그 사람이 가진 공통점을 알 수 있는 기회입니다.

각 진술에 대해 세 가지 방식으로 뒤바꾸기를 해봅니다. 내용을 반대로 바꾸기, 상대와 나를 서로 바꾸기, 주체와 대상을 나로 바꾸기.(때로는 어떤 내용이든지 '내 생각'으로 바꾸어도 됩니다.) 이제 각 뒤바꾸기의 결과가 실제로 당신 삶에서 나타났던 사례를 적어도 세 가지 이상 찾아보세요.

예) "폴은 나를 이해하지 않는다"는 "폴은 나를 정말로 이해한다"로 뒤바꿀 수 있습니다. 혹은 "나는 폴을 이해하지 않는다" "나는 나 자신을 이해하지 않는다"로 뒤바꿀 수 있습니다.

뒤바꾸기를 할 때 창조적이 되세요. 뒤바꾸기는 뜻밖의 발견을 줄 것입니다. 다른 이들에게 되비쳐보기 전에는 보지 못했던 당신의 숨은 측면을 보여주기 때문입니다. 뒤바꾸기를 마쳤다면 내면으로 들어가 그것을 느끼도록 해보세요. 뒤바꾼 진술이 당신 삶에서 진짜로 나타났던 사례를 적어도 세 가지 이상 찾아보세요.

뒤바꾼 진술대로 살기 시작하면서 나는 내가 '당신'이라고 부른 모든 것이었음을 알게 되었습니다. 당신은 그저 내가 투사한 존재였습니다. 이제 나는 내 주위의 세상을 바꾸려고 노력하는 대신(43년 동안 해보았는데 이것은 소용이 없더군요), 종이 위에 생각들을 적고, 그것들을 조사해 보고, 뒤바꾸어볼 수 있습니다. 그러면 내가 당신이라고 생각했던 바로 그것이 나임을 알 수 있습니다. 내가 당신을 이기적이라고 본 순간, 나는 이기적입니다.(당신이 어떠해야 하는지를 결정하고 있다는 점에서.) 내가 당신을 불친절하다고 보는 순간, 나는 불친절합니다. 내가 당신이 싸움을 멈춰야 한다고 믿는다면, 나는 내 마음속에서 당신을 상대로 전쟁을 하고 있는 것입니다.

뒤바꾸기는 당신을 행복으로 이끄는 행복 처방전입니다. 지금껏 다른 이들에게 처방해 준 그 약을 당신의 삶으로 살아내세요. 세상은 삶을 살아갈 단 한 사람만을 기다리고 있습니다. 당신이 바로 그 사람입니다.

부록 2 추천 도서와 웹사이트

에고를 원상태로 되돌리는 것은 비범한 삶의 목적이다. '에고'라 불리는 이 거짓 자아상은 우리를 너무도 오래도록 괴롭혀왔고, 마지막 남은 저항의 힘까지 모조리 써버리기 전에는 결코 항복하지 않을 것이다. 이 사실을 알고 대비한다면 우리의 변환 과정은 한층 수월해질 것이다.

진리에 헌신하고 삶을 긍정적으로 변화시키기를 소망하는 우리에게는, 진리에 다다를 수단과 앞길을 헤쳐 나가는 데 도움이 될 지지와 안내가 모두 필요하다. 이 책의 저자인 우리 역시 삶의 많은 부분을 에고 내려놓기 과정에 바쳤다. 우리 역시 길고 혼란스러운 시기를 거치며 불필요한 고통을 겪어야 했는데, 다른 이들은 이를 조금이라도 덜 겪었으면 하는 것이 우리의 바람이다. 우리는 그룹 발표와 '에고 내려놓기' 워크숍 등을 통해 사람들이 이 과정을 좀 더 빨리 통과하도록 돕고 있다. 관심이 있다면 www.TakeMeToTruth.com을 방문해 보길 권한다.

기본 텍스트와, 매일 실천할 수 있는 365개의 가르침을 담은 워크북, 교사용 편람으로 구성된 《기적 수업》은 우리를 진리로 이끄는 강력한 수단을 제공한다. 365개의 가르침은 우리가 에고의 꿈에서 깨어나는 데 도움이 되는 그 날 그 날의 자료들이다. 에고 내려놓기와 신뢰 발달 과정은 망상을 없애겠다는 진심어린 마음과 정직한 태도가 없으면 안 되며, 이 여정을 가는 동안 우리는 다양한 도구와 자료의 도움이 필요하다는 것을 알게 될 것이다. 《기적 수업》이 깨어남으로 가는 가장 빠르고 가장 밝은 길을 제공해 주는 것은 분명하지만, 아래 소개하는 자료들 역시 우리 여정에 큰 도움이 될 것이다.

A Course in Miracles, Foundation for Inner Peace
웹사이트(Foundation for Inner Peace): http://www.acim.org

A New Earth, Eckhart Tolle
웹사이트: http://www.eckharttolle.com

Absence from Felicity: The Story of Helen Schucman and Her Scribing of A Course in Miracles, Kenneth Wapnick, Ph.D.
웹사이트(Foundation for A Course in Miracles): http://www.facim.org

Awaken from the Dream, Kenneth Wapnick, Gloria Wapnick
웹사이트(Foundation for A Course in Miracles): http://www.facim.org

Awakening the Buddha Within, Lama Surya Das
웹사이트: http://www.dzogchen.org

Communion With God, Neale Donald Walsch
웹사이트: http://www.nealedonaldwalsch.com

Emptiness Dancing, Adyashanti
웹사이트: http://www.adyashanti.org

Excuse Me: Your life Is Waiting, Lynn Grabhorn
웹사이트: http://lynngrabhorn.com

Healing the Cause: A Path of Forgiveness, Michael Dawson
웹사이트(Australian Centre for Inner Peace): http://www.acfip.org

Living Enlightenment, Embracing Heaven and Earth, Andrew Cohen
웹사이트: http://www.andrewcohen.org

Love Has Forgotten No One: The Answer to Life, Gary R. Renard
웹사이트: http://www.garyrenard.com

Loving What Is, I Need Your Love—Is That True?, Byron Katie
웹사이트: http://www.thework.com

Matthew Andrae
웹사이트: http://www.matthewandrae.com

Pathways of Light (《기적 수업》중심의 영성 과정을 제공하는 비영리 조직)
웹사이트: http://www.pathwaysoflight.org

Power vs. Force, David Hawkins, M.D.
웹사이트: http://www.beyondtheordinary.net/drhawkins.shtml

Radical Forgiveness, Colin T. Tipping
웹사이트: http://www.radicalforgiveness.com

Reality and Illusion, Robert Perry
웹사이트(Circle of Atonement): http://www.circlepublishing.com

Spiritual Enlightenment: The Damnedest Thing, Jed McKenna
웹사이트: www.WisefoolPress.com

The Disappearance of the Universe, Gary R. Renard
웹사이트: http://www.garyrenard.com

The End of Your World, Adyashanti
웹사이트: http://www.adyashanti.org, http://www.soundstrue.com

The Eye of the I, David Hawkins, M.D.
웹사이트: http://www.beyondtheordinary.net/drhawkins.shtml

The Findhorn Book of Forgiveness, Michael Dawson
웹사이트(Australian Centre for Inner Peace): http://www.acfip.org

The Journey Home, Allen Watson
웹사이트(Circle of Atonement): http://www.circlepublishing.com

The Power of Intention, Dr. Wayne W. Dyer
웹사이트: http://www.drwaynedyer.com

The Power of Now, Eckhart Tolle
웹사이트: http://www.eckharttolle.com

The Road Less Traveled, M. Scott Peck, M.D.
웹사이트: http://www.mscottpeck.com

The Sacred Purpose of Being Human, Jacquelyn Small
웹사이트: http://www.eupsychiainc.com

The Translucent Revolution, Arjuna Ardagh
웹사이트: http://www.translucents.org

The Wisdom of the Enneagram, Don Richard Riso and Russ Hudson
웹사이트: http://www.enneagraminstitute.com

Undefended Love, Jett Psaris and Marlena S. Lyons
웹사이트: http://www.undefendedlove.com

Your Immortal Reality, Gary R. Renard
웹사이트: http://www.garyrenard.com

용어 설명

《기적 수업》ACIM_ 《기적 수업 *A Course in Miracles*》. 《수업》이라고도 한다.

PIQ공식_ 에고를 원상태로 되돌리는 데 유용한 도구. P=현존Presence, I=탐구Inquiry, Q=비약적 용서Quantum Forgiveness.

개념들Concepts_ 우리가 마음속에 가지고 있는 추상적 관념들. 모두 에고가 만들어낸 세상의 일부를 이룬다. 실재 안에서는 존재하지 않는다.(아래의 '시간-생각-감정 개념' 참조)

공동 창조자Co-creator/통합된 공동 창조자Unified Co-creator_ 통합된 자아. 창조주인 근원과 함께 영원히 사랑을 확장하는 것이 직무이다.

근원The Source_ 하느님, 우리의 창조주, 보편적 현존, 무한한 사랑, 통합된 사랑.

무한 상태Infinite State_ 천국, 열반, 온전함, 하나됨, 무한한 빛, 궁극의 의식, 우리의 유일하게 진실하며 영원한 집.

무한한 빛Infinite Light_ 근원에서 오는 에너지, 무한한 지혜.

무한한 지혜Infinite Wisdom_ 분리 상태의 에고가 이해하거나 파악할 수 있는 바를 넘어서는 진리. 근원과 그 공동 창조자의 속성. 무한한 지식, 진정한 지식.

방어와 판단defense and judgment_ 공격의 일종.

보편적 영감Universal Inspiration_ 성령. 통합된 자아의 에너지/빛. 에고가 침묵할 때 우리에게 말하는 내면의 목소리. 우리 모두가 갖고 있는 근원과 통합된 자아 사이의 의사소통 통로. 보편적 현존.

보편적 자성Universal Intelligence_ 통합된 자아의 지혜.

보편적 질서Universal Order_ 천국의 조화로운 상태, 하나됨, 진리.(세상의 혼돈과 반대)

분리the separation_ 근원으로부터 분리되어 있다고 믿는 망상적 상태. 죄의식에 의해 움직이는 혼란과 혼돈의 상태로, 두려움과 화, 우울, 불안, 타인에 대한 판단(비난), 하나됨에 대한 부정, 근원에 대한 부정이 특징이다.(천국, 하나됨, 온전함의 반대)

비약적 용서Quantum Forgiveness_ 어떤 종류의 공격이든 죄가 아니라 도움의 요청으로 보는 것. 활동중인 사랑.

세계world_ 전 우주. 현실이라는 우리의 꿈 경험.

시간-생각-감정 개념 time-thought-emotion concept_ 시간과 생각, 감정을 통해 에고가 통제력을 얻는다는 관념.

신뢰Trust_ 보편적 질서와 보편적 영감의 틀림없는 내적 현존과 인도에 대한 절대적 확신. 에고의 신념 체계를 완전히, 기쁘게 포기하고, 보편적 영감이 우리를 하나됨 상태로 일깨우는 과정에 기꺼이 항복하는 것이 특징이다.

에고신념 체계ego-self belief system_ 근원으로부터의 외견상의 분리에 대한 막대한 죄의식에서 나오는 사고 체계. 죄와 죄의식, 두려움을 믿는 것이 그 특징이다. (보편적 영감의 사고 체계와 반대)

에고 오류ego-error_ 태초의 분리 욕망. 《기적 수업》은 "하찮고 말도 안 되는 생각"이라고 표현한다.

에고 현실ego-reality_ 근원으로부터 분리되었다고 에고가 믿는 망상적 세계. 에고는 이 세계가 실재라고 믿는다. 그릇된 마음가짐, 이원성, 죄, 죄의식, 두려움, 혼돈, 고통의 상태.

에고ego-self_ 거짓 자아, 소아小我, 꿈꾸는 자, 삶의 대부분의 경우에 우리에게 말하는 목소리. (통합된 자아의 반대)

에고의 의지ego-self will_ 거짓 자아의 의지. 죄의식에서 나온 투사를 통해 활동하는 주관적 의도.

용서의 원리Forgiveness Principle_ 다른 이를 용서하는 것이 곧 우리 자신을 용서하는 것이라고 말하는 근본 진리.

원리Principle_ 확장의 원리, 용서의 원리, 평화의 원리 참조.

원상회복 혹은 원상태로 되돌리기undoing, The Undoing_ 에고의 신념과 가치관을 고쳐 원상회복시키는 과정. 에고 '놓아버림', 에고 포기 혹은 해소. 에고 소멸, 에고의 죽음, 무한한 시작.

작업The Work_ 바이런 케이티의 책 《네 가지 질문Loving What Is》에 나오는 네 가지 질문과 뒤바꾸기. ('부록 1: 작업 양식' 참조)

지금 순간now moment/현재 순간present moment_ 시간의 중지. 이 안에서 우리는 과거와 미래에 빠져 있는 에고가 아니라 보편적 영감의 인도를 따를 것을 선택한다.《기적 수업》은 이를 "거룩한 순간"이라고 한다.

최상의 현실Optimal Reality_ 통합된 자아의 마음 상태. 이 상태에서 우리는 사랑과 평화, 기쁨, 영의 충만함이 우리에게 무한히 공급되고 있으며, 그것이 곧 우리 자신임을 안다. 순수한 비이원성, 온전함의 상태, 하나됨, 합일, 지금 순간 알아차림, 바른 마음 상태, 천국, 진리.

통합된 관계Unified Relationship_ 근원과 하나됨으로써 치유되고 소생된 특별한 관계. 우리가 세상에서 맺는 모든 특별한 관계를 자연스럽게 치유할 원형.《기적 수업》은 "거룩한 관계"라고 표현한다.(특별한 관계의 반대)

통합된 의지Unified Will/통합된 자아의 의지Unified-Self Will_ 통합된 자아의 객관적 의도. 공동 창조자인 통합된 자아의 영원한 본질이자 유일한 목적인 사랑의 확장을 통해 활동한다. 자기 자신인 사랑을 영원히 내어주는 근원의 표현. 진정한 의지, 무한한 의지, 진실한 의지, 사랑, 평화, 기쁨, 나눔, 창조적 영감.

통합된 자아Unified Self_ 온전하고 치유된 자아, 무한한 자아, 진정한 자아, 거룩한 자아, 공동 창조자, 진리와 더 높은 지혜의 공급처. 영원히 사랑을 확장하는 것이 유일한 직무이다.(거짓 자아의 반대)

통합된 정체성Unified Identity_ 온전하며 치유된 무한 존재의 정체성. (이 생이) 사실은 꿈임을 알아차렸으며 우리의 진정한 정체성을 깨달았지만, 몸을 부정하지 않은 채 지상의 삶 속으로 통합된 존재. 즉 '세상에 있되 세상에 속하지 않은' 존재.

평화의 원리Peace Principle_ 평화를 갖고 있는 것은 곧 평화를 주는 것이며, 우리는 우리가 주는 것을 받고, 용서가 평화를 가져오며, 판단이나 공격, 방어하지 않음이 평화를 가져온다고 말하는 근본 진리.

확장의 원리Extension Principle_ 주고 확장하고 나누는 모든 것이 곧 받는 것이고, 우리는 우리가 주는 것을 가지며, 다른 이들은 우리 자신의 반영이라고 말하는 근본 진리.

···   감사의 말

이 책은 서로 통합된 관계 안에서《기적 수업》교사용 편람 중 신뢰 발달Development of Trust 장¹을 함께 공부하고 연습한 이들의 참여로 가능했던 공동 작업이다. 1990년—그러니까 이 책을 쓰기 시작한 때인 약 16년 전—이 여정을 처음 시작할 때 초기 구성원은 누크 산체스, 토머스 비에라, 리키 비에라였다. 나중에 여기에 재닌 맥펄린, 라나 스코트, 닉 산체스, 제니퍼 산체스, 스패로 아리카 비질, 그리고 누크 산체스의 어머니이자 이 책을 완성하는 데 꼭 필요한 영적 존재였던 에벌린 테일러가 합류하였다. 누크 산체스와 토머스 비에라는 그때 이후 줄곧 좋은 스승이 되어준 이들 모두에게 깊이 감사드린다. 그들이 없었다면 이 책은 결코 나오지 못했을 것이다. 고마움을 전한다.

우리는 또한 사랑과 진리를 아낌없이 나누어준 현대의 지혜의 교사들에게도 감사를 전한다. 아댜샨티, 브래드 블랜튼 박사, 스티븐 보디언, 앤드류 코헨, 마이클 도슨, 웨인 다이어 박사, 프랭크 풀즈 크로우(고故 라코타 성자), 린 그래번, 러스 허드슨, 바이런 케이티, 제드 맥케나, 로버트 래빈, 게리 R. 레너드, 돈 리소, 재클린 스몰, 에크하르트 톨레, 닐 도널드 월쉬, 케네스 웹닉에게 감사한다.

고마움을 전할 사람들이 더 있다.

스패로 아리카 비질: 밤늦게까지 원고를 타이핑해 주고 이 책에 실

린 초기의 삽화 상당수를 그려주었다. 데비 펀퍼와 잭 펀퍼, 테리 페이버: 초교를 교정해 주고 에니어그램에 대해 조언해 주었으며, 우리의 에니어 그램 유형을 알아내는 데 도움을 주었다. 벤 몰리: 영靈이 열린 이로, 값진 통찰을 아낌없이 나누어주었다. 할 칸: 초교의 문법 오류를 교정해 주었다. 베니타 로메로: 바이런 케이티와 '작업The Work'을 소개해 주었다. 잰 쿡: 이 책의 홍보에 도움을 주었다. 글로리아: 웹 편집자로, 1쇄 출간본 교정에 도움을 주었다. 대미언 코도토: 이 책에 쓰인 그림과 웹사이트에 도움을 주었다. 러스 에드워즈: 책의 앞뒤 표지를 꾸며주었다. 리키 비에라: 책의 앞뒤 표지 사진을 찍어주었다. 레노어 디트마르: 최근 출간본의 교정을 봐 주었다. 재능 있는 편집자인 그녀와 일한 것을 영광으로 여긴다. 레지에르 F. 판 블리싱겐:《순환을 끝맺기Closing the Circle》의 저자로서 우정 어린 조 언과 지지를 해주었다.

··· 옮긴이의 말

사랑을 향한 여정의 길잡이

부부이자 함께 영적 교사로 활동해 온 저자 누크 산체스와 토머스 비에라는 20여 년의 결혼 생활을 거치는 동안, 이제 영성의 고전이 된 책 《기적수업》을 알게 되었다고 합니다. 무기한 별거에 들어가는 등 부부 관계의 위기와 자녀에게 닥친 사고 등으로 인생에서 큰 위기를 겪으면서 《기적수업》의 가르침을 삶 속에서 더 분명히 확인할 수 있게 되었다고 합니다. 그 결과 어느덧 자신들이 깨우친 바를 여러 가지 워크숍과 프로그램을 통해 많은 사람들과 나누는 영적 교사가 되었고, 그 경험과 배움을 토대로 이 책을 썼습니다.

저자들이 《기적수업》의 오래되고도 충실한 학생들이니만큼, 이 책 역시 《기적수업》의 기본 개념에 바탕을 두고 있습니다. 원제 *Take Me To Truth*가 말해주듯 이 책은 우리가 어떻게 하면 '진리' 혹은 진실에 가 닿을 수 있는지 알려주는데, 'Undoing the Ego'라는 부제대로 에고를 내려놓는 것을 그 구체적 방법으로 제시합니다. 이 에고를 내려놓는 혹은 '원상회복' (에고로 인한 손상을 원상회복한다는 의미이며, 혹은 에고를 그것의 원래 상태인 무無로 되돌려놓는다는 의미로도 볼 수 있겠습니다) 해 나아가는 과정에서 우리가 겪게 될 일들, 그 단계들을 《기적수업》의 내용을 토대로 정리해 보여줍니다. 즉 이 과정은 에고를 놓아버리는 과정인 동시에 근원Source에 대한 신뢰를 키우는 '신뢰 발달'의 과정이기도 하다는 것을, 여러 조언과 주의할 점, 유용한 도구 등과 함께 소개하고 있습니다.

이 책의 미덕은 아무래도 방대한 양과 다소 어려운 어휘로 된《기적수업》내용을 훨씬 현대적인 언어와 체계적인 구성으로 풀어냈다는 데 있지 않을까 합니다. 이들은 에고 내려놓기의 근간을 이루는 신뢰 발달 과정을 중점적으로 다루면서도, 그에 덧붙여 우리가 시행착오를 줄이고 한 마음으로 정진하는 데 한결 도움이 될 여러 도구들을 소개해 놓았습니다. 자기와 타인을 이해하는 데 도움이 되는 '에니어그램'을 비롯하여, 조사해 보지 않은 자기 안의 믿음을 명료히 인식하게 해주는 바이런 케이티의 '작업'이 그 좋은 예이며, 저자들 특유의 'PIQ 공식'도 소개하고 있습니다. 'PIQ 공식'이란 에고를 내려놓고 사랑의 현존에 우리 자신을 더욱 열어놓는 데 도움이 되는 세 가지 유용한 도구를 한데 모아 이르는 것으로, 현존Presence과 탐구Inquiry, 그리고 비약적 용서Quantum Forgiveness를 가리킵니다.

늘 과거나 미래로 달아나려고 하는 에고의 습관을 알아차리고 더 많은 순간 '지금 순간'으로 돌아오는 것이 현존의 연습이고, 자신의 느낌과 생각 등 내면을 한층 철저하게 관찰하여 인지하는 것이 탐구 연습입니다. 비약적 용서라는 것은《우주가 사라지다》의 저자 게리 레너드의 용어로, 우리가 흔히 알고 있는 '용서'의 의미에서 한 발 더 나아간, 더욱 근본적인 차원의 용서를 말합니다. 즉 상대의 에고의 잘못을 공격이나 기타 어떤 의미를 가진 것으로 보지 않고, 오로지 '사랑의 요청'으로만 보는 것입니다. 이는 곧 에고의 잘못에 대응하지 않고 관대히 보아 넘기는 것을 말합니다. 이 '비약적 용서'에 에고를 내려놓는 가장 큰 힘이 들어 있다고 저자들은 말합니다.

마지막으로 이 책은, 사랑을 향한 여정에서 가장 간단하면서도 크게 도움이 될 만한 조언을 덧붙입니다. "판단이나 두려움, 화, 슬픔, 죄의식이 느껴질 때 그것을 치유하는 유일한 방법은 보편적 영감Universal Inspiration 에게 우리의 생각이 바른 마음으로 돌아오도록 간청하는 것이다. '저를 바른 마음 상태로 돌려보내 주소서'라고 간청할 때 그것은 우리를 다시 평화의 상태로 되돌아가게 하는 즉각적인 생각 혹은 기도가 된다"는 것입니다. 또한 우리가 준비할 것은 어쩌면 이 진리 혹은 사랑을 향한 여정에 정진하고자 하는 한결같고도 간절한 마음이 아니겠느냐는 지적도 와 닿습니다. "(에고 내려놓기의) 과정을 이끄는 것은 보편적 영감 혹은 성령Holy Spirit 이며, 성공 여부는 전적으로 당신의 정직성과 용기, 의지와 자발성, 그리고 헌신에 달려 있다"고 저자들은 말합니다.

이 책의 번역을 마쳤을 즈음 저자 중 한 명인 토머스 비에라가 암으로 투병하다 마침내 몸을 떠났다는 소식을 들었습니다. 그 과정에서 역시 이들은 "토머스가 육신을 벗었지만, 그는 이 세상의 빛으로 여전히 남아 있고 우리와 함께하며, 우리 각자는 하느님의 한 자녀로 모두 사랑 자체"라는 메시지를 보내왔습니다. 죽음의 과정에서조차 사랑의 가르침을 겪고 또 배우고자 한다는 것이 느껴졌습니다.

어쩌면 여러 종교와 영적 전통에서도 각자의 관점과 방식에 따라 에고를 어떻게 대해야 하는지 나름의 '해법'을 제시해 왔을 것입니다. 이 책은 똑같은 주제를 이러한 종교적인 언어나 관점에서 자유롭게 탐구하고 제시한다는 점에서 한 발 더 나아간 책이라고 할 수 있습니다. 스스로가 어떻게 에고에 붙들려 있는지, 그리하여 어떻게 가장 원하는 것으로부터 등을 돌리고 있는지를 자각하고, 그 습관으로부터 풀려나 사랑을 알아보는 눈이 더 맑아지는 데 이 책이 제시하는 여러 조언들이 유용할 것입니다.

책에서도 말하듯 지금은 점점 더 많은 사람들이 "내면의 분리나 분열이 파괴적임을 깨닫고, 삶 안에서 사랑과 조화를 되살려낼 방법을 자발적으로 그리고 절실하게 찾고 있는" 때입니다. 진리를 찾으려는 마음 깊은 곳의 부름에 응답하려는 이들에게 이 책이 모쪼록 멋진 길잡이이자 도반이 되기를 바랍니다.

2011년 3월

황근하

주

들어가며

1) *A Course in Miracles*, 제2판, Mill Valley, CA: Foundation for Inner Peace (1992). (이후 M은 교사용 편람, T는 텍스트북, W는 워크북을 뜻한다.—옮긴이)

1장

1) Jacqueline Small, *The Sacred Purpose of Being Human: A Healing Journey Through the 12 Principles of Wholeness*, Deerfield Beach, FL: Health Communication, Inc. (2005), Australia: HarperCollins; Introduction, pp. XXVI~XXVII.

2) *A Course in Miracles*, T-in.1:7, p. 1.

3) 우리는 '그리스도 의식'을 우리의 온전함과 하나됨에 대한 생생하고 제한 없으며 완전한 알아차림이라고 정의한다. 이 때 근원(하느님, 우리의 창조주)에 전적으로 의존하고 있는 우리는 아들됨Sonship 안에서 모든 형제와 하나가 된다.

4) Jacqueline Small, *The Sacred Purpose of Being Human,* pp. 45~46.

5) *A Course in Miracles*, T-26.V.3:5, p. 550.

6) *A Course in Miracles*, T-19.IV.5:6, p. 418.

7) *A Course in Miracles*, T-2.I.3:6-7, p. 18.

8) *A Course in Miracles*, W-p I.49.4:3, p. 78.

9) *A Course in Miracles*, T-18.V, pp. 382~384.

10) *A Course in Miracles*, M-13.1:2, p. 33.

2장

1) *A Course in Miracles*, T-12.V.7:1, p. 226.

2) *A Course in Miracles*, W-p I.54.1:2, p. 88.

3) *A Course in Miracles*, T-21.in.1:1, p. 445.

4) *A Course in Miracles*, T-7.II.3:1,3, p. 114.

5) *A Course in Miracles*, T-8.III.4:2, p. 142.

6) Fred Alan Wolf, *Matter into Feeling: A New Alchemy of Science and Spirit,* Portsmouth, NH: Moment Point Press, Inc. (2001), p. 148.

7) *A Course in Miracles*, W-p I.126.7:5, p. 228.

8) *A Course in Miracles*, T-11.V.5:3, p. 203.

9) *A Course in Miracles*, W-p I. 135.18:1, p. 255.

10) *A Course in Miracles*, T-13.V, pp. 247~250.

11) *A Course in Miracles,* T-15, pp. 301~329.

12) *A Course in Miracles,* W-p II. 340.13.1:3, p. 472.

13) *A Course in Miracles,* W-p I.24, pp. 36~37.

14) Adyashanti, *Emptiness Dancing: Selected Dharma Talks of Adyashanti,* Boulder, CO: Sounds True (2004), pp. 18, 20. (이 책의 한국어판은 아댜샨티,《춤추는 공》, 유영일 옮김, 북북서, 2008).

15) *A Course in Miracles,* T-in.2:2, p. 1.

16) Eckhart Tolle, *A New Earth: Awakening to Your Life's Purpose,* New York, NY: Penguin Group (USA) Inc. (2005), p. 68. (이 책의 한국어판은 에크하르트 톨레, 《NOW: 행성의 미래를 상상하는 사람들에게》, 류시화 옮김, 조화로운삶, 2008).

3장

1) *A Course in Miracles,* T-5.II.3:7-10 pp. 75~76.

2) *A Course in Miracles,* W-p I.24, pp. 36~37.

3) Byron Katie, *Stephen Mitchell, Loving What Is: Four Questions That Can Change Your Life,* New York, NY: Three Rivers Press (2002). (이 책의 한국어판은 바이런 케이티 외, 《네 가지 질문》, 김윤 옮김, 침묵의향기, 2003).

4) Byron Katie, *Loving What Is,* pp. 3~4.

5) *A Course in Miracles,* I. 135.18:1, p. 255.

6) *A Course in Miracles,* T-27.VIII.6:2, p. 586.

7) *A Course in Miracles,* C-4.1:1-3, p. 85. ('C'는 텍스트의 용어 해설 부분을 말한다—옮긴이).

8) *A Course in Miracles,* W-p I. 152.3:1, p. 281.

9) Byron Katie, *Loving What Is,* p. 249.

10) Byron Katie, *Loving What Is,* 뒤표지.

11) *A Course in Miracles,* W-p II. 127.1:1-7, p. 230.

12) Don Richard Riso, Russ Hudson, *The Wisdom of the Enneagram: The Complete Guide to Psychological and Spiritual Growth for Nine Personalities Types,* New York, NY: Bantam Books, a division of Random House, Inc. (1999). (이 책의 한국어판은 돈 리처드 리소, 러스 허드슨,《에니어그램의 지혜》, 주혜명 옮김, 한문화, 2000).

13) Don Richard Riso, Russ Hudson, *The Wisdom of the Enneagram,* p. 10.

14) Don Richard Riso, Russ Hudson, *The Wisdom of the Enneagram,* p. 28.

15) Don Richard Riso, Russ Hudson, *The Wisdom of the Enneagram,* pp. 10~12.

4장

1) Sparo Arika Vigil (이 책의 '감사의 말' 참조), 2005년 9월.

2) Andrew Cohen, *"What is Enlightenment,"* feature article in *The New Enlightenment magazine,* Issue #25.

3) 위와 같음.

4) Byron Katie, *I Need Your Love—Is That True? How To Stop Seeking Love, Approval, and Appreciation and Start Finding Them Instead,* New York, NY: Harmony Books (Random House, Inc.) (2006). (이 책의 한국어판은 바이런 케이티, 《사랑에 대한 네 가지 질문》, 김윤 외 옮김, 침묵의향기, 2009).

5) Byron Katie, *I Need Your Love,* p. 76.

6) *A Course in Miracles,* T-12.IV.1:1-5, p. 223.

7) *A Course in Miracles,* T-15.VIII.8:5-6, p. 318.

8) *A Course in Miracles,* T-8.IV.7:11, 8:1-5, p. 146.

9) M. Scott Peck, *The Road Less Traveled: A New Psychology of Love, Traditional Values and Spiritual Growth,* New York, NY: Touchstone (Simon and Schuster, Inc.) (1978), p. 87. (이 책의 한국어판은 스캇 펙, 《아직도 가야 할 길》, 신승철 옮김, 열음사, 2007).

10) M. Scott Peck, *The Road Less Traveled,* pp. 88~89.

11) *A Course in Miracles,* T-17.III.1:4, p. 354.

12) M. Scott Peck, *The Road Less Traveled,* pp. 81~82.

13) Sparo Arika Vigil, 2005년 8월.

14) *A Course in Miracles,* T-13.VI.2:3; 5:1-3, p. 250~251.

15) *A Course in Miracles,* T-18.VI.13:6, p. 388.

16) Jett Psaris and Marlena S. Lyons, *Undefended Love,* Oakland, CA: New Harbinger Publications, Inc. (2000), pp. 11~12.

17) Gary Renard, *The Art of Advanced Forgiveness* (DVD), Pathways of Light, http://www.pathwaysoflight.org.

18) *A Course in Miracles,* T-18.III.8:5-6; T-18.VII.5:2-3, and T-18.VII.6:3, pp. 380, 389.

5장

1) *A Course in Miracles,* T-11.VIII.13:1-3; 14:4-5, p. 214.

2) *A Course in Miracles,* M-4.I.A, pp. 10~11.

3) *A Course in Miracles,* M-4.I.A.3, p. 10.

4) *A Course in Miracles,* M-4.I.A.4, p. 10.

5) *A Course in Miracles,* M-4.I.A.5, p. 10.

6) *A Course in Miracles,* M-4.I.A.5:5, p. 10.

7) *A Course in Miracles,* M-4.I.A.6, pp. 10~11.

8) *A Course in Miracles,* M-4.I.A.7, p. 11.

9) *A Course in Miracles,* M-4.I.A.8, p. 11.

10) *A Course in Miracles,* W-p I.138.4:6, p. 264.

11) *A Course in Miracles,* W-p I.24 and W-p I.25, pp. 36, 38.

12) *A Course in Miracles,* T-in.2:2, p. 1.

13) *A Course in Miracles,* T-4.II.6:8-9; 8:4,8-9, p. 58.

14) Andrew Cohen, *Living Enlightenment: A Call for Evolution Beyond Ego,* Lenox, MA: Moksah Press (2002), p. 24.

6장

1) *A Course in Miracles,* M-4.I.A, pp. 10~11.

2) Byron Katie, *Loving What Is.*

3) Arjuna Ardagh, *The Translucent Revolution: How People Just Like You are Waking Up and Changing the World,* Novato, CA: New World Library (2005), pp. 94, 95.

4) Arjuna Ardagh, *The Translucent Revolution,* p. 99.

5) *A Course in Miracles,* T-6.in.1:3, p. 91.

6) *A Course in Miracles,* T-6.in.1:7, p. 91.

7) *A Course in Miracles,* T-6.II.2:1, p. 96.

8) *A Course in Miracles,* T-6.V.A, pp. 104~106.

9) *A Course in Miracles,* T-6.V.C.6:1, p. 110.

10) Neale Donald Walsch, *Communion with God,* New York, NY: The Berkley Publishing Group (a division of Penguin Putnam Inc.) (2000), pp. 75~76. (이 책의 한국어판은 닐 도널드 월시, 《신과 나눈 교감》, 이현정, 조경숙 옮김, 한문화, 2009).

11) *A Course in Miracles,* T-17.V.3:3, p. 362.

12) *A Course in Miracles,* T-17.V.5:1-4, p. 363.

13) *A Course in Miracles,* T-17.V.3:8, p. 362.

14) *A Course in Miracles,* T-18.VII.4:5-11, 5:1, p. 389.

15) Jacqueline Small, *The Sacred Purpose of Being Human,* p. 59.

16) *A Course in Miracles,* T-21.II.2:3-5, p. 448.

17) *A Course in Miracles,* -2.VI.3:2-7; 4:1-3, p. 29.

18) Andrew Cohen, *Embracing Heaven and Earth: The Liberation Teachings of Andrew Cohen,* Lenox, MA: Moksah Press (2000), p. 61.

19) Andrew Cohen, *Embracing Heaven and Earth,* p. 65.

20) *A Course in Miracles,* W-p I.24, p. 36~37.

21) *A Course in Miracles,* W-p II.13.4:3, p. 473.

22) David Hawkins, *The Eye of the I, From Which Nothing is Hidden,* W. Sedona, AZ: *Veritas Publishing* (2001), p. 133. (이 책의 한국어판은 데이비드 호킨스, 《나의 눈》, 문진희 옮김, 한문화, 2001).

23) *A Course in Miracles*, M-4.I.A.5:2-8, p. 10.

24) *A Course in Miracles*, T-13.in.1:5, p. 236.

25) *A Course in Miracles*, T-25.III.1:2, p. 523.

26) *A Course in Miracles*, T-6.V.B.7:5, p. 108.

27) Gary Renard, *The Disappearance of the Universe: Straight Talk About Illusions, Past Lives, Religion, Sex, Politics, and the Miracles of Forgiveness*, Carlsbad, CA: Hay House, Inc. (2002), p. 256.

28) *A Course in Miracles*, T-21.II.2:3 and 4, p. 448.

29) *A Course in Miracles*, T-22.IV, pp. 477~478.

30) Adyashanti, *Emptiness Dancing*, p. 118.

31) *A Course in Miracles*, T-22.IV.1:1-4, p. 477.

32) *A Course in Miracles*, T-1.IV.1, p. 11.

33) *A Course in Miracles*, M-4.I.A.6:5-6, 10, p. 11.

34) *A Course in Miracles*, M-4.I.A.6:11-13, p. 11.

35) Adyashanti, *Emptiness Dancing*, p. 23.

36) Adyashanti, *Emptiness Dancing*, pp. 195~196.

37) Adyashanti, *Emptiness Dancing*, p. 156.

38) *A Course in Miracles*, M-4.I.A.7, p. 11.

39) *A Course in Miracles*, T-26.VII.6:1-7, pp. 554~555.

40) *A Course in Miracles*, T-20.IV.8:4-8, pp. 433~434.

41) David Hawkins, *Power vs. Force: The Hidden Determinants of Human Behaviors*, Carlsbad, CA: Hay House, Inc. (1995), p. 14. (이 책의 한국어판은 데이비드 R. 호킨스, 《의식혁명》, 이종수 옮김, 한문화, 2006).

7장

1) *A Course in Miracles*, T-25.VI, pp. 529~530.

2) *A Course in Miracles*, T-9.I.1, p. 160.

3) *A Course in Miracles*, T-9.I.5:1,3-4, p. 161.

4) *A Course in Miracles*, T-9.I.8:1-5, 9:6, pp. 161~162.

5) *A Course in Miracles*, T-9.I.11:5-9, p. 162.

6) *A Course in Miracles*, T-9.II.2:4-7, p. 164.

7) *A Course in Miracles*, T-9.II.3:2-7, p. 164.

8) Eckhart Tolle, *The Power of Now: A Guide to Spiritual Enlightenment*, Novato, CA: New World Library (1999), p. 13. (이 책의 한국어판은 에크하르트 톨레, 《지금 이 순간을 살아라》, 노혜숙 옮김, 양문, 2008).

9) Eckhart Tolle, *The Power of Now*, p. 23.

10) *Eckhart Tolle, The Power of Now,* p. 46.

11) *Eckhart Tolle, The Power of Now,* p. 41.

12) *A Course in Miracles,* T-21.II.2:3-5, p. 448.

13) *A Course in Miracles,* T-21.II.7:6-8, 8, pp. 448~450.

14) *A Course in Miracles,* pp. 51~52.

15) *A Course in Miracles,* T-26.II.8:5, p. 546.

16) *A Course in Miracles,* W-p I.135.14, p. 254.

17) *A Course in Miracles,* W-p I.24, p. 36~37.

18) *A Course in Miracles,* W-p I.135.11:1-4, 12:1, pp. 253~254.

19) *A Course in Miracles,* W-p I.135.23:2-4, pp. 255~256.

20) *A Course in Miracles,* T-8.IX.2:1-2; 2:5; 3:1-3; 5:1-2, p. 158.

21) *A Course in Miracles,* T-9.I.14:1-5, p. 163.

8장

1) *A Course in Miracles,* W-p I.24, pp. 36~37.

2) *A Course in Miracles,* W-p I.31, p. 48.

3) *A Course in Miracles,* T-10.I.4, p. 182.

부록1

1) ⓒ 2009 바이런 케이티, Inc. 모든 저작권은 보호됨. '작업'에 대해 더 많은 정보를 원하면 www.thework.com을 참고하라.

감사의 말

1) *A Course in Miracles,* M-4.I.A, pp. 10~11.

샨티의 뿌리회원이 되어
'몸과 마음과 영혼의 평화를 위한 책'을 만들고 나누는 데
함께해 주신 분들께 깊이 감사드립니다.

개인

이슬, 이원태, 최은숙, 노을이, 김인식, 은비, 여랑, 윤석희, 하성주, 김명중, 산나무, 일부, 박은미, 정진용, 최미희, 최종규, 박태웅, 송숙희, 황안나, 최경실, 유재원, 홍윤경, 서화범, 이주영, 오수익, 문경보, 여희숙, 조성환, 김영란, 풀꽃, 백수영, 황지숙, 박재신, 염진섭, 이현주, 이재길, 이춘복, 장완, 한명숙, 이세훈, 이종기, 현재연, 문소영, 유귀자, 윤홍용, 김종휘, 보리, 문수경, 전장호, 이진, 최애영, 김진회, 백예인, 이강선, 박진규, 이욱현, 최훈동, 이상운, 김진선, 심재한, 안필현, 육성철, 신용우, 곽지희, 전수영, 기숙희, 김명철, 장미경, 정정희, 변승식, 주중식, 이삼기, 홍성관, 이동현, 김혜영, 김진이, 추경희, 해다운, 서곤, 강서진, 이조완, 조영희, 이다겸, 이미경, 김우, 조금자, 김승한, 주승동, 김옥남, 다사, 이영희, 이기주, 오선희, 김아름, 명혜진, 장애리, 신우정, 제갈윤혜, 최정순, 문선희

단체/기업

주/김정문알로에 KIM JEONG MOON ALOE CO. LTD.   환경재단   design Vita   PN풍년

사단법인 한국가족상담협회·한국가족상담센터   생각과느낌 소아청소년 성인 몸 마음 클리닉

경일신경과 | 내과의원   순수피부과 SoonSoo Skin Clinic   월간 풍경소리   FUERZA

이메일로 이름과 전화번호, 주소를 보내주시면 샨티의 신간과 각종 행사 안내를 이메일로 받아보실 수 있습니다.

이메일 : shantibooks@naver.com
전화 : 02-3143-6360 팩스 : 02-6455-6367